Königsteiner Forum 2012
Wie werden wir morgen leben?

Königsteiner Forum 2012

Wie werden wir morgen leben?

KÖNIGSTEINER FORUM

SOCIETÄTS VERLAG

Societäts-Verlag, 60327 Frankfurt am Main

Satz: Nicole Ehrlich, Societäts-Verlag
Umschlaggestaltung: Nicole Ehrlich, Societäts-Verlag
Umschlagfoto: © lassedesignen - Fotolia.com
Druck: Kessler Druck + Medien GmbH

ISBN 978-3-95542-052-9

Verantwortlich für Konzeption und Inhalt des Königsteiner Forums:
Diether Döring, Prof. Dr. rer. pol., Frankfurt am Main

Organisation: Stadt Königstein im Taunus

Inhalt

Vorwort 11

Prof. Dr. Dr. h. c. mult. Jürgen Mittelstraß
Leben und Lebenskrisen – Der philosophische Hintersinn 15

Prof. Dr. Dr. h.c. Margot Käßmann
Was zählt? – Christliche Werte in unserer Zeit 35

Prof. Dr. Jutta Rump
Zukunft der Arbeit – Arbeit der Zukunft 57

Dr. Heiner Geißler
Was hält unsere Gesellschaft zusammen?
Ethische Grundlagen einer Wirtschaft im Wandel 109

Prof. Dr. Bassam Tibi
Andere Kulturen, andere Sitten?
Kulturrelativismus, Multikulturalität und Menschenrechte 119

Prof. Dr. Matthias Kleiner
Energiewende – Chancen und Risiken der Umsteuerung 147

Prof. Dr. Dr. h. c. Volker Mosbrugger
Globaler Wandel der Biodiversität 159

Prof. Dr. Dr. h. c. mult. Harald zur Hausen
Gegen Krebs – Die Geschichte einer provokativen Idee 177

Prof. Dr. Dres. h. c. Bertram Schefold
In Krisen verändert sich unser Wirtschaftssystem.
Wohin führt uns diese? 195

Die Autoren 241

Vortragsreihen des Königsteiner Forums 1980-2013 245

Vortragsreihe 2012

Wie werden wir morgen leben?

Königsteiner Forum

Prof. Dr. Diether Döring
Vorsitzender des Königsteiner Forums, Frankfurt am Main

Beirat

Reiner Dickmann
Königstein im Taunus

Leonhard Helm
Bürgermeister der Stadt Königstein im Taunus

Jürgen Hettinger
Präsident der Hauptverwaltung Frankfurt am Main
der Deutschen Bundesbank

Dr. Wolf Klinz
Mitglied des Europäischen Parlaments

Peter Lückemeier
Redaktionsleiter der Rhein-Main-Zeitung der F. A. Z.

Oberstudienrat Alfons Reinle
Bischof-Neumann-Schule, Königstein im Taunus

Prof. Dr. Dres. h. c. Spiros Simitis
Johann Wolfgang Goethe-Universität, Frankfurt am Main

Dr. Heinz-Dieter Sommer
Hörfunkdirektor des Hessischen Rundfunks, Frankfurt am Main

Hans-Joachim Tonnellier
Vorsitzender des Vorstandes a. D. der Frankfurter Volksbank eG

seit 25. April 2012
Eva Wunsch-Weber
Vorsitzende des Vorstandes der Frankfurter Volksbank eG

Oberstudiendirektor Stephan Zalud
St. Angela-Schule, Königstein im Taunus

Prof. Dr. Herbert Zürn
Königstein im Taunus

Vorwort

Die Aussage, dass das Leben mit Veränderungen und Krisen verbunden ist, stellt fast einen Allgemeinplatz dar. Sie ist dennoch richtig. Es gibt jedoch historische Phasen, in denen sich Umbrüche besonders zu häufen scheinen, und im Nachhinein voraussichtlich historische Wendepunkte markieren. Eine solche Häufung von Umbrüchen und Wendepunkten erleben wir gegenwärtig. Unsere Zeit ist deshalb in vieler Hinsicht durch ein hohes Maß an Unübersichtlichkeit geprägt. Viele von uns empfinden den Verlust alter Sicherheiten. Besonders offensichtlich betrifft dies die wirtschaftlichen Grundlagen unserer Existenz. Infolge mehrerer krisenhafter Pendelschläge nach der Jahrtausendwende gelingt es der Politik kaum noch, die europäischen Volkswirtschaften aus der Verklammerung von Finanzmarktinstabilität und Staatsschuldenkrise zu lösen. Die öffentlich verkündeten Entscheidungen führen zu keiner anhaltenden Beruhigung, auf die unsere Realwirtschaften angewiesen sind. Gleichzeitig erscheint inzwischen die Idee der europäischen Einigung zunehmend sinnentleert und auf ökonomische und Finanzfragen reduziert.

Parallel dazu häufen sich die Indizien, dass Wirtschaft und Bevölkerung sich in der Welt auf „Grenzen des Wachstums“ zubewegen und wir zu verträglicheren Lebens- und Wirtschaftskonzepten kommen sollten. Bei Eintritt von Katastrophen kann ein Sinneswandel und ein hierauf folgender Politikwechsel manchmal abrupt eintreten. Der beschleunigte Ausstieg aus der Kernenergie nach Fukushima demonstriert dies. Nicht zuletzt dieses Ereignis und seine Wirkungen zeigen, dass wir Teil einer immer enger vernetzten Welt sind. Dies betrifft Information und Kommunikation, aber auch die politische, kulturelle und militärische Ebene. An die Stelle der früheren bipolaren Welt des Ost-West-Konflikts treten mit dem schnellen Aufstieg Asiens und dem Bedeutungszuwachs der arabisch-islamischen Welt neue Gewichtsverteilungen. Die Suche nach der künftigen Friedensordnung gewinnt für uns erneut existenzielle Bedeutung.

Mit der künftigen Form unseres Wirtschaftens ist das Schicksal des inneren Zusammenhalts unserer Gesellschaft eng verbunden. Eine nachhaltige Wirtschaftsentwicklung ermöglicht allen den Zugang zur Existenzsicherung durch Arbeit. Andauernde Arbeitslosigkeit und der bevorstehende harte demografische Wandel führen die Gesellschaft und unseren Sozialstaat in immer schwierigeres Fahrwasser.

Das Schwerpunktthema des Forums im Jahre 2012 will über wichtige Umbrüche in der Entwicklung von Leben und Lebensgrundlagen informieren und diese hinsichtlich von Risiken und Chancen vertieft analysieren. Für die Bewertung von Veränderungen wie auch für unser Handeln ist dabei nach Ansicht des Forums eine Vergewisserung bezüglich der ethischen und religiösen Grundlagen unabdingbar.

Am Beginn der Reihe stehen grundlegende philosophische und theologische Betrachtungen. Ergebnisse des philosophischen Denkens zum Leben und zu Lebenskrisen leuchtet Prof. Dr. Jürgen Mittelstraß aus. Die Theologin Prof. Dr. Margot Käßmann, vormalige Ratsvorsitzende der EKD und künftige „Lutherbotschafterin“, betrachtet christliche Werte in unserer Zeit.

Prof. Dr. Jutta Rump untersucht auf den Grundlagen eigener Forschungen die kommenden Veränderungen von Arbeit und privatem Leben, nicht zuletzt vor dem Hintergrund neuer Informations- und Kommunikationsmöglichkeiten. Ebenfalls auf die Wirklichkeit unserer künftigen Gesellschaft zielt der Vortrag von Bundesminister a. D. Dr. Heiner Geißler, der zu den erfahrensten politischen Akteuren der Republik zählt. Er fragt nach dem Zusammenhalt unserer Gesellschaft unter veränderten Bedingungen.

Der Beitrag des Politikwissenschaftlers Prof. Dr. Bassam Tibi, der aus einer angesehenen syrischen Familie stammt, zielt anschließend auf Wertekonflikte und zivilisatorische Differenzierungen in einer enger vernetzten Welt und fragt nach den Chancen einer neuen Friedensordnung.

In einem weiteren Segment werden Fragen der veränderten Energieversorgung in Zusammenhang mit dem Klimawandel untersucht. Dies ist Gegenstand des Beitrages von Prof. Dr. Matthias Kleiner, dem Präsidenten der

Deutschen Forschungsgesellschaft, der gemeinsam mit Klaus Töpfer Vorsitzender der Ethikkommission für eine sichere Energieversorgung ist. Prof. Dr. Volker Mosbrugger, der Generaldirektor der Senckenberg-Gesellschaft für Naturforschung präsentiert neue Forschungsergebnisse zum Einfluss von Klimaveränderungen und Biodiversität und fragt nach künftigen Entwicklungspfaden des Lebens.

Wir erleben einen rasanten Fortschritt der medizinischen Möglichkeiten und stehen bei der Behandlung großer Volkskrankheiten doch immer noch vor großen Hürden. Prof. Dr. Harald zur Hausen vom Deutschen Krebsforschungszentrum untersucht am Bespiel der Volkskrankheit Krebs die Zukunft des medizinischen Fortschritts. Prof. zur Hausen ist Nobelpreisträger für Medizin 2008.

Am Schluss steht das für unsere Existenzsicherung wichtige Thema Wirtschaft. In seinem Beitrag wird der Ökonom Prof. Dr. Bertram Schefold die Zukunft unseres Wirtschaftssystems unter dem Druck der aktuellen krisenhaften Entwicklung analysieren.

Prof. Dr. Diether Döring,
Vorsitzender des Königsteiner Forums

Leben und Lebenskrisen – der philosophische Hintersinn

Prof. Dr. Jürgen Mittelstraß

Vorbemerkung

Das Thema stammt wie so oft vom Veranstalter. „Leben und Lebenskrisen" liegt nah, wenn das Rahmenthema „Wie werden wir morgen leben?" heißt. Aber ‚philosophischer Hintersinn', der hier beschrieben werden soll? Darauf wäre ich allein nie gekommen – vielleicht, weil mir schon der Ausdruck ‚Hintersinn' sehr hintersinnig, nämlich die Bedeutung nicht im Offenkundigen, sondern im Verborgenen suchend, vorkommt. Außerdem wird Hintersinn schnell zum Hinterhalt, in dem jeglicher Sinn, zumindest in seinen menschlichen Dimensionen, zu verschwinden droht. Was also könnte der verborgene Sinn des Lebens sein? Der Sinn des Lebens ist das Leben – was sonst?

Mit dieser Feststellung stehe ich allerdings in der Philosophie ziemlich allein. Ganze Bibliotheken handeln vom Sinn des Lebens. Und wo so viel gedacht und über den Sinn des Lebens geschrieben wurde, da muß schließlich auch was dran sein. ‚Tiefsinnig' meint hier: über Gott und den Menschen grübelnd. Was hatte Gott, als er den Menschen schuf, mit ihm vor? Die Theologen wissen Rat. Was hat der Mensch mit sich selbst vor, wenn er nach dem Sinn seines Lebens fragt? Die Philosophen, meint man, wissen Rat. Aber wissen sie das wirklich? Wer sie liest, gerät ins Zweifeln. Meist machen sie den Theologen Konkurrenz, indem sie nach einem verborgenen Sinn suchen und dann mit Antworten wie ‚der Sinn des Lebens ist das Glück' oder ‚der Sinn des Lebens ist die Liebe' aufwarten, und wo nicht, bleibt es oft bei einer sprachlichen Analyse: was bedeutet ‚Sinn', und welche Bedeutung reimt sich auf ‚Leben'? Da kommt dann philosophisch meist nicht sonderlich viel heraus.

Der Sinn des Lebens ist das Leben? Das wiederum scheint nicht nur dem Theologen, sondern auch dem Philosophen zu wenig. Die Nähe zur Tautologie (auch wenn sie hier nicht gegeben ist) bringt uns nicht weiter, und schließlich hat der Mensch immer schon nach dem Sinn des Lebens, meist seines eigenen Lebens, gefragt. Doch könnte das nicht auch bedeuten, daß wir glauben, eine Frage (weiterhin) stellen zu müssen, weil wir ja schon damit begonnen haben, sie zu beantworten? Es könnte wie mit der (ebenfalls ungemein philosophischen) Frage sein: warum ist etwas und nicht vielmehr nichts? Diese Frage ist unbeantwortbar und – nicht allein aus diesem Grund – sinnlos. Also sollte man empfehlen: hört auf, sie zu stellen.

Ist das gleiche bei der Frage nach dem Sinn des Lebens der Fall? Wohl nicht ganz. Schließlich bringt sie tatsächlich, individuell, d. h. auf das eigene Leben hin, gestellt, weiter, jedenfalls im glücklichen Falle, und schließlich ist das Leben nicht irgendetwas, sondern das einzige, das wir haben und ohne das in der Tat alles nichts wäre. Aber reicht es nicht, das einfach festzustellen und alle weiteren Fragen – und Antworten – dem Einzelnen zu überlassen? So dürfte auch der Biologe denken, möglicherweise der einzige, der den Satz ‚der Sinn des Lebens ist das Leben' unterschreiben würde, allerdings aus ganz anderen als philosophischen Gründen. Doch das könnte gefährlich werden. Ist alles gesagt, wenn die Evolutionstheorie – sie beantwortet die Frage nach dem ‚Sinn' des Lebens mit dem Hinweis auf einen Reproduktionszweck und auf evolutionäre Fitness – gesprochen hat? Sicher nicht, weshalb es wohl auch besser ist, sich wieder dem Philosophen oder der Philosophie zuzuwenden. Das werde ich jetzt auch tun und dabei nach Möglichkeit das Sinnthema – was könnte der Sinn sein, der sich im ‚philosophischen Hintersinn' verbirgt? – überhaupt vermeiden. Meine Stichworte sind: Was heißt ‚scheiterndes' und ‚gelingendes' Leben, Machbarkeit oder die Welt, die nach dem Menschen kommt, vom Unverfügbaren oder vom Sterben sowie Selbstverwirklichung und Selbstbestimmung?

1. Was heißt: gelingendes Leben?

Lebenskrisen – wer kennt sie nicht? Unfall, Krankheit, Tod (Nahestehender), scheiternde oder vom Scheitern bedrohte Karrieren, Freundschaften, Ehen – was immer als Not und Elend des Menschen beschrieben wird, es sind Krisen, in die, selbstverschuldet oder nicht, das Leben gerät, oder Krisen, die das Leben selbst schafft. Was wir tun, was wir lassen, was uns widerfährt, es geht am Leben, dem je individuellen Leben, nicht spurlos vorbei, es berührt das Leben unmittelbar, bringt es selbst zum Scheitern oder bedroht es mit dem Scheitern und gräbt tiefe Spuren in das Bewußtsein. Lebenskrisen bedeuten, daß das Leben zu mißlingen droht. So formuliert stellt sich zugleich die Frage nach dem *gelingenden* Leben, und es ist eben diese Frage, nicht die Frage nach dem Sinn des Lebens, die schon die Griechen – die ersten, die eine derartige Frage auf eine vernünftige Weise zu stellen und zu beantworten versuchten – umtrieb und sie das erste Kapitel der europäischen Philosophie schreiben ließ. Mit Sokrates' Feststellung, dass wir zwar manches (z.B. auch damals schon in wissenschaftlicher Form) wissen, aber strenggenommen über uns selbst nicht Bescheid wissen, beginnt dieses Kapitel. Sie führt bei seinem Schüler Platon in endlose Dialoge, z.B. über die Frage, welcherart die Tugenden sind, die den Schlüssel zu einem gelingenden Leben bilden.

Schon diese Frage, die Frage nach den richtigen Tugenden, hat etwas Besonderes. Sie ist nicht mit dem moralischen Zeigefinger gestellt, sondern fragt ganz einfach nach jener Tüchtigkeit, oder nach jenen Tüchtigkeiten, die ein Leben beherrschen muss, um zu gelingen. Das griechische *aretē*, das wir, ein wenig vorschnell, mit ‚Tugend' zu übersetzen pflegen, bedeutet in erster Linie Tüchtigkeit oder Tauglichkeit, so wie die *aretē* des Pferdes in seiner Schnelligkeit und Ausdauer beruht, die des Messers in seiner Schärfe. Die *aretē* des Menschen liegt in einer *reflektierten Lebensführung*. Dafür die Tugenden nun auch in unserem Sinne, unter denen die Griechen die später so genannten vier Kardinaltugenden Gerechtigkeit, Klugheit, Tapferkeit und Besonnenheit auszeichneten. Sie sind es, die die Frage beantworten lassen, wie das Leben seine Aufgabe erfüllt bzw. wie die Lebenden ihre Aufgaben erfüllen, wie sie das Leben nicht nur zu einem gelebten, sondern auch zu einem gelingenden Leben machen. Nach Platon geht es darum, ein Leben in Einsicht, Vernunft, Bedacht, in begründeten Überzeugungen und in einer Wahrheitsorientierung zu führen[1], nach Aristoteles darum, stets die

[1] Platon, Phileb. 11b. Zum Begriff der *aretē* und Platons Tugendlehre vgl. P. Stemmer, Platons Dialektik. Die frühen und mittleren Dialoge, Berlin/New York 1992.

richtige Mitte zwischen Übermaß und Untermaß, zwischen Zuviel und Zuwenig, zu finden[2]. Entsprechend stellt eine ‚mittlere Lebensform' das *gute Leben* dar[3], wobei mit einem guten Leben nicht etwa das bequeme, auskömmliche Leben bezeichnet wird, sondern eben das gelingende Leben, das sich nach griechischer Überzeugung auch als die Voraussetzung eines *glücklichen* Lebens zu erkennen gibt. Es ist ein Leben, in dem die wesentlichen Bedürfnisse des Menschen erfüllt und die mit dem angeführten Tugendbegriff näher ausgeführten Bestimmungen ihre Realisierung finden. Nicht mehr, aber auch nicht weniger. Und es ist eben „Vorstufe des Glücks, nicht mit dem Glück identisch, wenn das glückliche Leben als eine Einstellung bestimmt wird, die das jeweilige (faktische) gegenwärtige Leben, auch seine Mühen und Entsagungen, als Selbstzweck versteht"[4]. Selbstzweck bedeutet hier, nicht lediglich Mittel zu einem höheren Zweck oder höheren ‚Sinn' zu sein, sondern etwas, das um seiner selbst willen gesucht und realisiert wird. Das gute Leben ist insofern das gelingende Leben.

Es ist zugleich das *vernünftige* Leben, insofern es subjektive Orientierungen – die jeweils individuellen Bestimmungen eines guten Lebens – mit transsubjektiven Orientierungen – nach Immanuel Kant der Anerkennung des Lebens der Anderen wie des eigenen Lebens als ‚Zweck an sich selbst'[5] – verbindet und so allererst ein gemeinsames Leben möglich macht. Es ist die Lebensform des gelingenden Lebens, einschließlich der Gefahren seines Misslingens oder Scheiterns, seiner ‚Mühen und Entsagungen', auf die sich auch alle Sinnfragen, wenn man sie denn stellen wollte, zu beziehen hätten. Ein Leben, das noch über einem gelingenden Leben zu stehen hätte und in dem ein allgemeiner Sinn des Lebens gegeben wäre, gibt es nicht. Und auch Lebenskrisen werden um keinen Deut harmloser, wenn man an ein solches Leben, ein Leben, in dem sich der Sinn allen Lebens erfüllte – man könnte es auch respektlos ein Leben im metaphysischen Nebel nennen –, glaubt.

---

[2] Aristoteles, Eth. Nic. B2.1103b 26ff., B5.1106a 24ff.

[3] Aristoteles, Polit. Δ11.1295a 37-39.

[4] F. Kambartel, Artikel: Leben, gutes, in: J. Mittelstraß (Ed.), Enzyklopädie Philosophie und Wissenschaftstheorie II, Stuttgart/Weimar 1995 (zuvor Mannheim/Wien/Zürich 1984), 552, IV, Stuttgart/Weimar 2010, 477-478.

[5] I. Kant, Grundlegung zur Metaphysik der Sitten B 65ff.

Im individuellen Fall (wir sind nicht *der* Mensch, sondern Menschen) mag das nicht zutreffen – was sind wir nicht alles zu glauben bereit, um unseren Ängsten, die ja auch zu unserer Natur gehören, zu entkommen? –, nüchtern betrachtet, d. h. auf argumentative Festigkeit bauend, führt ein solcher Glaube doch nur in Enttäuschungen oder in ein Leben, das seinen Träumen mehr vertraut als seinen Einsichten.

Natürlich ist das hier Gesagte nur eine Anmerkung. Eine Phänomenologie von Gelingen und Misslingen müßte wesentlich weiter ausgreifen und tief in die philosophische Anthropologie führen, in ein Begreifen der *conditio humana*, der menschlichen Befindlichkeit, der mit Vernunft und Philosophie allein nicht beizukommen ist. Darum sei hier auch nur noch einmal betont, dass im Begriff des gelingenden Lebens nicht gleich die Beantwortung der Frage nach dem Sinn des Lebens vorausgesetzt ist, dass in der Endlichkeit, in der wir uns bewegen, auch die Anforderungen an ein gelingendes Leben endlich sind, dass ein solches Leben inmitten allen Entsagens und Versagens möglich ist, und gerade darin die Menschlichkeit des menschlichen Lebens, eben auch des gelingenden, liegt. Die Griechen jedenfalls sind mit dieser ‚mittleren' Perspektive, um noch einmal mit Aristoteles zu sprechen, glänzend ausgekommen (vielleicht ja auch nur die Philosophen unter ihnen), d. h., ohne sich mit der (unbeantwortbaren) Frage nach dem Sinn des Lebens zu quälen. Dazu waren sie zu diesseitig, zu konkret, vielleicht auch zu nüchtern. Eine Kultur, die sich die Götter ins Haus holt oder ihnen um die Ecke, auf dem Wege zur Agora oder ins Gymnasion zu begegnen glaubt, jedenfalls jederzeit auf eine solche Begegnung gefasst ist, grübelt nicht über transzendente Dinge, zu denen, jedenfalls in unserem Sinne, auch der Sinn des Lebens gehört. Insofern bedurfte es auch nicht der Konstruktion eines philosophischen Hintersinnes – das Leben war ja da, und es wollte geführt sein. *Wie*, das war die alleinige Frage, nicht *warum* oder *wozu*.

2. Machbarkeit oder: die Welt, die nach dem Menschen kommt

Wer jetzt glaubt, es sei alles klar: alle übermächtigen Ansprüche seien abgewehrt, das Leben nach allen seinen Seiten, den gelingenden wie den misslingenden, ausgespannt, alles über Gelingen und Misslingen gesagt, was sich vernünftigerweise, d. h. ohne ins Transzendente, Metaphysische auszugreifen, sagen lässt, der irrt sich leider. Man könnte auch sagen: weitgefehlt – nicht nur in Richtung Sinn, sondern auch in Richtung Unsinn. Die Welt ist voller liebenswerter Träumer, die für die Buntheit des Lebens sorgen, aber auch voller frech und rechthaberisch auftretender Propheten von der weniger liebenswerten Art. Unter diesen z. B. solche, die von einem Sinn des Lebens sprechen, in dem der Mensch selbst verschwindet. Sie nennen sich Post- oder Transhumanisten, und ihre Botschaft lautet, dass der Sinn des Lebens darin bestehe, das Leben – das menschliche Leben so, wie es ist – aufzuheben, es in etwas anderes, das dann auch noch irgendwie Leben sein soll, zu transformieren. Humanismus, d. h. die Bemühung um eine menschliche Welt, in der der Mensch sich selbst und seiner Welt freundlich begegnet und die ihm selbst freundlich gegenübertritt, erscheint hier als etwas von gestern, das für das Morgen nicht taugt. Der Mensch sucht, im Strudel von Gelingen und Misslingen, nach seinem Nachfolger. Nietzsches Übermensch lässt grüßen!

Ich will Ihnen einige Beispiele aus den Fieberphantasien dieser seltsamen Propheten, die es mittlerweile bis in die Tagespresse gebracht haben, geben. Schon in einer Erzählung aus dem Jahre 1984 mit dem Titel „I Sing the Body Electric!“ wird, gewissermaßen als Antwort auf ein drohendes Scheitern, eine „humanoide mikro-elektrische wiederaufladbare Elektrische Großmutter AC-DC Marke V“ zur Lösung ‚schmerzlicher Probleme‘ wie des Verlusts von Familienangehörigen angeboten.[6] Die äußert sich dann auch gleich gegenüber den Kindern, deren tote Mutter sie ersetzt, über das bisherige Versagen der Menschheit in erzieherischen Dingen: „So habt ihr Menschen also Tausende von Jahren Könige, Priester, Philosophen gebraucht, schöne Beispiele, zu denen ihr aufschauen und sagen konntet: ‚Sie sind gut, ich wünschte, ich könnte sein wie sie (...).‘ Aber weil sie menschliche Wesen sind, machen die besten Priester, die empfindsamsten Philosophen Fehler, fallen in Ungnade, und die (...) gute Welt kommt knirschend zum Stehen, während das Böse mit langen Schritten voranschreitet.“

---

[6] R. Bradbury, I Sing the Body Electric!, in: ders., I Sing the Body Electric!, New York 1978, 150-190, hier 153 (dt. Ich singe den Leib, den elektrischen, in: ders., Das Kind von morgen, Zürich 1984, 190-250, hier 194).

Dazu die Kinder: „Aber du machst doch keine Fehler, du bist vollkommen, du bist besser als irgendjemand jemals war!" Der Android als Inbegriff menschlicher Vollkommenheit! Ist die Zukunft des Menschen der Nicht-Mensch, die Maschine?

Manche scheinen das heute zu glauben, vor allem die Propheten des Post- oder Transhumanismus. In bewusster Absetzung vom Humanismus klassischen Zuschnitts wird hier die Perfektionierung der Spezies Mensch ins Auge gefasst, die im Wesentlichen durch den Einsatz technischer Mittel und Verfahren, auf der Basis moderner Nano-, Bio- und KI-Technologien, erreicht werden soll. Es geht darum, die menschliche Evolution auf dem Wege einer Erweiterung der physischen und psychischen Fähigkeiten zu steuern. Der zukünftige, ‚posthumane' Mensch hätte seine bisherigen Gattungsgrenzen überschritten, die Spezies Mensch löste sich, je nach Einsatz entsprechender Technologien, in unterschiedliche Nachfolgegattungen auf.[7] Gelingen und Misslingen, bezogen auf das menschliche Leben, hätten ihren Sinn verloren. Zugleich wird das hohe Lied der *Virtualität* gesungen, meist in Verbindung mit dem Stichwort ‚Unsterblichkeit' – ein alter Menschheitstraum, der hier auf überraschende, allerdings auch reichlich verwirrte Weise wieder an Aktualität gewinnt.

Dabei wird neben dem erwartbaren technischen viel unerwartetes theologisches Vokabular aufgeboten: „Die himmlische Welt der Engel (wird) zum Bereich der virtuellen Welten, dank derer sich die Menschen als intelligente Kollektive konstituieren. Der tätige Intellekt wird zum Ausdruck, zum Raum der Navigation, Kommunikation und Auseinandersetzung zwischen den Mitgliedern einer kollektiven Intelligenz."[8] Und weiter: „Es handelt sich zwar noch immer darum, das Menschliche dem Göttlichen anzunähern

---

[7] Vgl. L. Silver, Remaking Eden: Cloning and Beyond in a Brave New World, New York 1997; B. Irrgang, Posthumanes Menschsein? Künstliche Intelligenz, Cyberspace, Roboter Cyborgs and Designer-Menschen. Anthropologie des künstlichen Menschen im 21. Jahrhundert, Stuttgart 2005. Kritisch dazu D. Birnbacher, Natürlichkeit, Berlin/New York 2006, 173-179.

[8] P. Lévy, L'intelligence collective. Pour une anthropologie du cyberspace, Paris 1995, 101 (dt. Die kollektive Intelligenz. Für eine Anthropologie des Cyberspace, Mannheim 1997, 106).

(...), aber diesmal sind es reale, greifbare menschliche Kollektive, die gemeinsam ihre Himmel konstruieren, die ihr Licht aus Gedanken und Schöpfungen beziehen, welche hier unten entstehen. Was theologisch war, wird technologisch."[9] Technologie als neue Theologie und Endform der Humanität? Kein Zweifel, hier wird wild drauflosgesponnen; menschliche Erfahrung, jeglicher Humanismus löst sich in Fieberträume und *science fiction* auf. Wo der Himmel schon erreicht und die Symbiose mit einer göttlichen Lebensform nahe scheint, bleiben schließlich nur wenige Wünsche offen, scheint das Leben alles Irdische weit hinter sich gelassen zu haben – allerdings alles Verständliche wohl auch. Ausgerechnet dort, wo es technisch wird und das Technische in seiner Sprache erklärt sein will, berauscht sich der Verstand an immer neuen, Himmel und Erde beschwörenden Einfällen.

Zu diesen Einfällen gehört insbesondere das Märchen von der Ablösung der natürlichen durch eine künstliche Intelligenz. Auch dieses Märchen hält sich in den Vorstellungen unserer Post- und Transhumanismusfreunde hartnäckig, nachdem es lange Zeit um die Forschung über künstliche Intelligenz, die so genannte KI-Forschung, sehr still geworden war. Unter Hinweis auf die Fortschritte von Gen- und Informationstechnologie, Robotik und Hirnforschung wird von selbsternannten Propheten die Ablösung des Menschen durch die künstliche Intelligenz von Maschinen geweissagt. Da heißt es z.B., dass der Mensch auf dem besten Wege sei, sich selbst überflüssig zu machen, dass selbstreproduktive Maschinen über die erbärmlichen Formen menschlicher Selbstreproduktion und schwächer werdende menschliche Regieformen, also auch über alles Misslingen, zu herrschen beginnen und dass sich der Mensch nur dadurch gegenüber den Robotern wird behaupten können, dass er selbst zum Roboter wird. Post- und Transhumanismus gewiss, aber ein solcher, der eine neue tiefe Sehnsucht nach dem guten alten Humanismus weckt.

So viel aus der Welt der nimmermüden Propheten und des Märchens, wobei zur Rehabilitierung des Märchens gleich hinzugefügt sein soll, dass Märchen üblicherweise Erfahrungen des Menschen mit sich selbst und mit

---

[9] P. Lévy, a.a.O., 95-96 (dt. 100).

der Welt, in der er lebt, spiegeln, in den hier angeführten Beispielen aber als Erfahrungen ausgegeben wird, was eher von begrifflicher Disziplinlosigkeit und philosophischem Schwachsinn zeugt.

Tatsächlich gehört zu den Grunderfahrungen des Menschen, ohne die er seine Menschlichkeit verlöre, der Aspekt der *Bedürftigkeit* – soweit ließe sich auch unseren wackeren Propheten zustimmen –, nur geht es darum, diesen Aspekt nicht zu verlieren, sondern ihn mit einem gelingenden Leben zu verbinden. Der Mensch ist, eben weil seine Natur im Sinne einer generellen Weltoffenheit, die auch den Aspekt der Offenheit der menschlichen Entwicklung einschließt, nicht (wie beim Tier) festliegt, ein bedürftiges Wesen, und dieses Wesen findet in den Begriffen der *Endlichkeit* und der *Kontingenz*, d. h. in der Erfahrung der eigenen Begrenztheit, zu der wiederum neben der eigenen Sterblichkeit auch die eigene Bedürftigkeit gehört, seine abschließende anthropologische Bestimmung.[10] Deshalb war in der Antike auch nicht die Existenzform eines Gottes Wunschbild des Menschen, sondern Achill, der bis zu seinem Tode Junge und aller Kontingenz Gewachsene. Nicht die Endlichkeit und die Kontingenz wurden verneint, sondern die Prozesse der Krankheit und des Verfalls, des Alterns und des Altwerdens. Endlichkeit schloss hier Vollkommenheit ein.

An der Stelle, an der die Griechen über die Endlichkeit des Menschen nachdachten und für ihre Träume Achill erfanden, stehen heute die erwähnten Albträume. Zu ihnen gehört auch die Vorstellung von Unsterblichkeit im Sinne eines *ewigen Lebens*, d. h. eines Lebens ohne Ende, bewirkt durch die Errungenschaften einer künftigen Biologie und Medizin. Hier wären es nicht der Roboter, der an die Stelle des (sterblichen) Menschen tritt, oder ein Leben im Virtuellen (und damit überhaupt kein Leben), sondern ein Leben ohne ‚Lebenszeiten', hier die zeitlichen Gestalten der Kindheit, der Jugend, des Erwachsenseins und des Alters, ohne Krankheit und Verluste an ‚Lebenskraft', ohne, damit verbunden, die Erfahrung der Kontingenz, die immer auch, wie das Martin Heidegger ausgedrückt hat: ein ‚Vorlaufen'

---

[10] Vgl. C. F. Gethmann u. a., Gesundheit nach Maß? Eine transdisziplinäre Studie zu den Grundlagen eines dauerhaften Gesundheitssystems, Berlin 2004, 10ff.

oder ein ‚Sein zum Tode', (im übertragenen Sinne) Erfahrung des Todes ist. Ein Wesen ohne Tod, ein unsterbliches Wesen wäre, noch einmal, „ein Wesen ohne Lebensphasen, ohne Lebensgeschichte, ohne Identität durch die Differenz des Wandels. Ein unsterblicher Mensch wäre ein Nicht-Mensch. Deswegen wäre es nicht nur unrealistisch, sondern vor allem widermenschlich, wenn die Visionen von einem Leben ohne Krankheiten oder menschenwürdigem hohen Alter sozusagen unmerklich überglitten in die Vision eines endlosen, durch keinerlei Kontingenzerfahrungen angefochtenen Lebens. Ein endloses Leben wäre ein Leben, in dem alle Erfahrungen immer noch gemacht werden könnten – also nie gemacht zu werden brauchten –, ein Leben, in dem alle Entscheidungen immer noch getroffen werden könnten – also nie getroffen werden müssten."[11] Der Mensch wäre weder Maschine noch Gott, und doch hätte er sein Wesen verloren. Anthropologische Einsichten dieser Art betreffen denn auch nicht die Überwindung der menschlichen Endlichkeit, sondern einen vernünftigen Umgang mit dieser Endlichkeit, ein gelingendes Leben nicht jenseits aller Endlichkeit, sondern als bejahenden Ausdruck eben dieser Endlichkeit. Träume von Unsterblichkeit und ewigem Leben führen jedenfalls nicht in das Leben, sondern aus ihm heraus. Ziel unbekannt und in keiner Weise erstrebenswert.

3. Vom Unverfügbaren und vom Sterben

Entgegen einer grenzenlosen Machbarkeitsvorstellung, die der modernen Welt, einer von Wissenschaft und Technik geprägten *Leonardo-Welt* (wie ich gern sage), quasi eingebaut erscheint und die in den Entwürfen eines nur noch virtuellen oder eines ewigen Lebens seltsame Blüten treibt, ist unser Leben, ist die conditio humana gefügt aus dem *Verfügbaren*, dem, was wir dank wissenschaftlicher und technischer Errungenschaften können, und dem *Unverfügbaren*, dem, was wir trotz aller wissenschaftlichen und technischen Errungenschaften nicht können und auch nicht können werden, jedenfalls nicht, solange wir dem Menschen ähnlich bleiben wollen. Mit dem Unverfügbaren ist hier gemeint, dass wir niemals alle Bedingungen

---

[11] C. F. Gethmann u.a., Gesundheit nach Maß?, 14.

unseres Seins und unseres Handelns so in der Hand haben werden, dass sie sich in etwas Verfügbares, uns selbst Verfügbares, verwandelten. Dass dies so ist, dass der Mensch niemals alle Bedingungen seines Seins und seines Handelns in der Hand hat, schließt eben auch die Faktizität, die sein Leben, seine Welt, seine Vorstellungen, seine Hoffnungen und seine Enttäuschungen ausmacht, ein. Die Leonardo-Welt, die als eine von Wissenschaft und Technik durchdrungene Welt das Werk des Menschen ist, bestimmt zwar auch die individuelle Existenz, doch bedeutet auch das nicht, dass sich alles Unverfügbare in Verfügbares, eben Machbares, auflöst. Die Grundsituation des Menschen, die sich vor allem in seinen Endlichkeitserfahrungen – am unerbittlichsten in der Erfahrung des nahenden Todes – und in seinen Kontingenzerfahrungen, den Zufälligkeiten des Lebens, spiegelt, hat sich damit nicht verändert.

Und wieder geht es um die Frage eines gelingenden oder vernünftigen Lebens, eines Lebens gewirkt aus dem, worüber wir verfügen, und dem, worüber wir nicht verfügen, und das gleichwohl als ganzes Leben zu gelingen vermag. Die philosophische Antwort auf die Frage nach einem vernünftigen Umgang mit dem Unverfügbaren, zugleich als Antwort auf die Endlichkeit aller Existenz und das Angebot des Glaubens in dieser Situation verstanden, liegt entsprechend in dem, was die Philosophie von alters her als *Gelassenheit* – nach Platon ein Geschwister der Besonnenheit – bezeichnet hat. Diese besteht darin, „nicht nach der Verfügung über das für uns Unverfügbare zu streben und im unenttäuschbaren Vertrauen darauf zu leben, daß der uns unverfügbare Gang der Ereignisse den Sinn eines vernünftigen Lebens nicht berührt“[12]. Was wir sind, sind wir immer in einer Situation, die wir, beginnend mit unserer Geburt, nicht gemacht haben und die in diesem Sinne eben (für uns) unverfügbar ist. Deswegen noch einmal: Der Mensch hat in keiner Situation alle Bedingungen seines Seins und seines Handelns in der Hand, nicht einmal die Faktizität, die sein Leben, die seine Gegenwart – mit allen seinen Vorstellungen, Wünschen, Sorgen und Hoffnungen – ausmacht. Dass der moderne Mensch, der Mensch der Leonardo-

---

[12] F. Kambartel, Über die Gelassenheit. Zum vernünftigen Umgang mit dem Unverfügbaren, in: F. Kambartel, Philosophie der humanen Welt. Abhandlungen, Frankfurt/Main 1989, 90.

Welt über so viel verfügt, und dass seine Verfügbarkeiten, nicht zuletzt dank Wissenschaft und Technik, wachsen, bedeutet nicht, dass damit alles Unverfügbare in Verfügbares verwandelt wäre oder sich in Verfügbares verwandeln ließe – am Ende mit dem Ergebnis, dass nichts mehr misslingen oder scheitern könnte. Im Gegenteil, gerade die wachsenden Verfügbarkeiten lassen das eigentlich Unverfügbare, das die menschliche Grundsituation, die *conditio humana*, ausmacht, nur um so schärfer hervortreten – es sei denn, wir wollten wirklich, wie es sich die Post- und Transhumanisten erträumen, aus unserer Natur, der menschlichen Natur, heraustreten, unsere Gattungsgrenzen verlassen. Aber, wenn ja, wohin? Nach dem Menschen käme kein Mensch, sondern eine Maschine. Der Mensch hätte die Natur seiner Werke angenommen; es gäbe ihn nicht mehr.

Die äußerste Situation, in der die Unverfügbarkeiten des Lebens ihre Geltung auch gegenüber dem gelingenden Leben beanspruchen, ist der Tod bzw. ist das Sterben – womit es hier noch einmal sehr ernst, aber keineswegs ‚hintersinnig' wird.[13] Sterben und Tod sind die eigentliche Krise des Lebens, zugleich eine solche, aus der es kein Entrinnen, kein Ausweichen in das Verfügbare, gibt. Sie sind das eigentlich Unverfügbare. Und doch gehört es geradezu zu den Besonderheiten einer Leonardo-Welt, unserer Welt, zwar nicht den Tod und das Sterben aus der Welt zu schaffen, wohl aber beide zu beherrschen in dem Sinne, dass über Sterben und Tod andere als der Sterbende und die Sterbende selbst verfügen. Was wir als das Recht auf den eigenen Tod bezeichnen, in dem ein gelingendes Leben zu seinem selbstbestimmten Ende findet, ist etwas, dem offenbar die moderne Welt, die sich stolz in ihren Verfügbarkeiten spiegelt, zutiefst misstraut. Die sensiblen Stichworte lauten Freitod und Sterbehilfe.

Freitod bedeutet hier, von Selbstbestimmung in der Form, sich selbst Grenzen zu setzen, Gebrauch zu machen, und der Tod ist die äußerste Grenze. Der selbstbestimmte Wille begrenzt sich selbst. Der Gegensatz eines selbst-

[13] Ich wiederhole im Folgenden einige an anderer Stelle bereits vorgetragene Überlegungen: Wem gehört das Sterben?, in: C. Y. Robertson-von Trotha (Ed.), Tod und Sterben in der Gegenwartsgesellschaft. Eine interdisziplinäre Auseinandersetzung, Baden-Baden 2007, 19-34.

bestimmten Willens aber ist die *Natur*. Wir wählten, wenn wir uns nicht auch in dieser äußersten Situation selbst bestimmten, nicht uns selbst, sondern die Natur. Der Mensch hörte auf, Mensch zu sein, nicht weil er die Ethik hinter sich ließe, aufhörte, ein moralisches Wesen zu sein, sondern weil er sich als selbstbestimmtes Wesen aufgäbe, in die natürliche Evolution zurückfiele. Und zu diesem Recht auf den selbstbestimmten Tod gehört auch die Entscheidung, sich *helfen* zu lassen. Eine derartige Entscheidung kann selbstverständlich auch vorweggenommen werden, d. h. hier: dem Sterben vorweggenommen, wirklich selbstbestimmt getroffen werden. Im Eintrittsfalle, das wissen wir alle, ist sie oft nicht mehr möglich oder wird sie als freie Entscheidung unerkennbar.

Was heißt Helfen, wo Heilen nicht mehr möglich ist? Es ist allemal ein *Helfen zum Tod*, ganz gleich, ob es den Tod noch einmal, für begrenzte Zeit, aufzuhalten sucht oder ihn näher bringt, d. h. sein Eintreten beschleunigt. In beiden Fällen – und das wird zur entscheidenden ethischen Frage – kann dieses Letzte, das die Medizin für den Sterbenden zu tun vermag, aus der Sicht des Sterbenden selbstbestimmt oder fremdbestimmt sein. *Selbstbestimmt*, das heißt: Was immer der Arzt in dieser Situation tut – Aufhalten oder Beschleunigen –, stimmt mit seinem Willen, dem Willen des Sterbenden überein. *Fremdbestimmt*, das heißt: Es gilt nur noch der Wille des Arztes oder – und darauf wird sich der Arzt im Regelfalle beziehen – der Wille des Gesetzgebers. So ist der Sterbende in seiner letzten Stunde (und den Stunden davor) in doppeltem Sinne allein: entweder mit seinem Willen, den nun andere realisieren, oder mit einem fremden Willen, der handelt, ohne zu fragen. Und das, weil er oft auch gar nicht fragen kann bzw. sein Fragen ohne Antwort bleibt. Ohne Antwort, weil der Sterbende nicht mehr zu antworten vermag, weil er aufgehört hat, ein *dialogisches Wesen* zu sein. Der Sterbende schweigt, weil seine Natur, die er als vernünftiges Wesen ist, schweigt. In diesem Falle ist Fremdbestimmung unvermeidlich. Die ethische Situation wechselt von der Seite des Sterbenden auf die Seite der das Sterben Begleitenden. Das ist der Arzt, das ist die ärztliche Kunst, das sind alle, vor allem die Angehörigen, die dem Sterbenden nahe sind. Hilfe wird hier zum letzten Dienst des Lebens am fremden Tod. Die Frage ist, welche Regeln, welche Normen, welche Moral und, mittelbar, welche Ethik sollen hier gelten? Im Grunde geht es hier immer auch um die Alternative zwischen dem allgemeinen und dem individuellen Tod. Welcher Tod wird hier gestorben? Wem gehört das Sterben?

Die Frage so stellen, bedeutet, sie unbeantwortbar machen. Deshalb ist sie aber nicht sinnlos. Sie macht vielmehr deutlich, daß es hier mehrere Aspekte gibt. Ich nenne sie, indem ich frage: *Das Sterben gehört dem Sterbenden?* Damit wäre gemeint, dass das Sterben Teil eines individuellen Lebens ist. Im Tod sterben nicht alle, sondern stirbt der Einzelne. Er stirbt seinen eigenen Tod. Deshalb gehört ihm auch sein Sterben. *Das Sterben gehört der Medizin?* Damit wäre gemeint, dass es kein medizinfreies Sterben mehr gibt. Der Arzt ist, wenn es dem Ende zugeht, allgegenwärtig, und die medizinische Kunst auch. Dabei muss man keineswegs gleich an die moderne Apparatemedizin, vor allem, wie zuvor erwähnt, im Intensivfalle, denken, um zu wissen, was hier gemeint ist. Die Medizin wirft einen langen Schatten, unter dem alles Sterben steht. *Das Sterben gehört der Gesellschaft?* Damit wäre gemeint, dass die Gesellschaft mit ihren Gesetzen nicht nur das Leben, sondern auch den Tod, damit auch das Sterben regelt. Sie hat Institutionen geschaffen, denen niemand entgeht, auch nicht im Sterben. Sie macht die ethische Frage zur rechtlichen Frage und nimmt ihr damit alle Spielräume, auch die eines individuellen selbstbestimmten Wesens. Die gesellschaftliche Selbstbestimmung, die in der Demokratie zu ihrem Wesen findet bzw. diesem Ausdruck verschafft, wendet sich im Falle des Todes und des Sterbens zum Tode gegen das selbstbestimmte Individuum. Die Gesellschaft lässt nicht los, auch nicht den Sterbenden. *Das Sterben gehört Gott?* Damit wäre gemeint, dass das Sterben niemandem gehört, weder dem Sterbenden, noch der Medizin, noch der Gesellschaft. Das Sterben steht am Rande der Welt, es ist – in jedem individuellen Fall – das Ende der Welt. Deshalb gehört es der Welt nicht, weder dem Sterbenden, noch der Medizin, noch der Gesellschaft. Das Sterben ist Ausdruck des schlechterdings Unverfügbaren. Dafür aber sagen wir Gott oder, wie es bei Shakespeare heißt: „Du bist Gott einen Tod schuldig.“[14]

---

[14] W. Shakespeare, König Heinrich IV., 1. Teil V 1, Shakespeares Werke III, ed. L. L. Schücking, Berlin/Darmstadt 1955, 76 („thou owest God a death“, a.a.O., 75).

Wem also gehört das Sterben? Niemandem – und wenn doch, dann dem Sterbenden. Die Medizin und die Gesellschaft sind dem Sterbenden nah, aber dieser gehört ihnen nicht. Das ist vielleicht der äußerste Ausdruck der Idee der Selbstbestimmung, und es ist wohl die einzig angemessene Weise, die Würde des Menschen und sein Sterben zusammenzudenken. Schließlich verkehrte es den Würdebegriff geradezu in sein Gegenteil, wenn der Wunsch, in Würde zu sterben, als krankhafter Wille zur Selbsttötung gedeutet und damit – im Sinne einer Herrschaft der Gesellschaft über den Sterbenden – am Ende auch noch kriminalisiert würde. Die Menschenwürde wird schließlich nicht dadurch verletzt, dass ein Mensch, Träger dieser Würde, in Würde sterben will, sondern dadurch, dass man ihm diesen würdevollen, nämlich Würde bewahrenden Wunsch bzw. dessen Realisierung verweigert.

Was hier als Plädoyer für den eigenen Tod vorgetragen wurde, gehört zum Begriff des gelingenden Lebens. Sterben und Tod stehen nicht außerhalb eines gelingenden Lebens, sie sind vielmehr Teil dieses Lebens, nämlich als dessen, wie es hieß, äußerste Situation und eigentliche Krise. In diesem Sinne gehören Sterben und Tod zum Leben, auch dem gelingenden (so wie sich Sokrates gegen das Drängen seiner Freunde, ihn in Sicherheit zu bringen, für den über ihn verhängten, von ihm in Einklang mit seinem Leben gesehenen Tod entschied). Das Unverfügbare (Sterben und Tod) ist das eine, ihm mit Selbstbestimmtheit zu begegnen, ist das andere.

4. Selbstverwirklichung und Selbstbestimmung

Die Rolle der Selbstbestimmung in Situationen, die sich durch das Ineinanderverstricktsein von Verfügbarem und Unverfügbarem charakterisieren lassen, bringt uns noch einmal zurück zum Begriff des gelingenden Lebens. Was zuletzt in seiner äußersten Form, als Situation am Ende eines Lebens, mit Blick auf den Begriff der Selbstbestimmung beschrieben wurde, gilt in einem allgemeineren und weitaus weniger dramatischen Sinne auch für das Leben insgesamt, für ein Leben zwischen Gelingen und Misslingen, Normalität, wie immer wir sie unter Gesichtspunkten eines gelingenden Lebens einschätzen, und Krise. Den Hintergrund bildet ein Wandel der modernen Gesellschaft, von dem diese selbst kein klares Bild hat.[15] Das machen Bezeichnungen wie ‚Informationsgesellschaft', ‚Wissensgesellschaft', ‚Dienstleistungsgesellschaft', ‚Konsumgesellschaft' und ‚Risikogesellschaft' deutlich. In ihnen mögen einige wenige Aspekte richtig erfasst sein, zur Charakterisierung eines gesellschaftlichen Wandels im Ganzen taugen sie nicht. Anders vielleicht hinsichtlich einer zunehmenden Individualisierung und Partikularisierung der Lebensformen und Lebensstile. Einheitliche Lebensformen und Orientierungen verlieren an Bedeutung, Pluralisierung (auch im Blick auf den Aufbau neuer Lebensformen) nimmt zu. Die Lebensläufe der Menschen werden immer unterschiedlicher, bunter, pluraler. Die Pluralisierung der Lebensformen, die in der Partikularisierung und Individualisierung der Lebensstile zum Ausdruck kommt, spiegelt sich dabei auch in der Theorie der modernen Gesellschaft. Auch hier wird Pluralismus groß geschrieben, treten in den theoretischen Konzepten einheitliche Lebensformen, die die bisherige Geschichte bestimmten, zurück. Insofern treffen sich in der gegenwärtigen Gesellschaft aber auch eine Pluralisierung von unten (aus der gesellschaftlichen Praxis) und eine Pluralisierung von oben (aus der Gesellschaftstheorie).

Eine Folge dieser Entwicklung von traditionalen zu pluralen Lebensformen ist eine zunehmende Partikularisierung auch der Wirklichkeitsbereiche, in denen das Individuum lebt, z. B. Ehe, Familie, Beruf, Freizeit. Diese Bereiche entwickeln sich auseinander; das Individuum lebt in einer Pluralität von Welten, die immer weniger miteinander zu tun haben. Das Ganze, das ein Leben ausmacht, das individuelle wie das gesellschaftliche, gerät aus dem Blick. Von dieser Entwicklung sind auch Orientierungsstrukturen betroffen. Kulturgeschichtlich entspricht dieser Entwicklung die Enttraditionalisierung und Entkonventionalisierung der modernen Gesellschaft – mit neuen Formen des Fundamentalismus und der Sektenbildung als Kehrseite. Die normative Kraft von Traditionen und Üblichkeiten wird schwächer; sie gilt als Widerstand, nicht als Basis individueller Lebensformen.

---

[15] Zum Folgenden, in teils wörtlichem Anschluss, J. Mittelstraß, Kommen und Gehen. Zum Wandel der Werte und Lebensformen, in: E. Bäck (Ed.), Familien- und Erbrecht. Europas Perspektiven (18. Europäische Notarentage), Wien 2007, 11-22.

Ausdruck dieser Entwicklung ist unter anderem auch eine Pluralisierung der Lernwege. Während diese ihrer Idee nach bisher eine gemeinsame Schule der Gesellschaft darstellten, werden auch sie heute von den allgemeinen Individualisierungs- und Partikularisierungstendenzen erfasst, Stichworte: Medien und Informationstechnologien. Beide gehören heute nicht nur zu den modernen Weltbaumeistern, sondern auch zur ‚Schule' der Kinder und Jugendlichen. Lernprozesse ‚entinstitutionalisieren' sich; sie werden freier, damit allerdings auch unkontrollierbarer und manipulierbarer. Die Anonymisierung von Bildungsprozessen hat zugleich in den Medien ihre moderne Orientierungsform gefunden, der gegenüber frühere Formen der Inbesitznahme des Menschen fast harmlos anmuten. Dabei machen auch freie Medien das Individuum, gerade das junge, noch lange nicht frei. Wo sie es nicht schon voraussetzen – wie es das Ideal einer aufgeklärten Gesellschaft besagt –, setzen sie sich vielmehr an seine Stelle, indem sie sein Bewusstsein besetzen, seine Wahrnehmungen und seine Erfahrungen lenken, Einfluss auf das Bild der Welt durch ihre Bilder nehmen. Das wiederum hat erhebliche Folgen für den Begriff der Selbstbestimmung.

Das Stichwort lautet hier *Selbstverwirklichung* – mit einer nicht immer klaren Anknüpfung an den älteren Gesichtspunkt der Emanzipation in gesellschaftlichen Zusammenhängen. Selbstverwirklichung bedeutet rechtverstanden das selbstbestimmte Selbständigwerden des Individuums, doch ist es gerade der Begriff der Selbstbestimmung, der in der modernen Entwicklung seine ursprüngliche, aufklärerische Bedeutung, nämlich die praktizierte Mündigkeit (Autonomie) in Orientierungszusammenhängen, verliert. Selbstbestimmung bedeutet häufig nur noch das Ausleben der eigenen Individualität, bedeutet, diese Individualität einfach zu sein. Eine vernünftige gesellschaftliche Konstruktion der Wirklichkeit gerät aus dem Blick, womit auch die beanspruchte Selbstverwirklichung in der Natur des Menschen als eines Bedürfniswesens steckenzubleiben droht. Oder anders formuliert: Nur wo Selbstbestimmung im anspruchsvollen, selbstverantworteten Sinne ein Element der Selbstverwirklichung ist, bildet auch Selbstverwirklichung ein Element vernünftiger Verhältnisse. Eben dies ist heute immer seltener der Fall. Ausgelebte, unreflektierte Selbstverwirklichung setzt sich an die Stelle verwirklichter (verantworteter) Selbstbestimmung.

Mit dieser Entwicklung verliert auch der Begriff eines gelingenden Lebens seinen Sinn. Dieser lässt sich nicht nur als gegen überzogene Sinnansprüche an das Leben gerichtet verstehen, sondern auch als der aus freien Stücken übernommene Zwang, ein vernünftiges Individuum – das gelingende Leben als vernünftiges Leben verstanden – zu werden. Die Theorie dazu hatte Immanuel Kant geschrieben, indem er aus der Forderung nach Selbstbestimmung des Menschen als eines Vernunftwesens sofort eine nicht-subjektive Konsequenz zog: Es geht nicht nur darum, die eigene Selbstbestimmung, sondern auch die der Anderen zu realisieren. Ausdruck dieses anspruchsvollen Begriffs der Selbstbestimmung, der mehr in den Blick nimmt als die reine Selbstverwirklichung, ist der Kategorische Imperativ, hier in der so genannten Zweckeformel: „Handle so, daß du die Menschheit, sowohl in deiner Person, als in der Person eines jeden andern, jederzeit zugleich als Zweck, niemals bloß als Mittel brauchest."[16] Oder in der Formulierung Hegels: „der freie Wille, der den freien Willen will"[17]. Man sieht, hier in einer anspruchsvollen philosophischen Terminologie ausgedrückt, wie die moderne Ineinssetzung von Selbstbestimmung und Selbstverwirklichung hinter einem längst Erreichten zurückbleibt, wie aus einem objektiven Autonomieprinzip (Kant: „die vernünftige Natur existiert als Zweck an sich selbst"[18]) wieder ein subjektives Prinzip zu werden droht. Damit wird zugleich das Leben sich selbst überlassen; Gelingen und Misslingen werden Ausdruck subjektiver Einschätzungen. Das mag manchmal gutgehen, führt häufig aber auch in Krisen, die allein aus subjektiver Orientierung nicht zu bewältigen sind.

Schlussbemerkung

Wie heißt es so schön? Es kommt darauf an, das Leben zu meistern. In der Tat, blieben wir nur Lehrlinge, ginge das Leben an uns vorbei, ohne dass wir es wirklich lebten. Die Frage ist nur, was man hier unter ‚meistern' versteht.

---

[16] Grundlegung zur Metaphysik der Sitten B 66f.

[17] Grundlinien der Philosophie des Rechts § 27, Werke in zwanzig Bänden. Auf der Grundlage der Werke von 1832-1845 neu edierte Ausgabe. Redaktion E. Moldenhauer und K. M. Michel, Frankfurt/Main 1970, VII, 79.

[18] Grundlegung zur Metaphysik der Sitten B 66.

Das Leben nur zu bewältigen, könnte zu wenig sein. So legt man Vorgänge ab, aber nicht ein Leben. Und auch allein ein Sich-Behaupten darunter zu verstehen, könnte an der eigentlichen Aufgabe, die sich mit der Frage nach einem gelingenden Leben stellt, vorbeigehen. Hier gingen wieder Selbstverwirklichung und Selbstbestimmung ungeklärt ineinander über, wo es doch darauf ankommt, Selbstverwirklichung auf Selbstbestimmung zu setzen und im Übrigen zwischen dem Flüchtigen und dem Beständigen, zwischen dem Verfügbaren und dem Unverfügbaren, zwischen eigener, desgleichen gesellschaftlicher Verblendung und eigenem, desgleichen gesellschaftlichem Glück zu unterscheiden. Was mit der Rede von einem gelingenden Leben, einem vernünftigen Leben, einem glücklichen Leben gesagt werden soll, kommt auf dasselbe hinaus: ein Leben, das in seinen gelingenden wie in seinen misslingenden Teilen, in seinen subjektiven wie in seinen transsubjektiven Teilen, in seinen glücklichen wie in seinen unglücklichen Teilen als Selbstzweck, als ein Zweck in sich selbst, verstanden wird. Ein Leben zu führen oder zu meistern, heißt in diesem Sinne, es unter die Idee eines solchen Lebens zu stellen, nicht, indem wir in ihr den Sinn des Lebens zu erkennen suchen, sondern indem wir, wie schon Platon sagte, das Unsere (die selbstbestimmte besondere Lebensform) und das Gute (das ethisch reflektierte Allgemeine) tun. Das ist immer noch ein hoher Anspruch, aber keiner, der uns zwänge, die *conditio humana*, die menschliche Befindlichkeit, zu verlassen, sondern, im Gegenteil, sie auf eine vernünftige Weise zu realisieren.

„Was zählt? – Christliche Werte in unserer Zeit“

Prof. Dr. Dr. h.c. Margot Käßmann

Überschriften wie: „Soziale Marktwirtschaft in der Sinnkrise“ sind in den letzten Wochen keine Seltenheit. Angesichts der Krisen auf den Finanzmärkten wird bisweilen schon das Ende der Marktwirtschaft ausgerufen. Insbesondere das Handeln von Unternehmern bzw. unternehmerisch tätigen Managern unterliegt der scharfen Beobachtung und heftiger Kritik. Wenn da Vertreterinnen und Vertreter einer Bank eine Altbischöfin zur Rede einladen, werden manche sagen: „Du lieber Himmel, es muss wirklich sehr schlimm sein!“

Aber immerhin: Schon die Bibel kennt ja den Handel und den Kleinunternehmer. Der Vater von Jesus war Schreiner, die ersten Jünger waren Fischer, der Apostel Paulus verdiente seinen Unterhalt als Zeltmacher. Handel ist für die Bibel also kein fremder Raum. Wie aber lässt sich wirtschaften mit einer Wertehaltung? Sie werden sich nicht wundern, wenn ich zunächst einige biblische Grundhaltungen aufgreife, um dann zu fragen, wie denn ein Wirtschaften mit allen aussehen kann und am Schluss eine Nachbemerkung anfüge.

Zur Lage

Sind christliche Werte wirklich ein aktuelles Thema? In Europa hat eine deutliche Distanzierung vieler Menschen von den christlichen Kirchen stattgefunden. Die Selbstverständlichkeit, mit der Menschen dazu gehörten, im christlichen Glauben erzogen wurden, christliche Rituale praktizierten, scheint verloren gegangen. Damit unterscheidet sich Europa übrigens deutlich von Afrika, Asien und Lateinamerika, wo die christlichen Gemeinden deutlich wachsen, und auch von den USA, wo Religiosität zur Normalität gehört. In Deutschland gibt es schon Diskussionen, wenn der Bundespräsident sagt: „Gott segne unser Land“, in Europa laufen die Laizisten schon

Sturm, wenn ein Gottesbezug oder der Verweis auf die jüdisch-christlichen Wurzeln Europas in die Präambel der Verfassung aufgenommen werden soll.

Dabei will ich keinesfalls in einen Lamentogesang einstimmen. Zum einen sind die Kirchen inzwischen dabei, die Situation konstruktiv und offensiv aufzunehmen, eine neue Balance zwischen Innovation und Tradition zu finden, deutlicher und klarer von dem zu reden, was sie glauben. Zum anderen verändert sich meiner Beobachtung nach zurzeit die Lage. Anders als vor einigen Jahren suchen viele Menschen in unserem Land nach Orientierung, und so manche fragen neu und ernsthaft nach Werten. Und gegen das sich so verfestigende Bild, die Kirchen seien leer, trete ich gern an mit der Zahl von fünf Millionen Gottesdienstbesuchern pro Wochenende gegen 700.000 Menschen in den Fußballstadien. Aber in der Medienwelt zählt das Große, nicht das Kleine, Beständige.

Allerdings verfalle ich nicht der Illusion, diese „Rückkehr des Glaubens" sei immer gleich christlich oder gar kirchlich. Zwar erklärt die Mehrheit der Jugendlichen in Deutschland, sie glaube an Gott, aber sie will mehrheitlich nichts mit der Institution Kirche zu tun haben. Im Zeitalter der Individualität der Konsumgesellschaft aber basteln sich viele Menschen lieber ihre eigene Religion zusammen, als sich auf Gemeinschaft und Konsenssuche einzulassen. Ein bisschen Buddhismus ist dann schick. Ein bisschen Islam wirkt streng. Ein bisschen Kabala – Madonna zeigt, wie man das macht! In ihrer Show in Hannover hängte sie sich selbst dann wieder ans Kreuz. Oder Sinéad O'Connor, die einst noch den Papst beleidigte und sich heute als katholische Priesterin sieht. Religion ist „in", alle basteln sich ihren Teil. Cat Stevens singt jetzt wieder unter dem Namen Yusuf Islam. Tom Cruise und Katie Holmes haben nach Scientology-Ritus geheiratet – was das für eine Trauung sein soll, weiß kein Mensch, aber medial macht es sich gut. Vermarktung von Religion, Patchwork-Religion, das ist respektabel in der Welt, in der die, die sich alles kaufen und selbst zusammenstellen, die wahren Helden sind.

Hier muss das Christentum in der Zukunft widerständig bleiben, Mut zeigen, eine Orientierungsleistung erbringen. Jesus Christus ist keine Naturgottheit, die mir auf einem Waldweg erscheint. Christlicher Glaube bindet sich an die Bibel. Martin Luther hat immer wieder darauf beharrt, dass die

Bibel der Maßstab für unsere Religion sei. Wie viele Menschen aber kennen die Bibel gar nicht mehr! Und das im Land der Reformation, wo sie zum ersten Mal in die Volkssprache übersetzt wurde.

Lassen Sie mich, um das Bild zur Lage abzurunden, ein kleines Erlebnis aus dem Alltag meiner Zeit als Bischöfin erzählen: Das ZDF suchte mal wieder „Unsere Besten“, dieses Mal die besten Bücher. Und weil man davon ausging, dass die Bibel unter die ersten zehn kommen würde – das stimmt ja schon hoffnungsfroh! –, sollte ich „ganz schnell mal“ auf drei Fragen antworten als Plädoyer für die Bibel. Ich habe eingewilligt, die Journalistin stellte ihre drei Fragen: Erstens: „Können Sie mal in einem Satz zusammenfassen, was in diesem Buch so drin steht?“ Zweitens: „Würden Sie dieses Buch als Urlaubslektüre empfehlen?“ Und schließlich drittens: „Finden Sie, dieses Buch ist Weltliteratur?“ Puh! Sie können sich vorstellen, das war gar nicht so einfach. Und immer soll es ganz kurz sein. Anschließend meinte der Kameramann: „Meinen Sie echt, da sollte man reinschauen, auch wenn man mit der Kirche nichts am Hut hat?“ „Klar!“, habe ich gesagt, „auch wer nicht Christ ist, muss etwas von der Bibel wissen – das ist doch eine Frage der Bildung. Sie können europäische Geschichte, Kultur, Architektur überhaupt nicht begreifen, wenn Sie die Bibel nicht kennen. Oder denken Sie an die Umgangssprache: der Wolf im Schafspelz, Tohu-wabohu, das Licht unter den Scheffel stellen – kommt alles aus der Bibel!“ „Voll cool!“, hat er gesagt.

Es ist ja das Faszinierende am Christentum, dass die biblischen Texte seit 2.000 Jahren in den unterschiedlichsten Kontexten Relevanz bewiesen haben. Und in den unterschiedlichsten Kulturen dieser Erde, von Indonesien bis Brasilien, vom Sudan bis nach Malta hat sich gezeigt, dass Menschen sich hierauf verlassen können. Die Ökumene – der ganze bewohnte Erdkreis – sollte erreicht werden. So ist das Christentum im Grunde die erste Globalisierungsbewegung der Welt.

Es gibt in unserem so mobilen und technisierten Land unendlich viele erschöpfte und verletzte Seelen, die Sehnsucht haben nach Sinn. Sie brauchen Halt und Menschen, die zuhören, behutsam mit der Seele umgehen. Und das braucht auch die Gesellschaft. Sie muss sich auf gemeinsame Grundwerte verständigen, die akzeptiert sind. Das ist unter anderem auch notwendig, damit sie weiß, wohin sie denn Zuwanderer integrieren will. Gerade nach den Ereignissen vom 11. September 2001, durch den islamistischen Terror und auch durch die extremen Angriffe des iranischen Staats-präsidenten gegen Israel, sind viele ins Nachdenken gekommen. Wo stehen wir in Westeuropa, worin besteht unsere Identität in einem Land, das von der jüdisch-christlichen Tradition geprägt wurde? Ich will nun nicht überheblich erklären, die christlichen Werte seien für unsere Gesellschaft der einzig denkbare Maßstab. Allerdings bin ich überzeugt, dass sie ein gewichtiges Angebot zur Orientierung für unser Land darstellen.

Die Zehn Gebote

Ich erinnere mich gut an eine Stunde im Konfirmandenunterricht. Die Zehn Gebote waren als Thema dran, und ein Konfirmand drehte die Augen und sagte zum allgemeinen Gelächter: „Jetzt kommen Sie uns nur nicht mit den Zehn Geboten. Das ist doch Muff von vorgestern!" Als junge Pastorin habe ich damals den Spieß umgedreht und die Konfirmandinnen und Konfirmanden gebeten, in drei Kleingruppen je zehn Regeln aufzustellen für ein Zusammenleben von 30 Personen unterschiedlichen Alters in einem kleinen Dorf abseits vom Rest der Welt. Nach dem üblichen Geblödel entstanden sehr ernsthafte Debatten! Und siehe da: So verschieden waren die Regeln gar nicht. Ehrlich miteinander sein war wichtig, nicht hinter dem Rücken der anderen rummachen – nicht falsch Zeugnis reden also. Dem anderen nichts wegnehmen, also nicht stehlen und wohl auch nicht begehren! Und wie sie es ausdrückten: anständig miteinander umgehen – da geht es doch um den Respekt in der Partnerschaft, zwischen Alten und Jungen.

Aber können Texte, die vor rund 3.000 Jahren in einer Agrargesellschaft entstanden sind, in der Ära von Mobilität und Internet Sinn machen? Sind Gebote dieser Art tatsächlich tragfähige Lebensregeln im Zeitalter der Individualität und der Freiheit? Können in den ethischen Konflikten der Gegenwart die Zehn Gebote Orientierung leisten? Immerhin geben zwei Drittel der befragten Menschen in der Bundesrepublik Deutschland an, die Zehn Gebote seien für sie verbindlich. Wenn allerdings die Eine-Million-Euro-Frage bei Günter Jauch lauten würde: „Können Sie die Zehn Gebote aufzählen?", wäre statistisch gesehen der Gewinn eher unwahrscheinlich. Nehmen Sie den Schnelldurchlauf, der jetzt folgt, also als Chance: Falls Sie bei Günther Jauch je gefragt werden, sind sie gut vorbereitet!

Ich bin selbst davon überzeugt, dass die Zehn Gebote Lebensregeln für eine gute Welt sind. Sie sind eine konkrete Anleitung zum Leben und Handeln aus dem Glauben heraus. Und bei der „zweiten Tafel“ der Gebote ist meines Erachtens auch eine klare Grundlage einer allgemeinen Ethik, die auch im 21. Jahrhundert Geltung haben kann, erkennbar. Beginnen wir mit dieser „zweiten Tafel“:

Du sollst Vater und Mutter ehren – das vierte Gebot.

Respekt vor dem Alter ist rar geworden in unserem Land. Alle wollen jung bleiben. Wer nicht mehr schnell und fit genug ist, wird an den Rand gedrängt, die Sterbenden aus dem Gesichtsfeld verdrängt. Und: Wir wissen, wie sehr heute der Generationenvertrag wankt. Das Thema ist hochaktuell! Gibt es Altern in Würde, wenn heftig diskutiert wird, ob nicht ab einem bestimmten Alter beispielsweise Krankenversorgung eingestellt werden soll? Wie wir mit den Alten umgehen, zeigt etwas von unserem Menschenbild.

Du sollst nicht töten – das fünfte Gebot.

Wir erleben auch heute, dass Töten bzw. Mord eine Gesellschaft zerstört. Das gilt einerseits im individuellen Bereich. Wie viel Leid bricht über Menschen herein, wenn ein Angehöriger, den sie lieb hatten, ermordet wurde! Gerade erst haben wir das bei dem zehnjährigen Mirco aus Grefrath erlebt. Aber auch den Krieg hat die Menschheit nicht bannen können, sechzig Jahre nach dem Zweiten Weltkrieg. Töten zerstört immer die Menschlichkeit, auch im Krieg. Auch in Afghanistan heute.

Du sollst nicht ehebrechen – das sechste Gebot.

Das biblische Verbot von Ehebruch wird von manchen belächelt als vorgestrig in einer Zeit sexueller Freizügigkeit. Und doch ist die tägliche Erfahrung auch heute, dass Ehebruch unendlich viel Schmerz, Kummer und Zerstörung mit sich bringt – für Paare und auch für ihre Kinder! Vielleicht gewöhnen wir uns an die hohen Scheidungszahlen, und zum Glück sind auch Geschiedene nicht mehr diskriminiert in unserem Land. Aber doch zerstört Ehebruch auch heute Vertrauen, ist die Trennung einer Ehe eine tiefe emotionale Belastung.

Du sollst nicht stehlen – das siebte Gebot.

Stehlen ist kein Kavaliersdelikt. Das gilt im Kleinen: Der Einzelhandel wird jedes Jahr durch Ladendiebstahl schwer geschädigt. Das Stehlen aber zerstört die Gemeinschaft auch im internationalen Bereich, in den ungerechten Strukturen unserer globalisierten Welt.

Du sollst nicht falsch Zeugnis reden wider deinen Nächsten – das achte Gebot.

Wäre das nicht gerade in Wahlkampfzeiten und Koalitionsgerangel gut anzuwenden? Wie heißt es in Martin Luthers Erläuterung im Kleinen Katechismus: „Wir sollen unseren Nächsten nicht belügen, verraten, verleumden oder seinen Ruf verderben, sondern sollen ihn entschuldigen, Gutes von ihm reden und alles zum Besten kehren". Ach doch, sich daran erinnern lassen, tut auch vielen Menschen in der Politik gut. Muss nicht dieses Gebot der Wahrheit wieder eingeklagt werden? Wer will in einer Welt leben, in der Menschen nichts und niemandem mehr trauen können? Alles steht unter dem Verdacht der Lüge – das ist keine gute Grundlage für Zusammenleben.

Du sollst nicht begehren deines Nächsten Haus – das neunte Gebot.

Raffen, Habenwollen, Habgier, die Geiz als „geil" deklariert – wer so lebt, verliert jeden Blick auf ein Miteinander, auf Rücksicht, auf die soziale Verpflichtung, die Eigentum mit sich bringt.

Du sollst nicht begehren deines Nächsten Weib, Knecht, Magd, Vieh noch alles, was sein ist – das zehnte Gebot.

Die Gier nach dem, was andere haben, die so genannte Neidgesellschaft, dass das dem Gemeinsinn nicht zuträglich ist, bleibt bis heute offensichtlich. Das Auseinanderklaffen von Habenden und Verschuldeten in unserem Land, wie in der großen weiten Welt, zerstört Leben. Ein Bewusstsein für Bescheidenheit, eine Ethik der Grenze macht da Sinn.

Mich hat die Geschichte von einem Touristen sehr nachdenklich gemacht, der in einem Kloster übernachtet. Als er sieht, dass es dort sehr karg ist, fragt er einen Mönch: „Wo habt ihr eure Möbel?“ Der fragt zurück: „Ja wo haben Sie denn Ihre?“ „Meine?“, sagt der Tourist verblüfft. „Ich bin doch nur auf der Durchreise!“ „Eben“, sagt der Mönch, „das sind wir auch.“

Insofern lässt sich in aller Knappheit zusammenfassend sagen, dass die Zehn Gebote elementar sind für ethisches Handeln, so elementar, dass sie ein Leitfaden eben nicht nur für Nomadenvölker einer Agrargesellschaft vor 3.000 Jahren waren, sondern dies auch für die Bürgerinnen und Bürger der Gesellschaft des so modernen 21. Jahrhunderts sind.

Meines Erachtens gilt das nun aber auch für die religiösen Gebote, die so genannte „erste Tafel“ der Gebote.

Ich bin der Herr, dein Gott. Du sollst keine anderen Götter haben neben mir – das erste Gebot.

Das ist eine entscheidende Mahnung, uns selbst zu fragen, was unser Gott ist. Martin Luther hat ja einmal gesagt, woran wir unser Herz hängen, das sei unser Gott. Heute hängt das Herz der meisten Menschen anscheinend am Geld, am Haben. Konsum wird da zur großen Religion: Ich konsumiere, also bin ich. Wie hohl dieser Gott allerdings ist, merke ich spätestens, wenn ich kein Geld mehr habe, um zu konsumieren.

Du sollst den Namen des Herrn deines Gottes nicht unnützlich führen – das zweite Gebot.

Der Respekt vor dem Namen Gottes meint auch den Respekt vor dem Glauben. Den Glauben von Menschen gilt es zu respektieren. Wer den Glauben eines anderen verächtlich macht, flapsig, lächerlich von dem spricht, was einem anderen heilig ist, zeigt auch mangelnden Respekt vor der Person. Ein solcher Mensch verliert die Würde des anderen aus dem Auge. Vielleicht ist ihm selbst auch nichts mehr heilig, nichts unantastbar, nichts in aller Zartheit verletzbar.

Auch in Kriegen erleben wir immer wieder, dass die kämpfenden Parteien sehr wohl wissen: Wenn ich das Gotteshaus des anderen zerstöre, treffe ich ihn in seinem Herzen. Das haben wir erlebt bei der Zerstörung von Synagogen 1938 in Deutschland. Das erleben wir bei der Zerstörung von Kirchen, Moscheen und Tempeln. Gott, als das den Menschen Heilige, die Schöpferkraft, an die sie glauben, gilt es zu respektieren. Das gilt für den Gott, von dem ich glaube, dass er der Weg, die Wahrheit und das Leben ist. Diesen Respekt werde ich aber auch Menschen anderer Religionen nicht verweigern.

Du sollst den Feiertag heiligen – das dritte Gebot.

Ist das nicht ein alter Zopf? Wenn wir aber die Feiertage zu den Akten legen, wie es so oft im Namen des Wirtschaftswachstums gefordert wird, wenn wir die Sonntage den Alltagen ganz gleich machen, alle Geschäfte öffnen, die Autos waschen, alles eben haben wie sonst, dann gibt es nur noch den Gleichklang von sieben Werktagen. Ohne Sonntage gibt es nur noch Werktage – wie es ein Slogan der Evangelischen Kirche sagt. Die Abschaffung des Feiertags wird den gemeinsamen Rhythmus unserer Gesellschaft zerstören. Gerade Manager leiden unter dem so genannten Burnout-Syndrom, es ist letzten Endes eine Zerstörung des Rhythmus von Schaffen und Ruhen. Wenn die Gesellschaft besondere Tage nicht mehr kennt, Feiertage, an denen auch einmal all dieses Rennen und Besorgen und Schaffen ruht, dann wird sie eines Tage selbst einem kollektiven Burnout-Syndrom unterliegen.

Ich bin überzeugt, die Zehn Gebote sind auch heute Regeln für ein gutes Zusammenleben. Als ich das anlässlich der Vorstellung des Bündnisses für Erziehung vor der Bundespressekonferenz gesagt habe, kam bei den Journalisten Heiterkeit auf. Aber gerade im Miteinander so unterschiedlicher Menschen verschiedener kultureller Herkunft und Generationen in unserem Land setzen sie Maßstäbe. Und sie haben sich bewährt durch Jahrtausende hindurch. Das Christentum hat lange gebraucht, diese Rechte und

Regeln für alle Menschen gleich geltend anzusehen: für Frauen und Männer, für Menschen aller Herkunft und Hautfarbe. Alle Menschen sind gleichermaßen Gottes Ebenbild, und diese Regeln gelten für sie alle.

Ich bin überzeugt, diese Gebote können uns helfen in all den schwierigen ethischen Herausforderungen unserer Zeit von der Abtreibung bis zur Sterbehilfe, von der Folter bis zur globalisierten Wirtschaft, im persönlichen Leben wie in den Auseinandersetzungen der Welt, Standpunkte zu finden, die vor Gott und den Menschen verantwortet werden können.

Wirtschaft mit allen

Wirtschaft wird in den jüngsten Diskussionen als ein merkwürdig isolierter Bereich angesehen. Dabei ist *oikonomia* vom Begriff her ja abgeleitet vom *oikos*, dem Haus, das Ganze umfassend, wie die *oikumene* oder die *oikologie*. Ich denke, eine der entscheidenden Fragen ist, ob die Ökonomie sich als Teil des Ganzen begreift, sich einfügt in das Zusammenspiel von Politik, Kultur und Zivilgesellschaft insgesamt, oder ob sie sich abgrenzt vom *oikos* und meint, in einem eigenen Raum mit eigenen Gesetzen zu existieren.

Derzeit herrscht offenbar in unserem ganzen Land eine Schnäppchenmentalität – ganz gewiss nicht nur unter Börsianern, sondern bei allen, die konsumieren. Niemals hätte sonst ein Slogan wie „Geiz ist geil“ derart Furore machen können. Geiz aber ist nun nicht gerade lebenslustig, menschenfreundlich und liebevoll. Wer würde einem Menschen sagen: „Ich liebe dich, weil du so herrlich geizig bist?“ Eigentlich macht Geiz unsympathisch und einsam. So wird schon in der Bibel vor Geiz gewarnt. „Geizige werden das Reich Gottes nicht erben“, schreibt Paulus im ersten Korintherbrief (6,10). Der Grund ist wohl, dass das Reich Gottes eine Kontrastgesellschaft abbildet: da sind die Sanftmütigen im Vordergrund, die Barmherzigen, die mit der Sehnsucht nach Gerechtigkeit. Ganz andere Kategorien als die Erfolgsgaranten unserer Tage: Durchsetzungsvermögen, Steigerung der Aktienkurse, Einkommensverbesserung.

Haben- und Haltenwollen, diese Gier nach Besitz macht zuallererst unfrei. Es bedeutet eine enorme Freiheit, geben zu können, ja freigiebig zu sein. Es geht um die Freiheit, loszulassen. Die Freiheit auch von den materiellen Dingen. Gewiss, materielle Dinge sind schön, können das Leben erleichtern – selbst wir Protestanten trauen uns, zu genießen! Wer aber innerlich frei bleibt, solche Freiheit lebt, setzt nicht auf vermeintliche Sicherheit durch Geld und Besitz, sondern darauf, dass Gott es richten wird und andere Menschen für mich mitsorgen. Es geht um ein tiefes Vertrauen ins Leben, denke ich, um Gottvertrauen.

Das hat gerade nicht Kargheit zur Folge, sondern Freude an den Dingen, es geht um Liebe zum Leben und zu den Menschen, statt um Egoismus, Angst und Abgrenzung. Wer freigiebig ist, lebt in der Tat glücklicher. Dann musst du nicht zwanghaft festhalten, sondern stehst in einer Art Segenskreis, in dem du wieder Freude empfängst von denen, denen du gibst. Denn das wissen wir doch auch: Jemandem etwas geben, schenken können, ist ja nicht nur ein Abgeben, sondern immer auch ein Empfangen. Es bereitet mir doch Freude, die Freude der anderen zu sehen. Wir können geradezu dankbar sein, wenn wir geben können. Es ist manchmal wesentlich schwerer, zu nehmen, Zuwendung anzunehmen, weil das oft mit Scham verbunden ist, mit dem Wissen, ich bin auf andere angewiesen, muss dankbar sein. Wem fällt es leicht, um Hilfe zu bitten?

Wer geben kann, ist gesegnet. Und wer etwas einbringen kann in die Gesellschaft, leisten darf, legt wahrhaftig einen nachhaltigen Lebensstil an den Tag. Allzu viele sehen Leistung als selbst erschaffen und nicht als Geschenk. Das Unwort „Macher" ist ein Synonym dafür. Da wünsche ich mir ein anderes Bewusstsein. Ja, ich weiß um die vielen Belastungen in der Arbeitswelt, gerade in leitender Verantwortung, das habe ich viele Jahre lang erlebt. Aber es ist doch auch großartig, ein solches Arbeitspensum absolvieren zu können! Wie schwer fällt es einem mehrfach körperlich behinderten Menschen, morgens aufzustehen, sich zu waschen, anzuziehen, sich zu versorgen? Auch das ist ja Leistung. Ich jedenfalls bin dankbar, dass ich leisten kann, Kraft habe, mich einzubringen in das große Gesamtgeschehen unserer Gesellschaft.

Und wie sieht es aus mit dem Geld? Martin Luther stand in der Tradition Augustinus und Thomas von Aquins dem Zins als solchem – genauer dem

Wucherzins – sehr skeptisch bis ablehnend gegenüber: Der Mensch dürfe sein Kapital nicht dadurch mehren, dass er die von Gott gegebene Zeit für ihn arbeiten lasse. Denn nur durch eigenes Dazutun sei die Vermehrung des Reichtums gerechtfertigt. Das stimmt ja auch heute: Geld arbeitet eben nicht. Und Wucherzins bleibt unvertretbar.

In mehreren Schriften – Großer Sermon vom Wucher (1520). Von Kaufhandlung und Wucher (1524). An die Pfarrherrn wider den Wucher zu predigen (1540) – wendet Luther sich leidenschaftlich gegen Wucher und Monopole. Seine Kritik richtete sich gegen das Handels- und Wucherkapital des Frühkapitalismus, das Gebaren der großen Bankhäuser wie der Fugger, die Gier nach dem Gold der Azteken. Er misst das Verhalten am ersten Gebot und sieht, wie Geld zum Mammon wird.

„Luthers große wirtschaftsethischen Schriften sind strukturiert durch drei neutestamentliche Gedanken:
1. Dass man gerne geben soll. Schenken ist das eigentlich von Gott gebotene Wirtschaftsverhalten.
2. Dass man gerne leihen oder borgen soll: ohne Zins und überhöhte Rückforderung, von Wucher ganz zu schweigen.
3. Dass man sich nehmen lassen soll, auch den Mantel zum Rock geben soll.“

Die Finanzkrise hat gezeigt, wohin es führt, wenn Geldwirtschaft auf schnelle spektakuläre Gewinne hin orientiert ist. Zins an sich wird heute in der Weltwirtschaft insgesamt nicht in Frage gestellt, auch nicht bei Kleinstkrediten etwa im Bereich der Entwicklungsorganisationen. Aber Wucherzins müssen wir auch heute in lutherischer Klarheit anprangern. Wir sind offensichtlich an einem Punkt angekommen, an dem sich die Grenzen einer bestimmten Form von Wachstum im Bereich des Finanzkapitals so deutlich gezeigt haben wie selten zuvor. In der Tat könnte der Kontrast zwi-schen der mehr als leichtsinnigen Renditejagd der Finanzeliten dieser Welt noch vor ein paar Monaten und der heimeligen Alternative des eigenen Tresors im Keller nicht größer sein: Die Spanne zwischen einer vermeintlichen Sicherheit im Anlagegeschäft, die den Akteuren jede Contenance entgleiten ließ, und der Angst, die sich in Folge der Maßlosigkeit ausgebreitet hat und nun zu gewissermaßen archaischen Wirtschaftsformen zurückführt, jedenfalls bei einem Teil der Menschen. Die Tresorhersteller gehören zu den Gewinnern der Krise. Sie haben jüngst Auftragssteigerungen von 20 % gemeldet…

Die Bibel zeigt uns einen ziemlich entspannten Umgang mit dem schnöden Mammon, finde ich. In den Gleichnissen Jesu kommt Geld vor, „Vom verlorenen Groschen" bis „Gebt dem Kaiser, was des Kaisers ist", und: „Einen fröhlichen Geber hat Gott lieb", heißt es dort beispielsweise. Das ist auch heute eine klare Erfahrung: Wer geben kann, fühlt sich gesegnet, ebenso wie der, der empfängt. Es geht, wie gesagt, um einen Segenskreislauf. Einen Kreislauf auch, in dem die Würde aller Beteiligten gewahrt bleibt.

Nächstenliebe und der Aufbau der Gemeinde, die soziale Dimension also ist das Kriterium des angemessenen Umgangs mit Geld in der Bibel. Reichtum an sich wird in der Bibel nicht verurteilt, aber die Frage ist, wie ich damit umgehe. Es ist ja spannend, nachzulesen, dass Jesus ermutigt, mit den Pfunden zu wuchern. Reichtum wird nur verurteilt, wenn er zu Geiz und Gier führt. Es kommt darauf an, was ich damit tue. Die Pfunde mögen Geld sein. Oder eben auch Talente, wie es in einer alten Übersetzung heißt, also Chancen, Möglichkeiten, Gaben, die ich einbringen kann. Wer eigenes einbringt in die Gemeinschaft, wer für andere gibt, was er oder sie hat an Geld, Zeit, Kreativität, wird es vermehren. Es geht um Begabung, die jeder Mensch hat.

Gott verurteilt nicht Reichtum und Wohlstand. Im Gegenteil zeigt gerade das Alte Testament, wie sehr Gottes Segen immer auch im weiteren Sinne materielles Wohlergehen meint: Vieh, Land, Geld, Kinder, auch Gesundheit. Also das, was ein Mensch zum guten Leben brauchte. Aber der Reichtum oder einfach der Wohlstand muss, wie wir heute sagen würden, nachhaltig erwirtschaftet sein, also nicht durch Raubbau an der Natur. Das Bauen und Bewahren, also nicht nur das Ernten, sondern auch das Säen, sind in diesem Zweiklang der biblische Auftrag an den Menschen. Und ein weiterer Auftrag schließt sich an, dass nämlich dieser Ertrag allen Menschen zugute kommen muss, er muss gerecht verteilt sein. Das sind, freilich sehr verkürzt, die Grundsätze eines von der Bibel her begründeten Wirtschaftens. Ich meine, dass sie auch in unserer Zeit und hier besonders in unserer jetzigen Situation gerade in ihrer Einfachheit überraschend hohe Aktualität erlangt haben.

Wir brauchen also einen klaren, realistischen und selbstkritischen Umgang mit Geld. Das ist gut biblisch. Um innere Freiheit vom Besitz geht es ebenso wie um die Freiheit zum Handeln. Um Verantwortung im Umgang mit Geld ebenso wie um Gottvertrauen.

In der Evangelischen Kirche in Deutschland (EKD) erschien im Jahr 2008 die Denkschrift: „Unternehmerisches Handeln in evangelischer Perspektive“. Es ist das Ziel dieses Textes, auf die Bedeutung hinzuweisen, die unternehmerisches Handeln und verantwortliche Arbeitgeber und Unternehmer für unser Land haben: „Ohne unternehmerisches Handeln kann keine moderne Gesellschaft überleben“ (Ziffer 125), wird mehrfach unterstrichen. Es wird immer wieder herausgestellt, dass solches Handeln notwendig ist auch angesichts der großen Herausforderung einer von Ressourcenknappheit oder Umweltkatastrophen her bedrohten Gesellschaft. Dabei ist natürlich auch deutlich, dass es auch nicht ohne Gewerkschaften oder Arbeitnehmervertretungen geht – auch sie gehören zur Wirtschaft dazu – und es ist deutlich, dass sich unternehmerisch Tätige und Arbeitnehmervertretung auf Augenhöhe begegnen sollen. Am Ende des Textes heißt es ganz optimistisch: „In jedem und jeder steckt etwas unternehmerisch Kreatives. Diese Potentiale gilt es im Interesse aller zu entdecken und zu fördern“ (Ziffer 138). Es geht mithin um eine Vision eines freien unternehmerischen Handelns, das sich zugleich sozial verpflichtet weiß und in dieser Hinsicht umsichtig in der Gesellschaft agiert, jedenfalls nicht nur auf einseitige Ziele ausgerichtet handeln kann.

Das ist mir wichtig. Wir können den Mittelstand nicht in einen Topf werfen mit großen DAX-Unternehmen, die von Anonymität bestimmt sind. Unternehmer vor Ort schaffen Arbeitsplätze, sorgen sich um Mitarbeitende, bilden aus, sind verankert im eigenen Kontext. Das brauchen wir dringend. Auch unsere Kirche und vor allem die Diakonie ist im Übrigen vielerorts ein solcher kleiner Unternehmer, und wir stehen vor denselben Herausforderungen als Arbeitgeberin wie so mancher Betrieb.

Als Kern unternehmerischer Tätigkeit wird die Notwendigkeit definiert, ständig „im Markt Entscheidungen unter komplexen und zum Teil unsicheren Bedingungen zu fällen und für die eingegangenen Risiken die Verantwortung zu übernehmen" (Ziffer 12). Partizipation, Verantwortung und das rechte Maß werden da zu Schlüsselbegriffen.

In Südafrika habe ich zwei junge Männer erlebt, die uns an einem Parkplatz in Empfang nahmen, die Schranke per Hand öffneten, das Auto abnahmen und einparkten, in schmucken Uniformen, offenbar stolz, Teil eines Ganzen zu sein. Das kann eine elektronische Schranke nicht ersetzen. Und es sind zudem Arbeitsplätze, die Menschen, denen wahrscheinlich eine Ausbildung fehlt, Würde durch Zugehörigkeit und Arbeit gibt, statt sie auf staatliche Transferleistungen angewiesen sein zu lassen. Beteiligung aller, Wahrung der Würde aller, das ist für mich ein erster christlicher Zugang zum Wirtschaften, und daran müssen sich auch Kirche und Diakonie messen lassen.

Als Bischöfin war ich elf Jahre lang zuständig für die Leitung einer großen Landeskirche: drei Millionen Mitglieder, 30.000 hauptamtlich Mitarbeitende, ein Jahreshaushalt von mehr als 500 Millionen Euro. Das ist wohl gar nicht so anders in einem Unternehmen oder in einer Bank: Die Überzeugungskraft der Leitung ist von entscheidender Bedeutung. Und Überzeugungskraft gewinne ich nur, wenn es in einem Unternehmen, ja in der Wirtschaft insgesamt klare Vorbilder gibt und Kooperation. Damit Kooperation gelingt, bedarf es ethischer Regeln des Miteinanders. Denn gemeinsa-mes, abgestimmtes Handeln braucht nicht nur gemeinsame Ziele, sondern auch gemeinsame Regeln und Werte. Es geht um eine verlässliche Kultur des Miteinanders. Es gilt, darauf zu achten, dass die unterschiedlichen Kulturebenen nicht auseinanderfallen, das ist auch in unserer Kirche und ihren Einrichtungen so. Wenn die Identifikation mit dem Ganzen verloren geht oder gar nicht vorhanden ist, fehlt auch das Engagement für die gemeinsame Sache, das nötig ist. Um diese komplexen Prozesse zu überblicken, bedarf es einer gemeinsamen normativen Grundposition, eines gemeinsamen Ethos. Und dieses Ethos, diese Bindung an Werte, sollte glasklar in den Entscheidungsstrukturen eines Unternehmens verankert sein, kognitiv wie emotional. Nehmen wir Fälle wie die Korruption bei Siemens oder die Datenschutzmissbräuche bei der Telekom, wird schnell deutlich, dass es bei der Pflege eines gemeinsamen Ethos darum geht, ob und wie eine „Ethik der Governance“, so Wieland, im Alltag speziell von Sozialunternehmen gestaltet werden kann. Ich denke, eine Kultur der Wertschätzung kann auf dem Hintergrund des christlichen Menschenbildes auch im Berufsalltag entwickelt werden.

Das alles gilt auch für unsere Kirche. Leiten wir transparent? Wie wird Macht gebraucht? Mir hat immer eingeleuchtet, dass Macht legitimiert ist, wenn sie ihre Ziele transparent macht, aber zum Missbrauch neigt, wenn diese Ziele nicht mehr erkennbar sind. Um klare Leitbilder geht es. Wie viele Probleme werden leitend Tätigen täglich vorgelegt! Wie können wir Modelle einer „Ökonomie mit allen“ praktizieren? Dazu gehört Mut und Gottvertrauen, Transparenz und Partizipation.

„Wirtschaft mit allen“ – das meint, dass es nicht nur darum geht, die Früchte des Wirtschaftens zu säen und zu ernten und möglichst gerecht unter den Menschen zu verteilen. Es tritt eine wichtige Bedingung hinzu, die in den modernen Gesellschaften unerlässlich ist: Die Beteiligung der Menschen nicht nur an den Ergebnissen des Wirtschaftens durch gerechte Verteilung, sondern auch an ihrem Zustandekommen. Das geschieht unter heutigen Bedingungen für die ganz große Masse der Bevölkerung in Form der Beteiligung an der Erwerbsarbeit. Wer einen Arbeitsplatz hat, ist in der Lage, ein originäres Einkommen zu erwirtschaften, also aus eigener Kraft seinen Lebensunterhalt zu bestreiten. Damit erwirbt der Mensch nicht nur seinen materiellen Lebensunterhalt, sondern unter gegebenen gesellschaftlichen Vorzeichen auch seine Anerkennung und sein Selbstbewusstsein. Er hat Teil am schöpferischen Prozess der Gestaltung und Umgestaltung der Welt, zu der Gott uns ermächtigt und praktisch in die Lage versetzt hat. Jeder und jede tragen damit selbst ein Stück Verantwortung an der schöpferischen Veränderung der Welt in sich und gewinnen damit ein großes Stück der Würde, die ihnen zukommt.

Damit will ich hier keiner Erwerbs- oder Arbeitsreligion das Wort reden. Die Würde des Menschen resultiert zuallererst nicht aus der Arbeit, sondern, wie Christinnen und Christen glauben, aus der Ebenbildlichkeit Gottes, also daraus, dass wir seine Geschöpfe sind. Wir müssen uns also menschliche Würde nicht durch Arbeit erst verdienen, sie ist uns von Gott bedingungslos zugesprochen. Das gilt für den sterbenden alten Mann wie für den erfolgreichen Unternehmer, für das schöne Model auf dem Laufsteg wie für das mehrfach schwerstbehinderte Mädchen. Aus dieser Gottebenbildlichkeit leiten sich nach christlichem Verständnis die Gleichheit aller Menschen ab und damit ihre gleichen Rechte. Somit kann es nicht Menschen geben, denen das Recht auf die Teilhabe am schöpferischen Prozess durch eigene Arbeit verwehrt, geschweige denn abgesprochen wird.

Daraus resultiert, dass beispielsweise nicht nur diejenigen etwas gelten, die im Erwerbsleben stehen, sondern ebenso auch diejenigen, die zu Hause Kinder erziehen, die Alte pflegen, die im Ruhestand leben oder ehrenamtlich tätig sind. Menschen, die mit ihrer Tätigkeit zwar kein eigenes Einkommen verdienen, aber dennoch überaus nützliche Tätigkeiten verrichten. So sehr ich mich für Krippenplätze und die Vereinbarkeit von Familie und Beruf einsetze, so wenig darf das aber doch auch dazu führen, dass wir nicht mit hohem Respekt sehen, was Frauen leisten, die um der Kinder willen ihre Berufstätigkeit ruhen lassen. Was ist mit denen, die Arbeit ernsthaft suchen und keine finden? Tatsächlich darf die Beteiligung am Erwerbsleben nicht zu einer heilbringenden Angelegenheit hochstilisiert werden. Auch dem, der sich nicht am Erwerbsleben beteiligen kann oder will, ist nicht die Würde abzusprechen, die er als Mensch unveräußerlich besitzt. Worum es in der gesellschaftlichen Praxis geht, ist die Option, die allen erwerbsfähigen und erwerbswilligen Menschen offenstehen muss, sich in das Wirtschaften der Gesellschaft mit ihren Möglichkeiten einzubringen.

Wir müssen befürchten, dass wir nach einer wirtschaftlichen Aufschwungphase nun wieder in einen Abwärtstrend hineinkommen, der auch negative Auswirkungen auf die Zahl der Arbeitslosen haben wird. Und wie wir weiter wissen, ist Arbeitslosigkeit das größte Risiko für Armut, neben Bildungsdefiziten und der Trennung vom Ehepartner. Damit ist die Gefahr weiterer Randständigkeit und der Absonderung von der Mitte der Gesellschaft verbunden. Das bedeutet dann den zunehmenden Ausschluss von der Teilhabe nicht nur an der Erwerbsarbeit, sondern auch vom öffentlichen Leben.

Die Finanzkrise auf der einen Seite, die Gefahr zunehmender Armut auf der anderen: Kaum jemand wird bestreiten, dass etwas aus der Balance gekommen ist. Die Spekulation mit den Billionen, die auf der Suche nach einer günstigen Anlage sind, genauer: die großen Misserfolge damit, die unvorstellbar große Vernichtung von Vermögen auf der einen Seite und die Bedrohung von vielen kleinen Existenzen auf der anderen halte ich für eine besonders große ethische Herausforderung. Es geht darum, das rechte ethische Maß wiederzufinden.

Wenn nun also die Finanzmärkte „wieder anspringen“, sollte doch auch gewissermaßen ein TÜV installiert werden, der unabhängig vom Berater des Geldinstituts oder einer Investmentgesellschaft das Angebot prüft und auf Risiken aufmerksam macht, Bremsen einbaut. Denn wenn Wohlhabende ihr Geld verspielen, ist das etwas anderes, als wenn einfache Menschen für den Rest ihres Lebens finanziell ruiniert werden. In den USA habe ich das in den letzten Monaten vielfach gesehen. Da hat jemand 150.000 Dollar für ein Haus bezahlt, 50.000 abgetragen, aber das Haus ist jetzt nur noch 80.000 wert. Und das ist noch ein eher harmloses Beispiel…

Eine Konsequenz scheint mir übrigens auch: Den Staat nicht länger verächtlich zu machen, sondern als Element von Balance zu akzeptieren. Denn Wirtschaft findet – anders als diejenigen, die jetzt auf staatliche Hilfe hoffen, oft propagiert haben – eben nicht nur in der Wirtschaft statt. Ohne den Rahmen eines starken Gemeinwesens als Gegengewicht geht es auch in der Wirtschaft nicht. Die Politik darf nicht mehr und mehr zum Appendix wirtschaftlicher Ziele und Interessen werden. Es geht mir um Respekt vor den politisch handelnden Personen.

In diesem Zusammenhang sehe ich die Aufgabe der Kirche auch darin, die Wirtschaft vor Ort zu stärken. Händler, ob im Immobilienhandel oder im Einzelhandel und Konsumentinnen und Konsumenten. Der mündige Verbraucher gehört zum Grundbestand unserer Wirtschaftsordnung ebenso wie der verantwortliche Unternehmer. Mir geht es um eine „Ethik des Genug“ gegenüber einer Ethik des ständigen Wachstums. Gewiss, davon können nur die sprechen, die „genug“ haben. Wenn sie aber das rechte Maß im Blick behalten, wird das auch ein Beitrag zur Gerechtigkeit für diejenigen sein, die zu wenig zum Leben haben.

„Wirtschaften mit allen“ – das heißt angesichts des demographischen Wandels, auch diejenigen Menschen adäquat einzubeziehen, die aufgrund ihres Alters und Gesundheitszustandes nicht mehr wie einst, in den stärkeren Jahren ihres Lebens, ohne weiteres die Möglichkeit haben, für sich selbst zu sorgen. Auch sie sind Teil der Wirtschaft. Und ihre Versorgung ist inzwischen auch ein Markt.

„Wirtschaft mit allen“ wird zudem die Gerechtigkeitsfrage nicht an der Grenze unseres Landes oder der Europäischen Union enden lassen. Wenn Globalisierung, dann muss sie Nahrung, Obdach, Bildung und Gesundheitsversorgung für alle zum Ziel haben, über alle Grenzen hinweg. „Billige Arbeitskräfte“ und „billige Produktionsbedingungen“ stehen im Widerspruch zur gleichen Würde aller. Kürzlich habe ich einem Unternehmer, der seinen Betrieb in die Ukraine verlagern will, weil es da billiger ist, gefragt, wann er denn mit seiner Familie dort hinziehen wolle. Denn ich denke, es ist unsolidarisch, wenn Menschen in unserem Land leben, vom sozialen Frieden ebenso profitieren wie von kostenfreien Schulen, funktionierenden Krankenhäusern und sanierten Straßen, aber dann woanders investieren und hier nicht mal Steuern zahlen.

Eine „Ökonomie zum Leben“ beinhaltet über das rein Ökonomische hinaus die Beteiligung aller auch beim Ringen um die Frage, wie wir denn den großen Herausforderungen nachhaltig begegnen wollen, auch was den Klimawandel betrifft. Auch zu dieser Frage können alle beitragen, sind alle berufen. Denn für Martin Luther war das Leben eines, das in Freiheit und Verantwortung aus Gottvertrauen heraus zu gestalten ist. Und der Beruf war für ihn kein Job zum Geldverdienen, sondern eine Berufung, die mich als – wie er sagte – den Besen schwingende Magd ebenso wichtig macht wie den regierenden Fürsten, wir könnten vielleicht übersetzen, die ambulante Pflegerin ebenso wichtig wie den Banker. Gemeinsam gestalten, wozu wir berufen sind, gute Haushalterinnen und Haushalter Gottes sein, unsere Gaben einbringen für eine Ökonomie mit allen, das ist eine wunderbare Herausforderung.

Solidarität

Jesus hat die Zehn Gebote zusammengefasst im höchsten Gebot: *Du sollst Gott über alle Dinge lieben und deinen Nächsten wie dich selbst.* Dieser Grundwert der Nächstenliebe muss in unserer Gesellschaft wieder zu Tage treten. Nicht, dass sie mich falsch verstehen: Die Leistungsträger sind wertzuschätzen. Was geteilt werden kann, muss erst erwirtschaftet werden. Meine Gaben soll ich einsetzen, einbringen. Aber eine Grundabsicherung der Schwachen im Land, der Kinder, der Alten, der Behinderten, Kranken und Arbeitslosen sollte selbstverständlich sein.

Zunächst müssen Menschen da sein, die ein Plus erwirtschaften, damit wir das praktizieren können, was ich für wichtig halte, nämlich Soziale Marktwirtschaft. Ja, Max Weber hat einmal erklärt, der Erfolg des „American dream“ sei geradezu durch die protestantische Ethik bestimmt. Wir brauchen Leistungsträger, damit andere Menschen abgesichert werden in den großen Krisen ihres Lebens, wie Krankheit, Arbeitslosigkeit, Verlust des Partners etc. In unserer Gesellschaft ist es wichtig, das immer wieder zu sehen, Gemeinschaft, Füreinander-Einstehen als positiven Wert zu sehen, statt mit einer „Reichensteuer“ als Slogan in den Wahlkampf zu ziehen.

Trotz der veränderten Bedingungen behaupte ich: Christliche Werte werden gebraucht, damit unsere Gesellschaft nicht die Orientierung verliert. Eine Gesellschaft muss wissen, wo sie steht und was sie glaubt, woran sie sich orientiert, auch, um klären zu können, wohin denn Zuwanderer zu integrieren sind. Sie muss wissen, woran sie sich orientiert, auch um den Dialog der Religionen möglich zu machen, zu verhindern, dass das Aufeinanderprallen der Kulturen noch gewalttätiger wird. Sie muss selbstbewusst und klar zu eigenen Grundüberzeugungen stehen.

Es geht darum, einzutreten für ein Konzept von Gemeinschaft im Zeitalter der Vereinzelung, für Solidarität statt Egomanie in der Ich-Gesellschaft. Individualität ist für die Evangelischen nichts Negatives. Die Verantwortung des Einzelgewissens halten wir für wichtig. Individualität aber, die totale Vereinzelung bedeutet und nur noch sich selbst sieht, ist eine Zerstörung des Gewebes, das eine Gesellschaft zusammenhält.

Mitten in der Spaßgesellschaft gilt es, die Sinnfrage wachzuhalten. Von einer „Karnevalisierung“ unserer Gesellschaft ist ja inzwischen die Rede. In dieser Situation ist es wichtig, etwas von der Tiefe des Lebens einzubringen. Leben macht nicht nur Spaß, nein, Leben macht Sinn. Das muss keine griesgrämige Botschaft sein. Friedrich Nietzsche soll ja einmal gesagt haben, wenn die Christen etwas erlöster aussehen würden, könnte er sich der Sache annähern ... Lebenssinn können wir nicht kaufen, das ist die Botschaft. Und: Das Leben macht Sinn, auch wenn du keinen Arbeitsplatz findest, auch wenn du dich überflüssig fühlst, weil du nicht mithalten kannst. Nicht nur die Leistungsstarken, die Schönen und Reichen zählen. Ein Leben mit Behinderungen ist nicht weniger wert als ein Leben in kraftstrotzender Gesundheit.

Es geht um Kultur und Tradition in einer Zeit der Kurzlebigkeit. Gemeinsame Geschichten, Lieder und Gebete, geben Halt, Werte und Orientierung. So können standhafte Menschen heranwachsen, die Mut haben, diese Gesellschaft verantwortlich mitzugestalten. Wie heißt es bei Bettina Wegner: „Menschen ohne Rückgrat haben wir schon genug ...“ Unsere Gesellschaft braucht gemeinsame Geschichten und Rituale als Rückvergewisserung, um eine gemeinsame Orientierung für die Zukunft zu finden. Deshalb müssen wir sie den nachwachsenden Generationen weitergeben.

Nachbemerkung

Im Zuge der Verhandlungen zum Beitritt der Türkei zur Europäischen Union erhob der türkische Ministerpräsident Erdogan den Vorwurf einer „Christenclub-Mentalität“. Es war interessant zu beobachten, wie mit einem Reflex des Schreckens und der Abwehr schnell gefordert wurde, die Europäische Gemeinschaft müsse einen neuen Identitätsbegriff finden, weg von den jüdisch-christlichen Wurzeln, hin zu einem Verbund ausschließlich politischer, wirtschaftlicher und sicherheitsrelevanter Interessen.

Als Christin könnte ich zunächst sagen: Es ist ja erfreulich, wenn noch jemand Europa für einen Christenclub hält! In all dem Lamento und den Analysen, in der Ablehnung eines Gottesbezuges in der Präambel der EU-Verfassung und der Weigerung, dort einen Verweis auf die jüdisch-christlichen Wurzeln Europas aufzunehmen, war eher eine Ablehnung jedweder christlicher Bezüge wahrzunehmen. Wie heißt es jetzt in der Präambel: „Schöpfend aus dem kulturellen, religiösen und humanistischen Erbe Europas, aus dem sich die unverletzlichen und unveräußerlichen Rechte des Menschen sowie Freiheit, Demokratie, Gleichheit und Rechtsstaatlichkeit als universelle Werte entwickelt haben ...“ Gut, aus dem Erbe wollen die Staaten schöpfen, aber was das Erbe genauer ist, haben sie gezögert, klarzustellen. Als ob der Mensch sich für den christlichen Glauben schämen müsse. Davon zeugt auch, dass Staatsführer von heute sich selten selbst zu einem Glauben bekennen – jedenfalls in Europa. Oder, wie es der französische Philosoph Alain Finkielkraut jüngst formulierte: „Es gibt in der Debatte um die Bedeutung des Christentums für Europa eine merkwürdige ‚Undankbarkeit' gegenüber der Vergangenheit.“

Wenn Safer Senocak erklärt, wir brauchten eine Kulturoffensive, um die Zuwanderer auch mental anzuwerben, dann müssen wir eben auch wissen, wohin wir denn werben wollen. Was ist die Wertegemeinschaft, in die wir integrieren wollen? Sicher, viele Menschen erklären, Religion dürfe keine große öffentliche Rolle spielen, Staat und Religion seien schließlich getrennt. Das ist auch gut so. Die Fragen der Religion aber einfach zu ignorieren, wäre naiv. Religion prägt Menschen, Traditionen und Kultur. Und insofern ist Europa im positiven Sinne ein Christenclub. Europäische Geschichte und Architektur, europäische Literatur und Musik sind ohne Kenntnis von Christentum und Judentum nicht zu verstehen. Und die Werte von Freiheit und Gleichheit ebenso wenig, auch wenn sie manches Mal gegen kirchliche Apparate erkämpft werden mussten. Der Gedanke ist schlicht biblisch angelegt und lässt sich auf Dauer nicht unterdrücken.

Nehmen wir den Christenclub positiv als Definition von Inhalten, Wertehaltung und Ausrichtung. Ein Club ist ja nicht automatisch exklusiv, ich kann beitreten unter der Voraussetzung, dass ich die Grundbedingungen teile. Das ist beim Bertelsmann Buchclub ebenso wie beim Kanuclub. Selbst mancher feine britische Club muss inzwischen Frauen aufnehmen – so weit treibt es die Demokratie. Schauen wir uns die Clubbedingungen näher an, sehen wir, dass sie von den biblischen Werten der Freiheit, auch der Religionsfreiheit, der Gottebenbildlichkeit und damit der Menschenwürde und

Menschenrechte sowie der Gleichberechtigung von Mann und Frau geprägt sind. Die Europäische Union ist heute eine aus einer Wirtschaftsgemeinschaft entstandene politische Gemeinschaft. Sie wird auch zusammengehalten durch eine gemeinsame Kultur und eine Wertegemeinschaft, die vom jüdischen-christlichen Er-be geprägt ist. Der Geist von Europa aber ist geprägt von den Erfahrungen und Werten des christlichen Glaubens. Von Nächstenliebe, den Zehn Geboten, von Gleichheit und Freiheit. Diesen Geist gilt es zu erhalten, nicht in Abschottung, aber mit Selbstbewusstsein. Und da ist „Christenclub" für mich kein Schimpfwort. Vielleicht hat uns Ministerpräsident Erdogan ja mit diesem Begriff einen positiven Anstoß gegeben. „Made in Germany" war ja einst eine Parole der Briten, die vom Kauf deutscher Produkte abhalten sollte, und wurde zum Qualitätsmerkmal.

Meine sehr geehrten Damen und Herren, ich konnte hier nur andeuten, wie sehr christliche Werte für unser Land Orientierung geben, auch heute. Mir liegt daran, dass unsere Kirche sich nicht in eine fromme Ecke verkriecht, sondern Mitverantwortung für unser Land übernimmt. Das können wir tun, indem wir Menschen stärken, die als Christinnen und Christen Verantwortung übernehmen, ob in der Familie oder im Unternehmen, ob in der Politik oder in der Schule. Als die BILD titelte „Wir sind Papst" habe ich gedacht: Ja, das ist gut lutherisch! Nicht auf Bischöfinnen oder Pfarrer kommt es an, sondern jeder und jede einzeln sind gerufen, ihren Glauben im Alltag zu leben. Wenn alle das täten, gäbe es sicher mehr Zukunftszuversicht, die anstehenden Probleme zu bewältigen.

Zukunft der Arbeit – Arbeit der Zukunft

Prof. Dr. Jutta Rump

1. Einleitung

Die gesamte Arbeitswelt befindet sich in einem Wandlungsprozess, der durch ständige Umbrüche, plötzliche Veränderungen und strukturelle Herausforderungen gekennzeichnet ist. Grundsätzliche Treiber der wirtschaftlichen Entwicklung greifen ineinander und ergeben insgesamt ein höchst komplexes Gebilde aus verschiedenen Abhängigkeiten. Jeder der großen Entwicklungstreiber berührt dabei stets sowohl Unternehmen als auch ihre Mitarbeiter und damit beide Seiten des Arbeitsmarktes. An Unternehmen werden fundamentale Anforderungen gestellt, wie etwa die Anpassung der Produktionssysteme und der Arbeitsorganisation, während sich die Herausforderungen für Erwerbspersonen auf ihr Qualifikationsfundament und auf die Gestaltung ihrer Erwerbsbiografien beziehen.[1]

Mit hoher Wahrscheinlichkeit sind es vor allem die in der Folge dargestellten sieben Megatrends demografischer Wandel, technologischer Wandel, Globalisierung, Wissensgesellschaft/Bildung, Nachhaltigkeit, Frauen, Individualisierung sowie der gesellschaftliche Wertewandel, die zukünftig unsere Arbeitswelt beeinflussen werden – und damit auch gleichzeitig die Employability[2], d. h. die Beschäftigungsfähigkeit jedes Einzelnen.

Es ist davon auszugehen, dass sich diese zentralen Megatrends gegenseitig beeinflussen und dadurch einzelne Effekte verstärkt oder auch abgeschwächt werden können.

---

[1] Vgl.: Hardege, S./Klös, H.-P. (2008), S. 19.
[2] Eine ausführliche Definition des Begriffs Employability findet sich in Abschnitt 2.

Der Vortrag schließt mit einer kurzen Darstellung der wichtigsten bzw. bedeutendsten Konsequenzen aufgrund von Megatrend-Entwicklungen auf die Unternehmen sowie jeden Einzelnen.

1.1 Demografischer Wandel

Der demografische Wandel[3] ist eine langfristige Entwicklung, deren Ursprünge weit zurückliegen und deren Auswirkungen weit in die Zukunft hineinragen. In der Vergangenheit hat eine Reihe von Faktoren Einfluss auf seine Entwicklung genommen, die sich in den bekannten Bevölkerungs-„Pyramiden" widerspiegeln. Exemplarisch werden an dieser Stelle Pyramiden aus den Jahren 1910, 1950, 2008 und 2060 kurz beschrieben.[4]

Die Bevölkerungspyramide des Deutschen Reichs von 1910 zeichnet sich durch hohe Geburtenraten und hohe Mortalitätsraten aus. Die Gesellschaft damals war durch vergleichsweise schlechte medizinische Versorgung, schlechte hygienische Verhältnisse und ein niedriges Bildungsniveau gekennzeichnet, mit der Folge, dass das Durchschnittsalter zu dieser Zeit bei ca. 30 Jahren lag. Die Bevölkerungsentwicklung um 1950 dagegen lässt sich mit dem Bild eines „Baums" beschreiben, an dessen Struktur vor allem die Kerben der beiden Weltkriege – insbesondere unter den Männern – abzulesen sind sowie der Einschnitt verursacht durch die Weltwirtschaftskrise Anfang der 1930er Jahre. Im Vergleich zum vorherigen Bild weist die Bevölkerung eine deutlich höhere Lebenserwartung und damit auch ein gestiegenes Durchschnittsalter auf. Im Jahr 2008 sind ebenfalls die Verluste und Geburtenrückgänge während des Zweiten Weltkrieges, aber auch die ersten Baby Boomer, die zwischen den beiden Weltkriegen geboren wurden, unter den heutigen Älteren zu erkennen. Darüber hinaus ist die höhere Lebenserwartung von Frauen sichtbar, die nicht nur mit biologischen Faktoren, sondern auch mit dem traditionellen Familienmodell und den Arbeitsbedingungen der 50er bis 70er Jahre erklärt werden kann. Ebenfalls deutlich zeigen sich der so genannte „Pillenknick" und die geburtenstarken Jahr-

[3] Die Demografie einer Gesellschaft wird vor allem von drei Faktoren beeinflusst: der Geburtenrate, den Wanderungssalden sowie der Lebenserwartung.

[4] Vgl.: Statistisches Bundesamt (2009), S. 14ff.

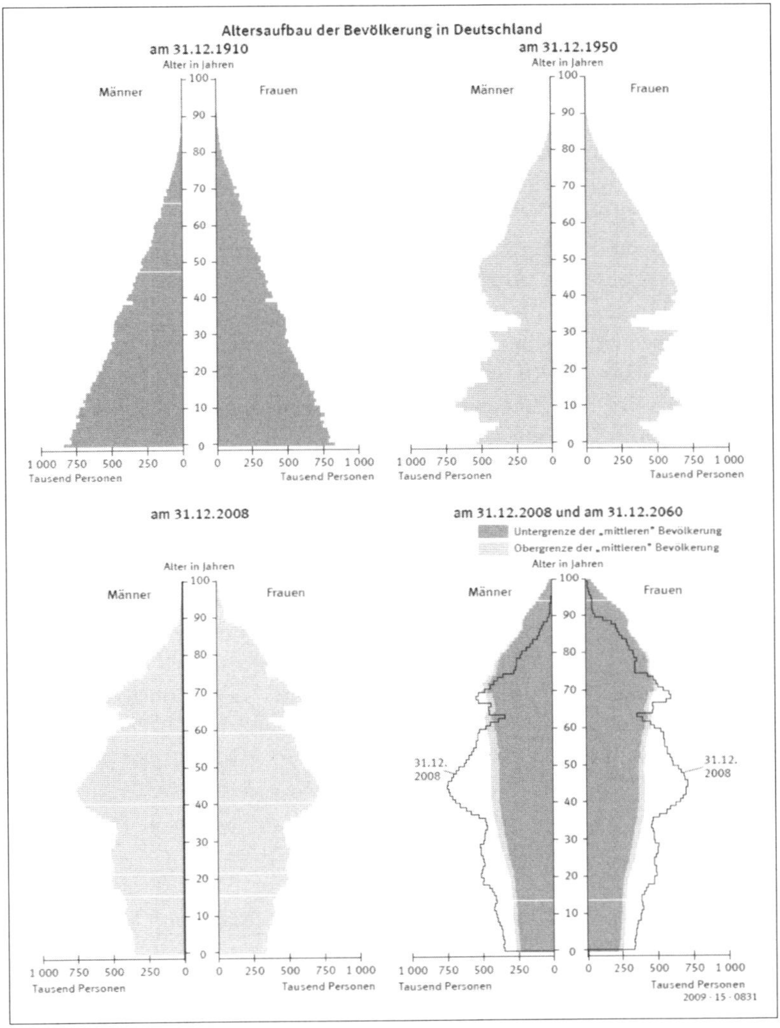

ABB. 1: BEVÖLKERUNGSPYRAMIDEN 1910, 1950, 2008 UND 2060[5]

[5] Vgl.: Statistisches Bundesamt (2009), S. 15.

gänge der Baby-Boom-Generation (bis 1965 geboren). Das Durchschnittsalter der Bevölkerung lag im Jahr 2008 bei etwa 43 Jahren. Für 2060 werden eine sehr hohe Lebenserwartung und geringe Geburtenraten erwartet. Das Durchschnittsalter der deutschen Bevölkerung wird damit nochmals ansteigen und zu diesem Zeitpunkt etwa 52 Jahre betragen. Die nachrückenden Jahrgänge sind nach unten hin immer dünner besetzt.[6]

Es ist nicht von der Hand zu weisen, dass wir in einer schrumpfenden und alternden Gesellschaft leben, die mit einer Bevölkerungsexplosion bei den Älteren und einer Bevölkerungsimplosion bei den mittleren und jüngeren Altersgruppen einhergeht. Aufgrund der niedrigen Geburtenhäufigkeit von etwa 1,4 Kindern je Frau ist jede Generation um etwa ein Drittel kleiner als die ihrer Eltern. Die Zahl der Sterbefälle nimmt hingegen zu, da nun die geburtenstarken Jahrgänge in das Alter vorrücken, in dem die Sterblichkeit natürlicherweise größer ist.[7]

Dabei gilt es zu bemerken, dass die Alterung aufgrund einer seit Jahren auf einem niedrigen Stand verharrenden Geburtenrate bereits sehr bald zu spüren sein wird, während die merkliche Schrumpfung der Bevölkerung erst nach dem Jahr 2020 eintritt. Ausgehend von einer Bevölkerungszahl von ca. 80 Millionen im Jahr 2008 bewegen sich die Prognosen für das Jahr 2020 noch zwischen 79,9 Millionen Menschen unter Zugrundelegung eines angenommenen positiven Wanderungssaldos von 100.000 Personen und 80,4 Millionen bei 200.000 Personen. Für 2030 jedoch liegen die Zahlen bereits bei 77,4 bzw. 79 Millionen, 2050 leben nach diesen Berechnungen nur noch 69,4 bzw. 73,6 Millionen und 2060 dann 64,7 bzw. 70,1 Millionen Menschen in Deutschland.[8]

Was die Alterung betrifft, so wird das Durchschnittsalter von heute (2010) 44 Jahren auf 50 Jahre im Jahr 2050 ansteigen:[9]

---

6 Vgl.: Statistisches Bundesamt (2009), S. 14.

7 Vgl.: Statistisches Bundesamt (2009), S. 13.

8 Vgl.: Statistisches Bundesamt (2009), S. 39. Unter dem „Wanderungssaldo“ wird die Differenz zwischen den Zuzügen nach Deutschland und den Fortzügen ins Ausland, gelegentlich auch als Wanderungsgewinn oder -verlust bezeichnet, verstanden.

9 Vgl.: Statistisches Bundesamt (2006), S. 17–19, unter Zugrundelegung eines angenommenen positiven Wanderungssaldos von 100.000 Personen.

	2010	2015	2020	2030	2050
Durchschnittsalter der Bevölkerung	44 Jahre	45 Jahre	46 Jahre	48 Jahre	50 Jahre

ABB. 2: ENTWICKLUNG DES DURCHSCHNITTSALTERS

Gleichzeitig erhöht sich der Anteil derer, die 65 Jahre oder älter sind. Derzeit sind 20,4 % der Bevölkerung 65 Jahre oder älter, im Jahr 2020 werden es 23,3 % sein. Bis 2060 steigt die Anzahl der Menschen dieser Altersgruppe auf 34 % der Gesamtbevölkerung. Diese Zahlen sprechen eine deutliche Sprache. Noch drastischer erscheint die Entwicklung der über 80-Jährigen: Heute sind 5 % der Bevölkerung über 80 Jahre alt und älter. Ihre Zahl wird kontinuierlich steigen und mit über 10 Millionen im Jahr 2050 den bis dahin höchsten Wert erreichen. Zwischen 2050 und 2060 sinkt dann die Zahl der Hochbetagten auf 9 Millionen. Es ist also damit zu rechnen, dass in fünfzig Jahren 14 % der Bevölkerung – das ist jeder Siebente – 80 Jahre oder älter sein wird.[10] Demgegenüber verringert sich der Anteil der unter 20-Jährigen kontinuierlich. Von 19,0 % im Jahr 2008 auf 17 % im Jahr 2020 bis zu 15,6 % im Jahr 2060. Abbildung 3 zeigt das Bevölkerungsszenario:[11]

82 Mio. 19,0 % 60,6 % 20,4 %	Menschen leben derzeit (2008) in Deutschland, sind jünger als 20 Jahre, sind zwischen 20 und 64 Jahre alt, sind 65 Jahre und älter.
80,1 Mio. 17,0 % 59,6 % 23,3 %	Menschen werden 2020 in Deutschland leben, werden jünger als 20 Jahre sein, werden zwischen 20 und 64 Jahre alt sein, werden 65 Jahre und älter sein.

[10] Vgl. Statistisches Bundesamt (2009), S. 16.

[11] Vgl.: Statistisches Bundesamt (2009), S. 39, unter Zugrundelegung eines angenommenen positiven Wanderungssaldos von 100.000 Personen.

77,2 Mio. 16,7 % 54,5 % 28,8 %	Menschen werden 2030 in Deutschland leben, werden jünger als 20 Jahre sein, werden zwischen 20 und 64 Jahre alt sein, werden 65 Jahre und älter sein.
68,7 Mio. 15,4 % 51,5 % 33,1 %	Menschen werden 2050 in Deutschland leben, werden jünger als 20 Jahre sein, werden zwischen 20 und 64 Jahre alt sein, werden 65 Jahre und älter sein.
64,7 Mio. 15,6 % 50,4 % 34,0 %	Menschen werden 2060 in Deutschland leben, werden jünger als 20 Jahre sein, werden zwischen 20 und 64 Jahre alt sein, werden 65 Jahre und älter sein.

ABB. 3: BEVÖLKERUNGSVORAUSRECHNUNG DES STATISTISCHEN BUNDESAMTES

Das Szenario zeigt, dass der so genannte Altenquotient, d. h. das Verhältnis der Bevölkerung im Erwerbsalter (zwischen 20 und unter 65 Jahren) zur Bevölkerung im Rentenalter (65 Jahre und älter), nach 2008 erheblich steigen wird. Zwischen 2020 und 2030 wird er einen starken Zuwachs erfahren, wenn die geburtenstarken Jahrgänge das Rentenalter erreichen, und 2060 etwa doppelt so hoch wie heute ausfallen. Im Jahr 2008 kamen auf 100 Personen im erwerbsfähigen Alter 34 Personen, die 65 Jahre oder älter waren. Im Jahr 2020 wird diese Zahl bereits auf 39 Personen, 2030 auf 52 Personen und im Jahr 2050 auf 64 angestiegen sein. Im Jahr 2060 werden es nach der Untergrenze der „mittleren" Bevölkerung, also bei einem jährlichen Wanderungssaldo von 100.000 Personen, 67 ältere Menschen sein.[12]

Für die Bevölkerung im Erwerbsalter (Lebensspanne von 20 bis 65 Jahre) bleiben diese Entwicklungen ebenfalls nicht ohne Einfluss – sie wird von der Schrumpfung und Alterung ganz besonders stark getroffen. Heute zäh-

[12] Vgl.: Statistisches Bundesamt (2009), S. 20.

len etwa 50 Mio. Menschen zu dieser Gruppe, doch bereits ab 2020 wird die Anzahl stark zurückgehen und im Jahr 2030 noch etwa 42 Mio. betragen. Falls jährlich 100.000 Personen nach Deutschland zuwandern, fällt das Erwerbspersonenpotenzial bis zum Jahr 2060 auf 33 Mio. Menschen, wandern hingegen doppelt so viele Personen zu, könnte das Erwerbspersonenpotenzial bei 36 Mio. liegen.[13]

1.2 Technologischer Wandel

Die Bezeichnung technologischer Wandel wird in dieser Form kaum als Megatrend ausgewiesen, sondern häufig nur einzelne technologische Bereiche aus dem bunten Strauß vielfältiger Technologien. Beispiele wie Biotechnologie, Nanotechnologie, Neurotechnologie, Optische Technologien, Solartechnologie, Kommunikations- und Informationstechnologie sowie Mobiltechnologie sind hier zu nennen, wobei im Kontext von Arbeit und Freizeit vor allem die Entwicklungen der Informations- und Kommunikations- sowie Mobiltechnologie Relevanz besitzen.

Die Informations- und Kommunikationstechnologie sowie die Mobiltechnologie gehören heute sowohl im beruflichen Bereich als auch im Privatleben zum Alltag. Im Jahr 2009 verfügten 67,1 % der Deutschen über einen privaten Internetzugang. Im Vergleich zum Vorjahr 2008 und einer Quote von 65,8 % war dies nur ein geringer Anstieg, sodass festgestellt werden kann: der Alltag der Menschen ist weniger durch die wachsende Internetverbindung gekennzeichnet, sondern vielmehr durch die zunehmende Einbindung des Internets in den Alltag. Von allen Personen mit Internetzugang waren im Jahr 2009 71,6 % täglich im Netz, in der jüngsten Altersgruppe der 14- bis 29-Jährigen waren es sogar 75,8 %. Diese Entwicklung im privaten Lebensumfeld erleichtert vielen Arbeitnehmern, selbst von zu Hause aus und zu jeder Zeit auf das Firmennetz zugreifen zu können.[14]

Die mit der Informations- und Kommunikationstechnologie einhergehende Digitalisierung, Virtualisierung, Mediatisierung und Mobilisierung eröffnen

---

[13] Vgl.: Statistisches Bundesamt (2009), S. 17–18.

[14] Vgl.: Eimeeren, B./Frees, B. (2009), S. 335; Eurostat (2007a); Eurostat (2008).

Möglichkeiten der räumlichen und zeitlichen Unabhängigkeit und tragen zu enormen Zeitersparnissen bei. Gleichzeitig lässt sich mit fortschreitendem technologischen Fortschritt allerdings auch eine Beschleunigung beobachten. Insbesondere in der Arbeitswelt ist dies deutlich zu spüren, aber auch in privaten Lebensbereichen haben diese Technologien und der damit veränderte Umgang mit Zeit einen Einfluss. Menschen im elektronischen Zeitalter müssen neu leben lernen, weil sich die Maßstäbe und die Geschwindigkeit des Lebens fundamental verändern.[15] Schlagworte wie „Tempowahn", „Beschleunigungsfieber" oder „Geschwindigkeitsrausch" skizzieren die Entwicklung sehr treffend. Demzufolge existiert eine Interdependenz zwischen der Dimension Zeit und dem Einsatz von technologischen Geräten. Die Nutzung technologischer Hilfsmittel verschafft den Menschen häufig mehr Zeit, die dann für andere Arbeits- oder Freizeitbeschäftigungen genutzt werden kann.

Genau an dieser Stelle liegt jedoch auch ein Problem. Das Mehr an Zeit, das uns der Einsatz von Technologien verschafft, wird häufig vom Wunsch nach immer mehr Technikkonsum und der Beschäftigung mit ihm aufgebraucht. Das soll heißen: Auf der einen Seite sparen wir vermeintlich viel Zeit, indem wir Technik einsetzen, verschleudern diese aber sofort wieder – beispielsweise im Falle einer Reparatur oder Aktualisierung, nur um sie überhaupt am Laufen zu halten. Darüber hinaus ermöglichen die Informations- und Kommunikations- sowie Mobiltechnologien, z. B. Handy und E-Mail, dass der Mensch von heute „stets zu Diensten" und immer erreichbar ist. Er lebt in einem Zustand der Dauerbelastung – und träumt von Erholung. Die technologisch bedingte Zeitersparnis geht in vielen Bereichen mit der Tendenz zur „Verdichtung" einher. Menschen versuchen, immer mehr gleichzeitig zu tun[16] – während des Telefonierens noch schnell eine E-Mail zu schreiben oder ein Hemd zu bügeln, auf dem Weg zur Arbeit in der U-Bahn die Post zu bearbeiten und das nächste Meeting vorzubereiten oder das Mittagessen vor dem PC einzunehmen.

Überlastungssituationen treten besonders häufig am Arbeitsplatz auf. Während im Jahr 1990 noch 48 % der Arbeitnehmer Zeitmangel und Zeitfristen

---

[15] Vgl.: Opaschowski, H. W. (2002), S. 56.
[16] Vgl.: Geißler, A. (2003), S. 1–2; Schuster, A. (2007), S. 3.

als belastend empfanden, waren es im Jahr 2000 bereits 58 %. In einer Erhebung des SOEP im Jahr 2006 fühlen sich aufgrund des Zeitdrucks am Arbeitsplatz 8 % sehr stark, 32 % stark und 56 % mäßig belastet. Doch auch das Gefühl, in der Freizeit möglichst viel und möglichst ständig etwas Neues erleben zu müssen, sowie der Druck durch finanzielle Engpässe oder die Doppelbelastung von Beruf und Familie führen Menschen nicht selten an ihre Grenzen. Immer häufiger entsteht daraus beim Einzelnen das gegenläufige Bedürfnis nach „Entschleunigung" – sicherlich eines der derzeit aktuellsten Schlagworte.[17]

1.3 Globalisierung

Es ist äußerst schwierig, alle von der Globalisierung beeinflussten Bereiche und ihre Zusammenhänge in Kürze zu beschreiben. Einigkeit besteht hingegen darüber, dass Globalisierung *einer der Megatrends* überhaupt ist und kein Ende dieser Megatrendentwicklung zu erwarten ist. Vielmehr wird sie als fortschreitender Prozess angesehen, der unter Umständen in ein neues Zeitalter führt.[18]

Angesichts der Bedeutung der Globalisierung ist schwer zu glauben, dass der heute inflationär verwendete Begriff erst seit Anfang der sechziger Jahre existiert und auch erst Jahre später in Deutschland als Synonym für Weltwirtschaft verwendet wurde. Heute bezeichnet Globalisierung das weltweite Marktgeschehen, genauer gesagt den globalen Handel mit Produkten und Dienstleistungen, aber auch das Verschmelzen der ganzen Weltgesellschaft zu einem einzigen System kann darunter verstanden werden. Seit den 1970er Jahren ist die Globalisierung in den drei Dimensionen – wirtschaftlich, sozial und politisch – kontinuierlich gestiegen, insbesondere nach dem Ende des Kalten Krieges erlebt sie einen ernormen Schub. Im weltweiten Vergleich belegt Deutschland aktuell Rang 18 der am stärksten globalisierten Länder. Auf europäischer Ebene lässt sich für das Jahr 2006 feststellen, dass nur noch 37 von den insgesamt 100 größten europäischen Unternehmen in ihrem ursprünglichen Heimatland angesiedelt waren. Dieser Globa-

---

[17] Vgl.: TNS Infratest Sozialforschung (2006); o. V. (2003), S. 2.
[18] Vgl.: Opaschowski, H. W. (2002), S. 51.

lisierungsprozess wird vor allem durch die technologischen Entwicklungen befördert und führt am Ende dazu, dass jedes Produkt für jedermann an jedem Ort jederzeit verfügbar ist. Zwar gibt es regionalspezifische Ausprägungen, die Herstellung und der Vertrieb sind jedoch transnational.[19]

Inwieweit die Globalisierung in der deutschen Wirtschaftslandschaft fortgeschritten ist, zeigen vor allem Indikatoren wie die Exportquote[20], Auslandsinvestitionen sowie die Anzahl getätigter Fusionen bzw. deren Kapitalwert:

- Von jeher wird Deutschland als Exportland bezeichnet, im Jahr 2006 wurde zum vierten Mal in Folge die weltweite Spitzenposition in Bezug auf den Warenexport eingenommen, 8,9 Mio. Erwerbstätige (d. h. 23 % aller Erwerbstätigen) waren vom Export abhängig. Seit den 70er Jahren ist die Exportquote[21] kontinuierlich gestiegen, 2005 lag sie bei 35 %, 2009 hingegen bei (nur) etwa 33,4 %.[22] Dies ist zu einem erheblichen Teil auf die Finanz- und Wirtschaftskrise zurückzuführen. Seit dem Jahr 2009 belegt China den ersten Platz der globalen Exportnationen und nimmt damit Deutschland den Titel des Exportweltmeisters ab. Einen sehr hohen Stellenwert hat der Export dennoch. Etwa jeder dritte Arbeitsplatz hängt vom Export ab. Zum Vergleich: in den USA ist es nur jeder elfte Arbeitsplatz.[23]

- Ausländische Produktionsstätten sowie Vertriebs- und Kundendienststrukturen wurden in den letzten Jahren von deutschen Unternehmen weiter ausgebaut. 41 % der Unternehmen planen eine Investition im Ausland. 43 % von ihnen möchten ihr Volumen an Auslandsinvestitionen

---

[19] Vgl.: KOF (2010), S. 1.; Opaschowski, H. W. (2002), S. 53.; Wikipedia (06.07.2007, 20:05 Uhr); Lutz, C. (1995), S. 84.; Naisbitt, J. (2007), S. 157.; Rump, J./Schmidt, S. (2004), S. 15–16.

[20] Unter der Exportquote wird das Verhältnis der Exporte zum Bruttoinlandsprodukt verstanden. Vgl.: Statistisches Bundesamt (2007c), S. 480.

[21] Die Exportquote berechnet sich aus dem Verhältnis der Exporte zum BIP eines bestimmten Jahres.

[22] Eigene Berechnung (Vgl.: Destatis (2010a); Destatis (2010b)).

[23] Vgl.: Manager-Magazin (2010a); Manager-Magazin (2010b); Statistisches Bundesamt (2007d); Statistisches Bundesamt (2007c), S. 478–479; n-tv (2007); DIHK (2006a), S. 4, 10.

aufstocken, 47 % werden es beibehalten, nur 10 % denken an eine Reduzierung. Als Hauptmotiv wird in einer DIHK-Umfrage wie bereits in den vorangegangenen Jahren der Aufbau von Vertriebs- und Kundendienststrukturen genannt, gefolgt von Investitionen zum Zwecke der Kostenersparnis.[24]

- Der Wert der weltweiten Fusionen und Übernahmen hat bereits ab dem Jahr 1990 erheblich zugenommen. Im Jahr 2007 wurden weltweit 22.800 Fusionen und Übernahmen realisiert mit einem Gesamtvolumen von 1,8 Billionen Euro. Im Jahre 2009 kam es jedoch bei den weltweiten Fusionen und Übernahmen (M&A) zu einem drastischen Einbruch: Nur noch knapp 18.500 M&As (mit Mehrheitsbeteiligung) mit einem Gesamtvolumen von knapp einer Billion Euro kamen zustande. 2009 ist damit das umsatzschwächste Jahr in diesem Jahrzehnt. Fusionen – seien sie nun sinnvoll und/oder ökonomisch erfolgreich oder nicht – haben in den vergangenen Jahrzehnten nicht unerheblich zu einer Ausweitung der internationalen Vernetzung beigetragen und beeinflussen wesentlich die Unternehmensstrategie und -tätigkeit. Während es in der Vergangenheit üblich war, im Ausland in neue Fabriken zu investieren und langsam zu wachsen, geht der Trend inzwischen zur Übernahme kompletter Firmen.[25]

1.4 Wissensgesellschaft/Bildung

Die Halbwertzeit des Wissens sinkt rapide und Wissen ist in immer kürzerer Zeit überholt – umso mehr, je spezieller dieses Wissen ist. Mit der ständigen Vermehrung und Kurzlebigkeit geht eine Spezialisierung des Wissens einher. Während vor 200 Jahren ein Universalgelehrter noch einen Gesamtüberblick über den Stand aller Forschungsgebiete haben konnte, gestaltet es sich heute bereits schwierig, einzelne Wissenschaftsgebiete und deren neueste Entwicklungen zu überblicken. Ein bekanntes Wirtschaftsmagazin formuliert diesen Sachverhalt auf der Titelseite folgendermaßen: Wissen ist der erste Rohstoff, der sich bei Gebrauch vermehrt.[26]

---

[24] Vgl.: DIHK (2006b), S. 1–15.

[25] Vgl.: ZEW (2010); Brost, M./Storn, A. (2006); ZEW (2007a); ZEW (2007b), S. 1–2.

[26] Vgl.: Brand eins (2009), Titelseite.

Jedoch wäre es falsch, die Arbeitswelt als eindimensionales Gebilde zu betrachten. Vielmehr eignet sich eine Aufteilung des Arbeitsmarktes in zwei grobe Teile. In der einen Arbeitswelt sind Arbeitsplätze und Arbeitsbedingungen durch fortschreitende Rationalisierung und Standardisierung gekennzeichnet, Routinearbeiten und Arbeitsverdichtung gehören zum Alltag. Durch Prozessoptimierung wird dem Druck, immer noch schneller und billiger zu sein, Rechnung getragen. In der anderen Arbeitswelt spielen Wissen und Kompetenzen in Kombination mit hoher Flexibilität, Schnelligkeit und Wendigkeit eine entscheidende Rolle. Arbeitsplätze und Arbeitsbedingungen weisen hier eine hohe Wissensintensität auf und sind sehr komplex.[27] Das nachfolgende Schaubild stellt die beiden „Welten" plastisch gegenüber.

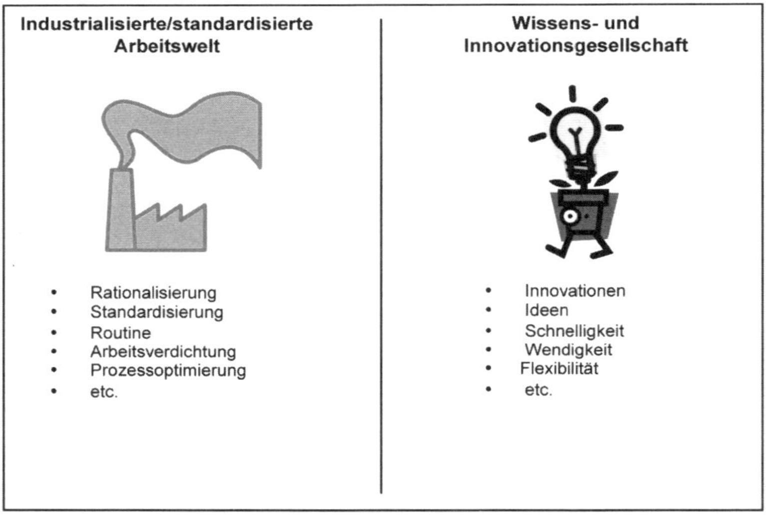

ABB. 4: ZWEI ARBEITSWELTEN (EIGENE DARSTELLUNG)

Unterschiedliche Erwartungen der Arbeitswelt und der Arbeitsinhalte führen auch zu jeweils anderen Ansätzen, um die betroffenen Mitarbeiter ange-

[27] Vgl.: Rump, J. (2010a), S. 18; Rump, J. (2010b).

messen zu fordern und zu fördern und somit ihre Beschäftigungsfähigkeit aufrechtzuerhalten. Denn Mitarbeiter sollen nicht aus dem Tritt geraten und in Bewegung bzw. Balance bleiben.[28]

Doch ganz gleich in welcher der beiden Arbeitswelten jemand beschäftigt ist, eines ist klar: ein hohes Maß an Kompetenz und Wissen ist das Basiswerkzeug für die tägliche Arbeit – ein Indikator für die Existenz einer Wissensgesellschaft in Deutschland.

Wissen, Kompetenzen, Fertigkeiten und Motivation der Mitarbeiter – das Humankapital ist die Basis für innovative Ideen, die unbedingt notwendig sind, um als Unternehmen auf einem zunehmend vielfältigeren und komplexeren Markt zu überleben. Wissen und Kompetenz, davon gehen Experten aus, sind auf dem Weg, in absehbarer Zeit zum Produktionsfaktor Nr. 1 zu werden – im Bereich der Dienstleistungen dürfte dieser Wandel bereits vollzogen sein. Daher ist es ohne Zweifel für jeden Einzelnen immer wichtiger, sich lebenslänglich auf einem aktuellen Wissensstand auf hohem Niveau zu halten. Dabei sind das fachliche und technische Wissen genauso wichtig wie die Persönlichkeit und die Soft Skills eines Menschen.[29]

Wissen und Kompetenz sind im Grunde so etwas wie ein Rohstoff für Innovationsfähigkeit und die Notwendigkeit zur Beherrschung der zunehmend wissensintensiven Prozesse, Systeme und Strukturen. Daraus resultiert die steigende Bedeutung von Wissen und Kompetenz als Wettbewerbsfaktor. Während bis Mitte der 1990er Jahre 50 % der Produktivitätszuwächse aus dem Einsatz von Wissen resultierten, sind es heute bereits 80 %. Für die nächsten zehn Jahre wird mit einem Anteil von 90 % gerechnet. In Schätzungen wird davon ausgegangen, dass sich im Jahr 2020 etwa 75 % der gesamten Arbeit der Wissensarbeit zurechnen lassen, während die restlichen 25 % körperliche Arbeit bedeuten.[30]

---

[28] Vgl.: Rump, J. (2010a), S. 18; Rump, J. (2010b).

[29] Vgl.: Englisch, G. (2004), S. 186.; Lack, T. (2004), S. 14.; Bauer, W. (2007), S. 8.; Rump, J./Eilers, S. (2005), S. 5ff.; Rump, J./Wilms, G./MWVLW (2006), S. 9 u. 14. ; BMWi (2006), S. 17.

[30] Vgl.: Rump, J./Schmidt, S. (2004), S. 17–18.; Opaschowski, H. W. (2002), S. 67.

1.5 Nachhaltigkeit

Derzeit wird im Zusammenhang mit Nachhaltigkeit der Fokus auf Umweltschutz und erneuerbare Energie gelegt. In der Arbeitswelt von morgen bedeutet Nachhaltigkeit jedoch deutlich mehr. Es geht zum einen um den verantwortlichen Umgang mit Ressourcen, die das System Arbeit ausmachen. Dazu gehört auch die Nachhaltigkeit in der Personalarbeit. Das sogenannte magische Dreieck der Nachhaltigkeit in der Personalarbeit setzt sich zusammen aus:

- Identifikation / Motivation.
- Qualifikationen / Komepetenzen.
- Gesundheit / Wohlbefinden.

Zum anderen bedarf es der Nachhaltigkeit in der Unternehmensführung. Auch hier wird von einem magischen Dreieck der Nachhaltigkeit in der Unternehmensführung gesprochen:

- Glaubwürdigkeit.
- Verlässlichkeit.
- Beweglichkeit.

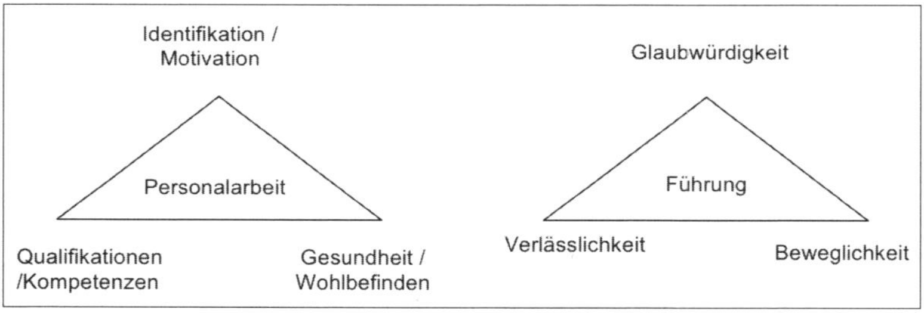

ABB. 5: DIE MAGISCHEN DREIEECKE DER NACHHALTIGKEIT

1.6 Frauen

In der Trendforschung wie auch in anderen Wissenschaftsbereichen wird vielfach die Meinung vertreten, Frauen seien in verschiedenen Gebieten auf dem Vormarsch, etwa im Bildungsbereich, in der Wirtschaft und in der Politik, nur um einige Beispiele herauszugreifen.[31] „Die Zukunft wird weiblich!“ titelte vor kurzem eine anerkannte Fachzeitschrift.[32]

Die Gründe für diesen „female shift“ – der Verschiebung zum Weiblichen – oder auch den Vormarsch der Frauen sind vielfältig.[33] Zum einen sind das Bildungsniveau und der Qualifikationsstand vor allem von Frauen in den letzten Jahrzehnten deutlich gestiegen. Im Jahr 2007 waren 60 % der Abiturienten Frauen (zum Vergleich: 1950 waren es nur etwa ein Drittel), der Anteil der weiblichen Studienanfänger lag bei 48 %, die Quote der erfolgreichen Absolventinnen von Hochschulen gar bei 54 %. Und auch der Anteil von Frauen an Promotionen beträgt mittlerweile 40 %. Es ist zu beobachten, dass mit steigendem Bildungsniveau der Wert des Berufs bzw. der Erwerbstätigkeit zunimmt. Qualifikation und Berufserfahrung geben die Möglichkeit der Bewegungsfreiheit in der Arbeitswelt und sind die Sicherungsanker auf den Arbeitsmärkten. Diese Umverteilung der Kernressource Bildung von den Männern hin zu den Frauen fand insbesondere in den vergangenen 30 Jahren statt. Es bedeutet jedoch nicht nur, dass Frauen zunehmend höher qualifiziert sind, sondern sie haben im Schnitt bessere Noten als ihre männlichen Kollegen, lernen schneller und absolvieren die Ausbildung oder das Studium in kürzerer Zeit. Auffallend dabei ist, dass diese Entwicklung nicht nur in Deutschland, sondern auch weltweit beobachtet werden kann. Der Global Gender Gap Report 2009 liefert hierzu eine Fülle an Zahlenmaterial und stellt darüber hinaus fest, dass bereits heute in 86 der insgesamt 134 im Rahmen der Untersuchung ausgewerteten Länder mehr Mädchen als Jungen studieren.[34]

Insgesamt ist ein Vorpreschen der Frauen in Sachen Gleichberechtigung, Bildung, Karriere und Konsum zu beobachten. Dies ist jedoch nur deshalb

---

[31] Vgl.: Horx, M. (2005), S. 80.

[32] Vgl.: Psychologie heute (2010), Titelseite.

[33] Vgl.: Psychologie heute (2010), S. 29.

[34] Vgl.: Wirtschaftswoche (2007), S. 36.; Hoppenstedt Holding GmbH (2007); Statistisches Bundesamt (2007a); Bayerisches Staatsministerium für Arbeit und Sozialordnung, Familie und Frauen (2007); Statistisches Bundesamt (2007b); Horx, M. (2005), S. 80; Psychologie heute (2010), S. 29.

möglich, weil in der Vergangenheit über einen langen Zeitraum die Weichen für diese Entwicklung gestellt wurden. Zu den größten Meilensteinen auf dem Weg der Frau hin zum heutigen Frauenbild zählt mit Sicherheit die Aufhebung der ehemals strengen Rollenverteilung zwischen Mann und Frau. Startschuss für eine Angleichung von Männern und Frauen waren etwa das Inkrafttreten des ersten deutschen Gleichstellungsgesetzes am 1. Juli 1958 oder auch die Bildungsoffensive in den 70er und 80er Jahren. Ein aus diesen Ereignissen resultierendes verändertes Rollenverständnis ist zum Teil auch für die demografische Entwicklung in Deutschland verantwortlich zu machen, da ein neues Rollenverständnis in Kombination mit der Erfindung der Pille zu einer abnehmenden Fertilitätsrate geführt hat. Ökonomisch betrachtet, lebt die überwiegende Mehrheit der Bevölkerung heute ein Modell, in dem Mann und Frau gemeinsam für den Unterhalt der Familie sorgen und sich damit auch die Verantwortung teilen.[35] Wirtschaftlich betrachtet, nehmen Frauen mehr und mehr Einfluss auf ganze Märkte.[36] So konnte in Studien ermittelt werden, dass der weibliche Teil der Gesellschaft in der Tat eine enorme Konsumstärke besitzt, wobei alleine bei Fragen über Haushaltseinkäufe Frauen in bis zu 80 % aller Fälle die Entscheidung treffen.[37]

„Aufholpotenziale" im Kontext Arbeit gibt es weniger bei der Erwerbsquote von Frauen, die bereits bei 69,8 % und damit auf einem vergleichsweise hohen Stand angelangt ist, sondern vielmehr beim Arbeitsvolumen, dem Anteil an Führungspositionen sowie dem Berufsspektrum. Vor dem Hintergrund der Fachkräfteengpässe auf den Arbeitsmärkten ist jedoch damit zu rechnen, dass das Aufholpotenzial wahrscheinlich in den nächsten Jahren mehr und mehr realisiert wird. An Aufholpotenzial mangelt es wahrlich nicht. Im Jahr 2007 war in Deutschland beispielsweise nur jede vierte Führungsposition in den obersten Führungsebenen von einer Frau belegt, aktuell sitzen lediglich drei Prozent Frauen in den Vorständen der börsennotierten Unternehmen und nur 17 % der politischen Ämter werden von einer Frau bekleidet.[38] Schließlich konzentriert sich die Berufswahl von

---

[35] Vgl.: Kocka, J. (2001), S. 12.; Rump, J./Eilers, S./Groh, S. (2006), S. 34ff.
[36] Vgl.: Horx, M. (2005), S. 94.
[37] Vgl.: Wirtschaftswoche (2007), S.37; Psychologie heute (2010), S. 31.
[38] Vgl.: Psychologie heute (2010), S. 29f.

Frauen noch immer auf einige wenige Berufsgruppen, die häufig mit einem geringeren Einkommen und verminderten Aufstiegschancen einhergehen als vermeintliche „Männerdomänen". Ein Grund hierfür ist sicherlich, dass Frauen gerade mit technisch orientierten Berufen eine unzureichende Vereinbarkeit von Beruf und Familie assoziieren. Darüber hinaus erhalten Frauen, die sich doch für einen eher Frauen-unüblichen Beruf entscheiden, häufiger als ihre männlichen Kollegen nur befristete Arbeitsverhältnisse, werden in ihren Karriereperspektiven eingeschränkt und sind etwa doppelt so häufig arbeitslos.[39]

Der Vormarsch der Frauen wird auch gerne mit Abwendung vom männlichen und hin zum weiblichen Zeitalter beschrieben, da in Unternehmen vorwiegend *weibliche* Schlüsselkompetenzen wie Teamorientierung, Intuitionsfähigkeit oder soziale und emotionale Handlungen einen immer höheren Stellenwert einnehmen. Dabei ist nicht ganz von der Hand zu weisen, dass Frauen i. d. R. aus biologischen und auch gesellschaftlichen Gründen mit diesen Fähigkeiten besser ausgestattet sind als Männer. Aus diesem Grund wird vielfach konstatiert, dass es sich bei dem Megatrend Frauen um einen der größten Werte- und Machtwechsel in der Geschichte handelt.[40]

1.7 Individualisierung

Wie viele andere moderne Gesellschaften des 21. Jahrhunderts erfährt auch die deutsche Gesellschaft eine immer stärker werdende Individualisierung. Menschen sehen sich einer immer größeren Anzahl an Optionen in allen möglichen Bereichen ihres Lebens gegenüber. Diese verschiedenen Wahlmöglichkeiten führen dazu, dass Selbstfindung und Selbstverwirklichung einfacher zu realisieren sind und einen hohen Stellenwert im Leben einnehmen.[41]

Mit anderen Worten: Menschen können und müssen sich heute und in Zukunft ihren Lebensweg selbst suchen. Damit werden individuelle Wünsche so wichtig wie noch niemals zuvor in der Geschichte, und tradierte

---

[39] Vgl.: Eurostat (2007b).; IAB (2007).
[40] Vgl.: Lutz, C. (1995), S. 17; Horx, M. (2005), S. 81.
[41] Vgl.: Zukunftsinstitut (2007).

Regeln und Normen verlieren an Bedeutung. Außerdem werden durch die existierende Vielfalt der Möglichkeiten Vorhersagen über Entwicklungen immer schwieriger.[42]

Überträgt man diese Aspekte der Individualisierung einmal auf das Arbeits- oder Freizeitumfeld der Menschen, wird schnell deutlich, wie stark sich die Individualisierung sowohl in unserem Wortgebrauch als auch in der jeweiligen Angebotsstruktur verfestigt hat. Individualisierte Arbeitszeiten und Arbeitsverträge sowie Individualreisen stellen nur einen kleinen Ausschnitt hierzu dar. So werden etwa bei einer „Google"-Eingabe des Begriffes „individualisiert" dem Nutzer spontan mehrere hunderttausend Vorschläge zu den folgenden Begriffspaaren unterbreitet: individualisiertes Lernen, individualisierte Medizin (und Gesundheitssystem), individualisierter Unterricht, individualisierter Verband, individualisierte Geschenke, individualisierte Bücher, individualisierte (Tages-)Zeitung sowie individualisierte Gesellschaft.[43]

Individualisierung bedeutet nicht – und darüber herrscht weitgehend Einigkeit –, dass sich Menschen in Nischen zurückziehen oder vereinsamen. Individualisierung sollte keinesfalls gedanklich mit Negativem, wie Werteverfall, verknüpft werden, auch wenn das Wort zu solchen Assoziationen führen könnte.[44]

Individualisierung kann als ein zentraler und fundamentaler Megatrend angesehen werden und bedeutet im Einzelnen:

- Eine Kultur der Revision (revidierbare Wechsel von Wohnort, Ehepartner oder Beruf).
- Die Entwicklung immer vielfältigerer Lebenswelten, Rollenmodelle und biografischer Muster.
- Verhandelbarkeit und Verhandlungszwang (da Beziehungen nicht mehr nur in Rollen oder Hierarchien definiert sind).

---

[42] Vgl.: Opaschowski, H. W. (2002), S. 25f.
[43] Erhoben am 28.07.2010.
[44] Vgl.: Opaschowski, H. W. (2002), S. 187.; Horx, M. (2005), S. 85.

- Die Steuerung unterschiedlicher Lebensgeschwindigkeiten.
- Die Ergänzung oder Ablösung von gesetzten und verordneten Bindungen durch eigenbestimmte Netzwerke (Dominanz der Freunde im Vergleich zur Familie).[45]

1.8 Gesellschaftlicher Wertewandel

Keinesfalls spiegelt der oft benutzte Begriff Werteverfall die aktuellen Entwicklungen wider, sondern vielmehr befindet sich die Gesellschaft in einer Umbruchphase hinsichtlich der Hierarchie der Werte. Wie bereits im vorangegangenen Kapitel gesehen, ändern sich die Werte durch individuelles Handeln bereits, doch öffentlich werden sie (noch) nicht immer anerkannt, da sie vielfach von der bekannten Norm abweichen. Anstatt eines Werteverfalls ist in der Trendforschung vielmehr von einer Wertesynthese die Rede – dem Streben nach einem ausbalancierten Lebenskonzept. Das heißt, es ist zu beobachten, dass die Gesellschaft traditionelle und moderne Werte gleichermaßen schätzt und verkörpert, sodass sie gleichberechtigt nebeneinander stehen. Vielfach wird der (neue) Sinn des Lebens in moralischen Bereichen gesucht, so dass sich ein Weg zur „moralischen Erneuerung" abzeichnet. Zu dieser Wiederbelebung von Werten – oder auch Rückbesinnung auf Kernwerte – zählen beispielsweise die gesellschaftliche Aufwertung von Ehe, Familie und Kindern, die soziale Anerkennung ehrenamtlicher und freiwilliger Tätigkeiten, die grundlegende Neubewertung von Arbeit und Leistung sowie die vorrangige Förderung von Bildung und Kultur. Damit rücken vor allem prosoziale Werte, wie Hilfsbereitschaft, menschliche Wärme, Freundlichkeit und Freundschaft sowie Gerechtigkeit und Verantwortung, wieder in den Vordergrund.[46]

Galt früher die primäre Orientierung häufig der Erwerbsarbeit, so lässt sich durch den Wertewandel eine Verschiebung hin zu einer zunehmenden Sinnsuche in außerberuflichen Bereichen, wie Familie, Freizeit oder Gesundheit beobachten. Arbeit und Freizeit bzw. Familie stehen nicht mehr

---

[45] Vgl.: Horx, M. (2005), S. 84ff.

[46] Vgl.: Opaschowski, H. W. (2006b), S. 423–425; Opaschowski, H. W. (2008), S. 585–588 u. 594.

im drastischen Gegensatz zueinander, sondern Arbeits- und Familienleben werden zunehmend als verbundene Bereiche wahrgenommen. Nicht zuletzt rührt diese Entwicklung von der Lage auf dem Arbeitsmarkt und den sinkenden Realeinkommen her – denn gewisse Annehmlichkeiten der „Spaßgesellschaft“ lassen sich von vielen Menschen schlichtweg nicht mehr finanzieren. Zudem tendieren Menschen in unruhigen Zeiten in der Regel eher nach beständigen Werten und Geborgenheit.[47]

Die vermehrte Sinnsuche im Außerberuflichen führt nach Einschätzungen der Zukunftsforschung dazu, dass Prestige- und Statussymbole zugunsten einer stärkeren Familienorientierung zunehmend an Bedeutung verlieren werden. In einer Umfrage des B. A. T. Freizeitforschungsinstitutes gaben auf die Frage, was für sie Wohlstand bedeute, 67 % der Teilnehmer an, „glücklich sein“. Für 64 % kommt es insbesondere darauf an, „in einer intakten Natur zu leben“, gleich viele Befragte räumen dem Kriterium „eine Familie haben“ diese Bedeutung ein. Nur 46 % verbinden Wohlstand damit, „viel Geld zu haben bzw. reich zu sein“.[48]

In der Folge stellen Unternehmen im Wettbewerb um die heiß begehrten und knapper werdenden Nachwuchskräfte häufig fest, dass diese sich mit der Aussicht auf ein stattliches Entgelt und Auslandsaufenthalte nur noch bedingt für einen Arbeitgeber begeistern und auch an ihn binden lassen. Eine Studie zeigt, dass klassische Karriereziele ausgedient haben. An erster Stelle geben die Befragten an, dass sie Wert legen auf „interessante Arbeitsinhalte“ (93 %), gefolgt von der „Anerkennung der eigenen Leistung“ (86 %) sowie an dritter Stelle der „Ausgewogenheit zwischen Arbeits- und Privatleben“ (82 %). Weit entfernt von den ersten Plätzen ist für nur 55 % das „Erreichen einer Führungsposition mit entsprechender Verantwortung“ ausschlaggebend, von einem hohen Einkommen träumen lediglich 42 %.[49]

---

[47] Vgl.: Opaschowski, H. W. (2006a), S. 55–60; Trendbüro/Steinle A./Wippermann, P. (2003), S. 14–15; Opaschowski, H. W. (2008), S. 585–588.

[48] Vgl.: B.A.T. Freizeitforschungsinstitut (2007); Opaschowski, H.-W. (2006b), S. 64–65; Opaschowski, H.-W. (2006a), S. 43–47.

[49] Vgl.: Werle, K. (2005); Manager-Magazin (2005).

Ebenso wie sich die Sinnsuche der Menschen von dem einseitigen Blick auf die Erwerbsarbeit löst und sich dem gesamten Leben zuwendet, wird auch Leistung nicht mehr nur auf die Produktivität im Beruf bezogen.[50] Leistung stellt für viele Beschäftigte in Deutschland generell einen wichtigen Wert dar. Insbesondere Pflichtbewusstsein und Disziplin sowie die Orientierung an selbst gesteckten Zielen sind dabei anerkannte Eigenschaften, die man sich selbst nicht nur gerne zuschreibt, sondern die auch privat wie beruflich gelebt werden.[51]

1.9 Megatrends und ihre Konsequenzen

Die vorangegangenen Kapitel machen eines sehr deutlich: Megatrends verändern unsere Lebensumwelt auf vielen Ebenen. Zahlreiche Trends und Entwicklungen werden damit zwangsläufig unseren Arbeitsalltag nachhaltig beeinflussen. Selbst wenn per se nicht alle Arbeitsbereiche gleichermaßen von jeder Entwicklung betroffen sein werden, so lassen sich doch gewisse Veränderungstendenzen erkennen. Dies bleibt nicht folgenlos für die Anforderungen, die an jeden einzelnen Akteur dieser veränderten Arbeitswelt gestellt werden.

So werden etwa Arbeitnehmer und Arbeitgeber mit der demografiebedingten Alterung und der Verlängerung der Lebensarbeitszeit konfrontiert sein. Auch der Anteil der Nachwuchskräfte wird sinken. Zudem führen technisch-ökonomische Entwicklungen zu einer weiteren Beschleunigung und Veränderungsgeschwindigkeit sowie zu einer Verdichtung von Arbeit. Es gilt: „Wir müssen weniger in mehr Zeit tun." Eine globalisierte Welt erfordert in vielen Bereichen Arbeit an verschiedenen Standorten bzw. Ländern und setzt vielfach eine kontinuierliche Erreichbarkeit voraus. Nicht selten arbeiten Unternehmen „rund-um-die-Uhr", Arbeit in verschiedenen Zeitzonen sowie flexible Arbeitszeiten der Mitarbeiter machen dies möglich. Der Rohstoff Wissen und Kompetenz gewinnt vor dem Hintergrund der globalen Wettbewerbssituation eine enorme Bedeutung, denn er ist Aus-

---

[50] Vgl.: Opaschowski, H. W. (2008), S. 627–629; Meier, B./Schröder, C. (2007), S. 100.
[51] Vgl.: Meier, B /Schröder, C. (2007), S. 97.; Glas, I. (2009), S. 19–21.

gangspunkt für Innovationen. Ohne diese Basis kann es Unternehmen kaum noch gelingen, dem Druck durch kontinuierliche Effizienzsteigerungen sowie sinkende Kosten Stand zu halten. Die Herausforderung wird also sein, das Spannungsfeld zwischen produkt- und prozessbedingten Innovationen auf der einen Seite sowie Effizienzsteigerungen auf der anderen Seite zu bewältigen. Alleine die (Aus-)Bildung reicht als Grundvoraussetzung für die Aufgabenbewältigung nicht mehr aus, sondern nur in Kombination mit lebenslanger (Weiter-)Bildung werden Menschen befähigt, Zeit ihres Lebens beschäftigungsfähig zu bleiben. Besonders Frauen sind im Bildungsbereich auf dem Vormarsch und befinden sich nicht selten im Vergleich zum anderen Geschlecht auf der Überholspur. Das „Eindringen" von Frauen in ehemals Männer-dominierte Arbeitsbereiche verändert Abläufe und führt zu neuen Regelungen, wie etwa der Teilzeitarbeit. Zudem verändern Frauen Arbeitsprozesse und Arbeitsbedingungen nicht selten durch ihre andere Art zu führen, zu (ver)handeln und zu kommunizieren. Individualitätsbestrebungen tragen neben dem Einfluss der Frauen ebenfalls dazu bei, Arbeitszeitmodelle auszudifferenzieren. Einzelregelungen wie individualisierte Arbeitszeiten sind hier jedoch nur eines von vielen Beispielen. Nicht zuletzt wird der gesellschaftliche Wertewandel zu einer umfassenden Reformierung der Arbeitswelt führen. Solange die „alten" Werte noch Bestand haben, wird das Arbeitsumfeld an vielen Stellen von Umbrüchen und Missverständnissen geprägt sein, da die Wertvorstellung jüngerer Generationen zum Teil erheblich anders gestaltet ist als bei den Generationen zuvor. Man darf mehr als gespannt sein, zu welchen Veränderungen der Wertewandel durch das Nachrücken neuer Generationen auf den Arbeitsmarkt führen wird. Mit großer Wahrscheinlichkeit wird die Zukunft der Motivations-, Belohnungs- und Anreizsysteme, der Loyalität, der Erwartungshaltung an die Arbeitsaufgaben und -bedingungen anders aussehen als heute, so dass neue Wege gefunden werden müssen, um Menschen langfristig beschäftigungsfähig zu halten. Beide Parteien, sowohl Arbeitnehmer wie Arbeitgeber, sollten sich bereits heute mit dieser Fragestellung auseinandersetzen.

Zusammenfassend sind die zentralen Megatrends mit folgenden Konsequenzen verbunden:

• Alterung der Belegschaft. • Sinkender Anteil von Nachwuchskräften. • Fachkräfteengpass. • Verlängerung der Lebensarbeitszeit. • Zunehmende Wertevielfalt aufgrund von Unterschieden in den Denk- und Handlungsmustern von Generationen.	Demografie / Wertewandel
• Zunehmende Beschleunigung von Abläufen. • Steigende Veränderungsgeschwindigkeit. • Verdichtung von Arbeit. • Steigende Komplexität.	Technologisch-Ökonomische Entwicklungen
• Steigende Wissensintensität am Arbeitsplatz. • Bedeutungszuwachs von Wissen und Kompetenz als Wettbewerbsfaktor.	Wissensgesellschaft
• Steigende Ansprüche bei den Kunden. • Notwendigkeit von innovativen, passgenauen Lösungen. • Standardisierung von Prozessen. • Zunahme von Routinetätigkeiten. • Globale Vernetzungsdichte. • Internationalisierung in der Belegschaft. • Zunehmende Ungewissheit und Unvorhersehbarkeit. • Instabilitäten von Märkten.	Globalisierung
• Berücksichtigung von Nachhaltigkeit in der Personalarbeit. • Wunsch einiger Mitarbeiter nach Entschleunigung.	Nachhaltigkeit
• Zunehmender Anteil von Frauen in Fachpositionen. • Zunehmender Anteil von Frauen in Führungspositionen.	Frauen

2. Das Anforderungsprofil der Zukunft: Beschäftigungsfähigkeit / Employability

In einer Arbeitswelt, die sich schnell und beständig wandelt, spielt Beschäftigungsfähigkeit, auch Employability genannt, eine wichtige Rolle. Dieses

Anforderungsprofil gilt über die gesamte Lebensarbeitszeit hinweg für alle Arbeitsbereiche im Unternehmen.

Unbestritten ist die fachliche Kompetenz das Fundament der Beschäftigungsfähigkeit / Employability. Die Methoden- und Sozialkompetenzen – auch vielfach als überfachliche Kompetenzen bezeichnet – sowie die persönlichen Kompetenzen, die nicht selten mit Einstellung und grundlegender Haltung verbunden werden, stellen die Säulen dar. Beide Säulen werden häufig unter dem Begriff der Schlüsselkompetenzen zusammengefasst. Fachliche Kompetenzen und Schlüsselkompetenzen sind also untrennbar miteinander verbunden. Sie bilden das Modell der Beschäftigungsfähigkeit / Employability.

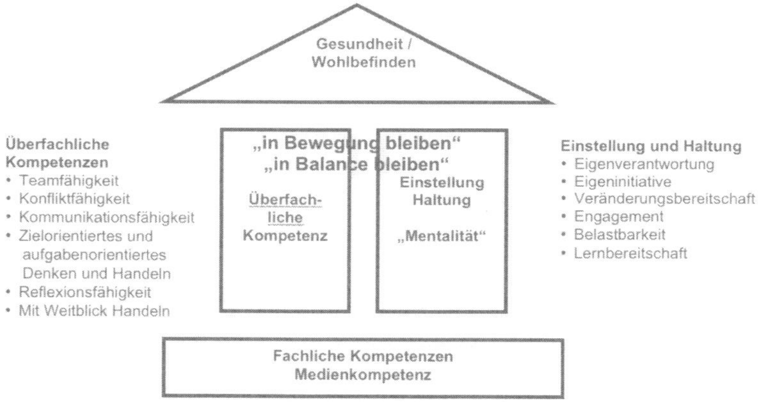

ABB. 6: DAS HAUS DER EMPLOYABILITY

Das komplexe Anforderungsprofil der Beschäftigungsfähigkeit / Employability führt nicht selten zu der Frage nach der Machbarkeit und der Befürchtung, man könne damit überfordern und die Messlatte ohne Not zu hoch legen. Nun geht es nicht darum, in jedem der Kompetenzfelder für jeden die höchst mögliche Ausprägung als Ziel zu definieren, sondern deutlich zu machen, dass die grundsätzliche Relevanz in jedem Aufgabenfeld und Qualifikationsbereich gegeben ist und all diese Facetten Erfolgsfaktoren darstellen. **Es kommt vor allem darauf an „in Bewegung zu bleiben“ und dabei „in Balance zu bleiben“.**

Die starke Betonung der Schlüsselkompetenzen ruft bisweilen auch Verwunderung hervor. Deren Bedeutung zeigt sich jedoch in mehreren Studien. Wird die Bedeutung mit der tatsächlichen Ausprägung bei Beschäftigten verglichen, so ist mit Abweichungen zu rechnen. In einer Befragung bei 1.000 Unternehmen unterschiedlicher Branchenzugehörigkeit und Größe wird ein deutlicher Unterschied insbesondere bei den Schlüsselkompetenzen sichtbar. Lediglich die fachliche Kompetenz bildet die Ausnahme.

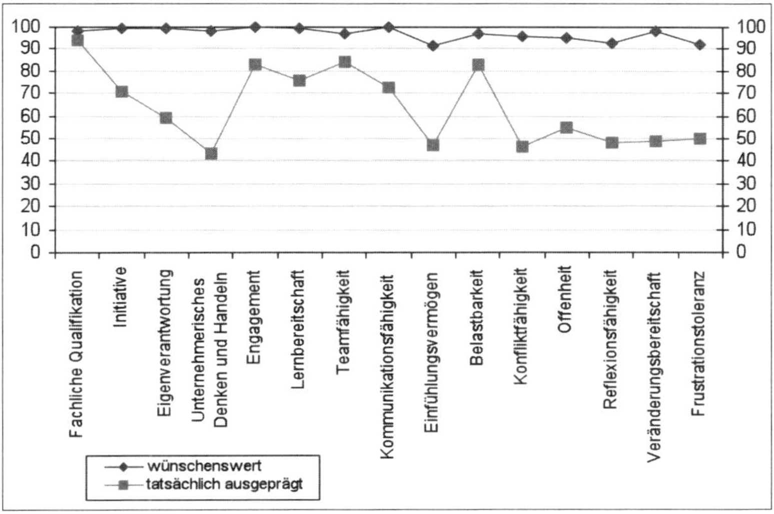

ABB. 7: EINSCHÄTZUNG VON UNTERNEHMEN

Die Verantwortung für die nachhaltige Sicherung von Beschäftigungsfähigkeit / Employability obliegt erst einmal dem Einzelnen. **Es gilt sich bewusst zu machen, dass es sich bei der Beschäftigungsfähigkeit / Employability um eine Investition in den eigenen Vermögenswert handelt**. Es wird in Zukunft immer weniger einen sicheren Arbeitsplatz und / oder ein sicheres Unternehmen geben. Selbst die Sicherheit einer „abgeschlossenen“ Berufsausbildung, die vermeintlich ein lebenslang trägt, wird es nicht mehr geben. Die eigenen Fertigkeiten, Fähigkeiten und Kompetenzen bieten einzig und allein Sicherheit.

Der Einzelne ist also gefordert, sich kontinuierlich den verändernden Rahmenbedingungen sowie den Anforderungen des internen wie externen Arbeitsmarktes anzupassen. Dazu ist Bereitschaft allein nicht ausreichend. Auch individuelles Handeln – ohne die Unterstützung des Arbeitgebers – ist gefragt. Es gilt:

- **Qualifizieren und Lernen in der Vergangenheit: Notwendigkeit zum beruflichen Aufstieg**
- **Qualifizieren und Lernen in der Zukunft: Vermeidung des beruflichen Abstiegs**

Allerdings sind Arbeitgeber, die das Profil der Beschäftigungsfähigkeit fordern, auch in der Pflicht, dieses zu fördern. Sie müssen ihren Mitarbeitern die Möglichkeit bieten, ihre eigenen Fähigkeiten und Kompetenzen immer wieder an den aktuellen Bedarfen zu spiegeln und sich entsprechend weiterzuentwickeln.

3. Anforderungen an Arbeitgeber

3.1 Grundsätzliches

Um den Entwicklungen in Wirtschaft und Gesellschaft sowie den damit verbundenen Konsequenzen Rechnung zu tragen und somit nachhaltig die Zukunftsfähigkeit des Wirtschaftsstandortes Deutschland sowie die Wettbewerbsfähigkeit von Unternehmen zu erhalten und zu steigern, ist eine gute Personalarbeit notwendig, die sich u. a. mit einer Reihe von zentralen Fragestellungen beschäftigen muss. Diese sind bspw.:

- Welche Qualifikationen und Kompetenzen muss eine Belegschaft mitbringen, um den künftigen Anforderungen gerecht zu werden?
- Wie bleibt die Lern- und Leistungsfähigkeit der Mitarbeiter und Führungskräfte mit zunehmendem Alter erhalten?

- Wie lassen sich die unterschiedlichen Lernmuster und Arbeitsweisen bei Älteren und Jüngeren berücksichtigen?
- Wie lassen sich Beschäftigte binden?
- Wie können (potenzielle) Mitarbeiter für den Arbeitgeber begeistert werden?
- Wie können Potenziale gehoben werden?

Um die Leitfragen umzusetzen, reichen Einzelmaßnahmen und -aktivitäten nicht aus. Vielmehr ist es notwendig, dass ganzheitlich und integrativ die relevanten Handlungsfelder und -maßnahmen einbezogen werden, die aufeinander abgestimmt und miteinander verknüpft sind sowie deren Wechselwirkungen berücksichtigt werden. Der Erfolg einer nachhaltigen, zukunftsfähigen Personalpolitik umfasst somit folgende Handlungsfelder:

- Förderung der Beschäftigungsfähigkeit,
- Alternsgerechte Dimension,
- Mitarbeiterbindung und -motivierung,
- Mitarbeitergewinnung,
- Work-Life-Balance,
- Gesundheitsförderung,
- Kommunikation nach innen und außen.

3.2 Förderung von Beschäftigungsfähigkeit (Employability Management)

Beschäftigungsfähigkeit/Employability im Unternehmen zu fördern, bedeutet nicht, den Mitarbeitern und Führungskräften eine Fülle an Personalentwicklungsmaßnahmen zuteil werden zu lassen, wie es fälschlicherweise noch immer häufig angenommen wird. Es geht vielmehr darum, den Beschäftigten als einen der wichtigsten Wettbewerbsfaktoren an das Unternehmen zu binden und ihm ein Umfeld zu bieten, in dem er seine Kompetenzen zum beiderseitigen Wohl entfalten und weiterentwickeln kann. Ein solches Umfeld wird jedoch nicht alleine durch Personalentwicklung geschaffen, sondern bedarf vielmehr eines Ansatzes, der die Rahmenbedingungen, in denen sich der Mitarbeiter bewegt, in adäquater Weise berücksichtigt. Dazu gehören u. a. Unternehmenskultur, Führung und

Organisation. Sie bilden zusammen das Fundament des „Employability Managements."

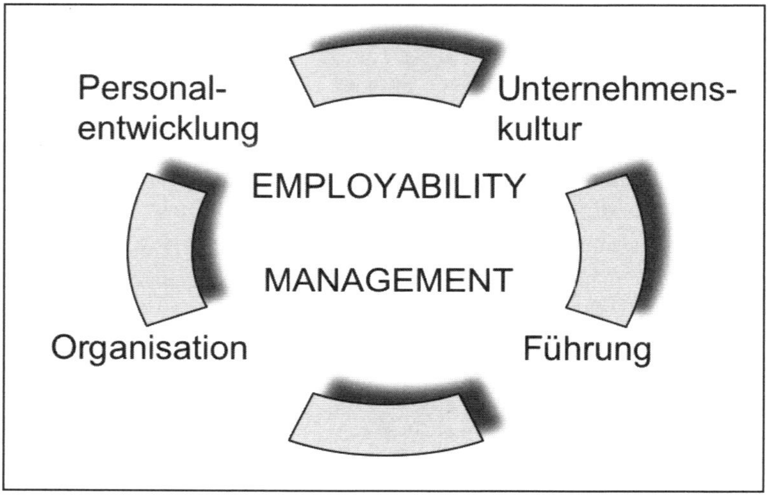

ABB. 8: DAS FUNDAMENT DES EMPLOYABILITY MANAGEMENTS

Eine **Unternehmenskultur**, die Beschäftigungsfähigkeit/Employability fördert und fordert, zeigt sich vor allem in folgenden Werten:

- Wertschätzung.
- Gegenseitiges Vertrauen.
- Integrität.
- Eigenverantwortung.
- Leistungsbereitschaft.
- Offenheit.
- Positive Haltung zum Lernen.

Führung, die Mitarbeiter in ihrem Bestreben nach Beschäftigungsfähigkeit / Employability unterstützt, muss folgende Aspekte berücksichtigen:

- Schaffung von Rahmenbedingungen, in denen Mitarbeiter erfolgreich arbeiten können.
- Gewährung von Freiräumen und Handlungsspielräumen.
- Glaubwürdigkeit, die sich im konsequenten Handeln und im Vorleben zeigt.
- Inspirieren, Überzeugen, Motivieren und Herausfordern.
- Keine Führung im Sinne des „Gießkannenprinzips", statt dessen individualisierte Führung (jeden Mitarbeiter dort abholen, wo er steht).
- Schaffen einer Atmosphäre von Offenheit und Vertrauen.

Eine Employability-fördernde **Organisation** lässt den „kleinen Dienstweg" zu, weist Entscheidungsbefugnisse, Verantwortlichkeiten und Handlungsspielräume auf, ist transparent und verfügt über flexible Arbeitsstrukturen und -bedingungen. Projekt- und Teamarbeit können ebenfalls unterstützend wirken. „Öfter mal etwas Neues" ist ein Motto, das es umzusetzen gilt. Nichts ist fataler für den Verlust der Employability, als jahrelang das Gleiche zu tun.

Personalentwicklung im Sinne der Förderung von Beschäftigungsfähigkeit / Employability baut auf drei Dimensionen auf. Die erste Dimension befasst sich mit den Inhalten. Inhalte einer Employability-fördernden Personalentwicklung sind die Übertragung der PE-Verantwortung auf Mitarbeiter und deren Vorgesetzte, die Individualisierung, die Förderung des lebenslangen Lernens und der Schlüsselkompetenzen sowie der Erwerb der Fachkompetenzen. Die zweite Dimension nimmt die Methoden in den Fokus. Dazu gehören z. B. Coaching und Mentoring, die Verzahnung von Arbeit und Lernen sowie ein regelmäßiges Monitoring im Sinne einer Standortbestimmung der Kompetenzen und Qualifikationen. Die dritte Dimension zeigt die Bedeutung von Veränderungen. „In Bewegung bleiben" ist eine grundlegende Philosophie des Employability Managements.

Neben diesen erfolgskritischen Handlungsfeldern sollte Employability Management zudem auf fünf Grundprinzipien aufbauen:

Prinzip der Ganzheitlichkeit
Berücksichtigung aller relevanten Ebenen, Bereiche und Handlungsfelder

Prinzip der Integration
Kombination unterschiedlicher Ebenen, Bereiche und Handlungsfelder sowie Berücksichtigung der Interdependenzen

Postulat der Wirtschaftlichkeit
Förderung von Employability gemäß des Kosten-Nutzen-Kalküls sowie Anerkennung der hohen ökonomischen Relevanz von Employability

Ethischer Kodex
Förderung von Employability für Zeiten sowohl innerhalb als auch außerhalb des eigenen Unternehmens

Postulat der Kontinuität
Proaktive und zukunftsorientierte Förderung von Employability über die gesamte Beschäftigungsdauer im Unternehmen hinweg: Dazu gehört auch „in Bewegung bleiben".

ABB. 9: DIE GRUNDSÄTZE DES EMPLOYABILITY MANAGEMENTS

3.3 Alternsgerechte Dimension

Wie bereits dargestellt, führt die demografische Entwicklung in den nächsten Jahren zu einer Alterung auf dem Arbeitsmarkt und in Unternehmen sowie zu einer Verlängerung der Lebensarbeitszeit. Es stellt sich nun die Frage, was ein Unternehmen vor diesem Hintergrund des demografischen Wandels tun kann bzw. muss, um die Motivation der Beschäftigten zu erhalten und ihre Employability zu fördern. Grundsätzlich gibt es den proaktiven und den reaktiven Handlungsansatz. Während der proaktive Ansatz den Erhalt der Beschäftigungsfähigkeit / Employability über alle Altersgrenzen hinweg und die Aufrechterhaltung des Spannungsbogens des Lernens unter Berücksichtigung unterschiedlicher alternsbedingter Lernmuster zum Gegenstand hat, fokussiert der reaktive Ansatz auf ältere Beschäftigte mit dem Ziel, den Spannungsbogen des Lernens und der Beschäftigungsfähigkeit wieder zu erreichen, wenn er durchbrochen ist.[52]

---

[52] Vgl.: Rump / Eilers (2006), S. 129ff.

Die älteren Arbeitnehmern nicht selten unterstellte geringere Lernbereitschaft und -fähigkeit hat ihren Ursprung in der Regel nicht im Alter der betroffenen Person, sondern vielmehr in deren bisheriger „Lernbiografie“. Experten sprechen von einer sogenannten „Lernentwöhnung“, die eintritt, wenn über Jahre hinweg keine konsequente Auseinandersetzung mit der persönlichen Weiterbildung stattfindet. Lernen kann auch verlernt werden und vorhandene Fähigkeiten verloren gehen. Eine so entstandene Lernentwöhnung geht mit Ängsten und einer verringerten Lernmotivation einher (Disuse-Effekt). Konfrontiert man einen derart „entwöhnten“ Arbeitnehmer nun mit komplexen Lerninhalten, so verwundert es kaum, dass es ihm schwer fällt, sich für diese zu öffnen und ein Verständnis für sie zu entwickeln.[53]

Eine solche Entwicklung zu verhindern und die individuelle Beschäftigungsfähigkeit zu erhalten, ist Aufgabe des proaktiven Ansatzes. Hier kann das Konzept des Employability Managements zum Einsatz kommen. Grundsätzlich gilt für das Employability Management eine Altersunabhängigkeit. Da sich jedoch die Lernmuster im Laufe des Lebens ändern (Ältere lernen nicht besser oder schlechter, sondern anders), bedarf es deren Berücksichtigung. Employability Management wird somit zum lebensphasenorientierten Employability Management. Um der Verlängerung der Lebensarbeitszeit, der Alterung der Belegschaft sowie der steigenden Veränderungsgeschwindigkeit und Komplexität Rechnung zu tragen, ist im Rahmen des Employability Managements das Handlungsfeld der präventiven Gesundheitsförderung zu ergänzen. Die präventive Gesundheitsförderung kann auf vielfältige Weise erfolgen. Zunächst einmal gilt es, bekannte Belastungen an Arbeitsplätzen weitestgehend abzubauen bzw. zu verringern. Dies betrifft nicht nur physische Beanspruchungen, sondern auch psychische Belastungen. Negativer Stress kann zum Beispiel durch adäquates Führungsverhalten und eine konstruktive Arbeitsatmosphäre begrenzt werden. In Fällen körperlicher Belastungen können entsprechende Pausenregelungen sowie systematische Belastungs- und Tätigkeitswechsel dem betroffenen Arbeitnehmer Erleichterung verschaffen.

[53] Vgl. Bertelsmann Stiftung / Bundesvereinigung der Deutschen Arbeitgeberverbände (2003), S. 13 u. 33–34.

Gruppen- und Teamarbeit ist nahezu ideal dazu geeignet, einseitige Belastungen zu vermeiden, und dient darüber hinaus auch der Vermittlung neuer Kompetenzen und Fertigkeiten. Eine Maßnahme in Bezug auf besonders belastende Bereiche und Tätigkeiten stellt eine Begrenzung der Verweildauer oder eine Reduzierung der Arbeitszeit an solchen Arbeitsplätzen dar. Letzteres setzt allerdings eine konsequente Personaleinsatz- und Qualifizierungsplanung voraus. Des Weiteren gehören zur präventiven Gesundheitsförderung Informationen über gesundheitsförderliches Verhalten, gesundes Essen in der Kantine, Fitnessangebote und Betriebssport, Programme zur Förderung der gesundheitlichen Kompetenzen sowie Gesundheits-Checks.[54]

Grundsätzlich ist im Hinblick auf die demografiebedingten Effekte in Unternehmen davon auszugehen, dass die nachhaltige Sicherung von Beschäftigungsfähigkeit / Employability und des lebenslangen Lernens in erster Linie durch proaktive Handlungsansätze gefördert wird. Reaktive Maßnahmen sollten lediglich einen „reparierenden" Charakter haben. Die Frage des Alters spielt dann erst in zweiter Linie eine Rolle. Dennoch sollte nicht außer Acht gelassen werden, dass es Situationen gibt, in denen der Spannungsbogen des Lernens durchbrochen ist. Hier ist dann reaktives Handeln gefragt. Ziel ist das Aufbrechen der Lernentwöhnung, der Umgang mit Ängsten und einer verringerten Lernmotivation, der Umgang mit fehlendem Selbstvertrauen (selbst erfüllende Prophezeiung) und die Sensibilität, um die betreffenden Personen nicht als Randgruppe zu stigmatisieren, die besonderer Unterstützung bedarf.

Als reaktive Umsetzungswege kommen altershomogene Schulungskonzepte beim Erwerb von technischem Fachwissen, vorzugsweise altersheterogene Lerntandems bei komplexen Themen, eine kontinuierliche „Kompetenz-Standortbestimmung" und Zielfindung mit Betreuung, Coaching und Mentoring sowie Gesundheitsförderung bei bereits eingetretenen Einschränkungen der Leistungsfähigkeit in Frage.

---

[54] Vgl. Bertelsmann Stiftung, Bundesvereinigung der Deutschen Arbeitgeberverbände (2003), S. 101 ff.; Rump, J. / Eilers, S. (2006).

3.4 Mitarbeiterbindung und -motivierung

In den nächsten Jahren wird sich der Fachkräftebedarf aufgrund zunehmender Wissensintensität, Veränderungs- und Innovationsgeschwindigkeit sowie steigender Flexibilitätsanforderungen und Kundenansprüche beständig erhöhen – zumindest in bestimmten Berufsgruppen, Branchen und Regionen. Es liegt auf der Hand, dass Unternehmen vor dem Hintergrund dieser Entwicklungen ein profundes Interesse daran haben, ihren Bedarf an qualifizierten Mitarbeitern heute und in Zukunft zu sichern, um so ihre Wettbewerbsfähigkeit zu erhalten.

Um qualifizierte Mitarbeiter im Unternehmen zu halten, müssen neben den betrieblichen Notwendigkeiten die Interessen, Ziele und Werte der Mitarbeiter in Verbindung mit ihren Lebensphasen und ihrer individuellen Lebenssituation Beachtung finden. Angesichts des Wertewandels in der Gesellschaft sollte daher differenziert vorgegangen werden. Während die älteren Generationen mit Arbeitsplatz- bzw. Beschäftigungssicherheit, mit Aussicht auf eine Führungsposition und mit einem „guten“ Gehalt bzw. einem „guten“ Lohn an das Unternehmen gebunden werden können, wünschen sich junge Nachwuchskräfte zudem

- interessante Arbeitsinhalte,
- die Anerkennung der eigenen Leistung,
- eine Ausgewogenheit zwischen Arbeits- und Privatleben,
- Entwicklungschancen für die eigene Persönlichkeit,
- Weiterbildungsmöglichkeiten,
- selbstständiges Arbeiten und
- eine gute Vereinbarkeit von Beruf und Familie.

Das Erreichen einer Führungsposition mit entsprechender Verantwortung ist zwar weiterhin nicht unwichtig, ebenso wie ein hohes Einkommen, aber dies nicht mehr ausschließlich, sondern nur in der Kombination mit den oben genannten Aspekten. Diese Verschiebung ist Spiegelbild des gesellschaftlichen Wertewandels. Darüber hinaus ist vielen jüngeren Arbeitnehmern bewusst, dass ihre Lebensarbeitszeit unter den Bedingungen einer sich stetig erhöhenden Veränderungsgeschwindigkeit und Komplexität 40 bis 45 Jahre betragen wird.

An dieser Stelle sei angemerkt, dass die Personalpolitik in Unternehmen häufig von der Nachkriegsgeneration oder den Baby-Boomern gestaltet wird, die nicht selten ihre Werte sowie Denk- und Handlungsmuster zugrundelegen – und sich wundern, warum ihre Personalpolitik nur bedingt greift.

3.5 Mitarbeitergewinnung

Der demografische Wandel und die mit ihm einhergehende Verkleinerung der Geburtenjahrgänge hat bereits heute die Gruppe der Schulabgänger erreicht. In der Folge besteht die Herausforderung immer weniger darin, in ausreichendem Maße Ausbildungs- oder Hochschulplätze für junge Menschen bereitzustellen. Vielmehr sinkt die Nachfrage nach Ausbildungsplätzen stetig, und auch die Zahl der Studienanfänger wird mit einer Verzögerung von wenigen Jahren rückläufig sein. Diese Entwicklung wird es für Unternehmen immer schwieriger machen, qualifizierte Arbeitskräfte zu finden.

Wann und in welchem Umfang einzelne Betriebe von Engpässen in Bezug auf das verfügbare Nachwuchs- und Arbeitskräftepotenzial betroffen sein werden, hängt von mehreren Faktoren ab. Hier ist zum einen die räumliche Lage zu nennen. Immer deutlicher zeigen sich Unterschiede in den Wirtschafts- und Bevölkerungsstrukturen der Regionen. So nimmt im ländlichen Bereich die Abwanderung gerade jüngerer Arbeitskräfte weiter zu, während sich rund um größere Wirtschaftsstandorte regelrechte Ballungszentren entwickeln. In der Folge fällt es Betrieben in ländlichen Gegenden zunehmend schwer, qualifizierte Nachwuchs- und Arbeitskräfte für sich zu gewinnen. Hinzu kommt, dass in einer sich selbst verstärkenden Spirale die Abwanderung von Arbeitskräften zu einer weiteren Einschränkung der Infrastruktur, wie z. B. bei öffentlichem Nahverkehr, Sport- und Freizeitstätten sowie Kinderbetreuung führt, wodurch wiederum die Region an Attraktivität als Lebensraum verliert.

Des Weiteren zeigt sich, dass insbesondere solche Unternehmen bereits heute von einem kaum noch zu deckenden Arbeitskräftebedarf sprechen, die auf Mitarbeiter mit mittleren oder höheren Qualifikationen angewiesen sind. In diesen Betrieben spielt mittlerweile das Alter der qualifizierten Kräfte immer weniger die entscheidende Rolle. Arbeitgeber hingegen, deren Beschäftigte überwiegend aus dem niedrig qualifikatorischen Bereich kommen, sehen weder heute noch für die Zukunft Engpässe bezüglich ihrer Arbeitskräfte auf sich zukommen.

Grundsätzlich stehen Unternehmen unterschiedliche Ansätze zur Verfügung, um Personal zu rekrutieren. Dazu gehören:

- Ausbildung.
- Die Rekrutierung auch auf internationalen Arbeitsmärkten.
- Die altersunabhängige Rekrutierung.
- Die Rekrutierung verstärkt von Frauen.
- Die Zusammenarbeit mit Schulen und Hochschulen.

Zudem sollte im Rahmen der Mitarbeitergewinnung eine sogenannte „Ökonomisierung von Loyalität“ sowie die Wertevielfalt berücksichtigt werden. Da vielen Arbeitnehmern bewusst ist, dass Arbeitsplatz- bzw. Beschäftigungssicherheit von Seiten des Arbeitgebers kaum noch angeboten werden kann, agieren sie mehr und mehr als „Unternehmer in eigener Sache“. Sie machen ihre Loyalität abhängig von Incentives, Arbeitsinhalten und den Bedingungen, die sie im Unternehmen vorfinden. Entsprechen diese ihren Vorstellungen, bleiben sie. Entsprechen diese nicht den Vorstellungen, werden Incentives, Arbeitsinhalte und -bedingungen mit denen anderer potenzieller Arbeitgeber verglichen. Werden die Angebote als besser wahrgenommen, wechseln nicht wenige Arbeitnehmer den Arbeitgeber.

In Anbetracht der aufgezeigten Entwicklungen auf dem Arbeitsmarkt werden im Wettbewerb um qualifizierte Beschäftigte insbesondere diejenigen Unternehmen erfolgreich sein, die eine besondere Attraktivität als Arbeitgeber aufweisen. Wie bereits erläutert, definieren gerade jüngere Frauen und Männer die Attraktivität eines Unternehmens allerdings nicht mehr vorrangig über das Gehalt und die Möglichkeit einer schnellen „Kaminkarriere“. Für viele hat die Realisierbarkeit persönlicher Ziele und Wertvorstellungen große Bedeutung. Unternehmen, die beispielsweise erfolgreich vermitteln können, dass sie flexibel auf Wünsche nach einer familienorientierten

Gestaltung von Arbeitsplatz und Arbeitszeit eingehen oder individuelle Ansätze für unterschiedliche Lebenssituationen anbieten, werden in der Konsequenz immer stärker als attraktiv eingestuft.

3.6 Work-Life-Balance

Noch bis vor wenigen Jahrzehnten waren die beiden entscheidenden Sphären im Leben vieler Menschen – Beruf und Privatleben – klar voneinander abgegrenzt und in ihrer Verteilung von Be- und Entlastung eindeutig definiert. Nach getaner „harter" Arbeit im Betrieb wartete zuhause die verdiente Entspannung. Dieses Bild existiert für die Mehrzahl der heutigen Arbeitnehmer nicht mehr, die alte Balance kippt im Zuge einer zunehmend gleichberechtigten Rollenverteilung zwischen den Geschlechtern und einer „Entgrenzung" von Arbeit und Freizeit. Heute ist in der Regel nicht mehr ohne Weiteres auszumachen, inwieweit „Work" oder „Life" den Einzelnen be- oder entlasten. Nach einem anstrengenden Arbeitstag Hausaufgaben zu überprüfen, die Wohnung zu putzen oder Einkäufe für sich selbst oder ältere Angehörige zu erledigen, hat nicht zwangsläufig den klassischen Feierabendcharakter. Umgekehrt sehnt sich der eine oder andere zuweilen angesichts privater Unruhe nach einem vergleichsweise „ruhigen" Arbeitsplatz. Wo, wann und in welchem Maße der Einzelne Belastung empfindet und im Gegenzug „auftankt", hängt also in hohem Maße von der persönlichen Situation in Beruf und Privatleben, von Neigungen und individuellen Einschätzungen ab. In der Folge sieht auch für jeden Menschen seine Work-Life-Balance anders aus. Hinzu kommt, dass das Empfinden bezüglich dieser Balance einem beständigen Wandel im Laufe eines Erwerbslebens unterliegt, das von unterschiedlichen Berufs- und Lebensphasen gekennzeichnet ist.

Das Hinwirken auf eine in dieser Form definierte Work-Life-Balance ist angesichts zentraler Trends und Entwicklungen in der Arbeitswelt ein Muss auf der Agenda zukunftsgerichteter Unternehmen. Dennoch entsteht hieraus eine paradoxe Situation: Einerseits ist eine gelungene Work-Life-Balance immer schwieriger zu realisieren, denn aufgrund betrieblicher Zwänge wird dem Einzelnen eine „Flexibilisierung von privaten Routinen" abverlangt, z. B. in Bezug auf Betreuungsarrangements. Zudem fallen beruflich bedingten Ortswechseln oder unregelmäßigen Arbeitszeiten nicht selten klassische „Anker“ im privaten Bereich, wie soziale Kontakte oder Vereinsaktivitäten, zum Opfer. Andererseits steigt jedoch die Notwendigkeit für Arbeitgeber und Arbeitnehmer, „Work“ und „Life“ in Balance zu halten, um zu gewährleisten, dass es in einer immer komplexeren und schnelllebigeren Welt nicht zum „Ausbrennen“ kommt.[55]

Gelingt es, eine ausgewogene Work-Life-Balance zu gestalten, so ergibt sich eine dreifache Win-Win-Situation für **Arbeitgeber**, Arbeitnehmer und Gesellschaft. Arbeitgeber sind gleichermaßen Auslöser, Betroffene und Gestalter der Problematik: Sie verursachen das Spannungsfeld zwischen beruflicher und privater Sphäre, leiden jedoch ebenso unter den negativen Auswirkungen einer unzureichenden Balance und verfügen über entscheidende Stellschrauben, um diese zu verbessern. Dabei erhoffen sie sich u.a. folgende Effekte:[56]

- Verbesserung der Akzeptanz und des Images in der Öffentlichkeit (für potenzielle Bewerber, Kunden und Investoren)
- Abbau von Interessenskonflikten
- Verbesserung der Mitarbeitermotivation, -zufriedenheit und -produktivität
- Erhöhung der Mitarbeiterbindung und -identifikation
- Erhalt der Leistungsfähigkeit und -bereitschaft alternder Belegschaften
- Verringerung krankheitsbedingter Fehlzeiten und der Fluktuation
- Steigerung der Selbstorganisation der Arbeitnehmer
- Flexibilisierung von Unternehmensabläufen und Mitarbeiterkontingenten
- Erhalt des Know-how durch verringerte Abwesenheitszeiten
- Verbesserung der Bewertungen im umfassenden Rating-Verfahren
- Verbesserung der „weichen“ Standortfaktoren für den Wirtschaftsstandort Deutschland
- Unterstützung beim Aufbau extrafunktionaler Kompetenzen aus außerberuflichem Engagement (z. B. soziale und kommunikative Kompetenzen, Fähigkeit zu Selbststeuerung und Verantwortungsübernahme)

ABB. 10: EFFEKTE VON WORK-LIFE-BALANCE

[55] Vgl.: Auer, M. (2000), S. 60 – 62; Opaschowski, H. W. (2006c), S. 33; Schobert, D. B. (2007), S. 23–26; Manager-Magazin (2005); Kuhnert, P. (2004), S. 141 ff.

[56] Vgl.: Auer, M. (2000), S. 67–84; Bertelsmann Stiftung (2007), S. 10–11; Prognos AG (2005), S. 4–7; 26–29; BMFSFJ (2010), S. 135; Beile, J. / Jahnz, S. (2007), S. 87–88.

Vorteile für **Arbeitnehmer** ergeben sich insbesondere durch eine größere Souveränität über die individuelle Lebensführung, da aus zwangsläufigen „Entweder-Oder"-Entscheidungen „Sowohl-Als-Auch"-Lösungen werden. Dies gilt für die Familienplanung ebenso wie für außerberufliche Aktivitäten, die Pflege sozialer Beziehungen oder Weiterbildungsbemühungen. Durch eine verlässlichere Planung im privaten und beruflichen Bereich wird die Belastung deutlich reduziert und Optionen zur Sicherung der Leistungs- und Beschäftigungsfähigkeit geschaffen.

Auch auf **gesellschaftlicher Ebene** lassen sich positive Effekte einer ausgewogenen Work-Life-Balance identifizieren. So trägt die Schaffung zusätzlicher Freiräume der Erwerbstätigen für ehrenamtliches, soziales oder politisches Engagement ebenso zur Entlastung des Staates bei wie die Verbesserung der psychischen und physischen Gesundheit von Erwerbstätigen. Hinzu kommen die individuelle Einkommenssicherung durch die Verstetigung der Erwerbsverläufe, Sicherung der ökonomischen Unabhängigkeit von Frauen und der Erhalt der Leistungsfähigkeit Älterer sowie die Verteilung der Finanzierung der sozialen Sicherungssysteme auf eine größere Zahl von Beitragszahlern. Nicht zuletzt fördern die genannten Vorteile einer ausgewogenen Work-Life-Balance auf betrieblicher Ebene auch das gesamtwirtschaftliche Wachstum.[57]

3.7 Gesundheitsförderung

Grundsätzlich ist festzustellen, dass vor allem die psychische Beanspruchung am Arbeitplatz insbesondere aufgrund der steigenden Veränderungsgeschwindigkeit und der zunehmenden Komplexität kontinuierlich ansteigt.

Der Erhalt und die erfolgreiche Entwicklung von Beschäftigungsfähigkeit auf der einen Seite sowie Gesundheit und körperliches Wohlbefinden auf der anderen Seite stehen in engem Zusammenhang. Erst das Vorhandensein von beruflich verwertbarer Kompetenz und Gesundheit führt zu einer nach-

---

[57] Vgl.: Bertelsmann Stiftung (2007), S. 10–11; Prognos AG (2005), S. 4–7; 28–29.

haltigen Beschäftigungsfähigkeit. Verfügt ein Mitarbeiter zwar über exzellente berufsrelevante Kompetenzen, achtet jedoch nicht auf seine Gesundheit, ist er ebenso wenig beschäftigungsfähig wie derjenige, der gesundheitsbewusst handelt, dafür aber seinen beruflichen Anforderungen nicht gewachsen ist.

Grundsätzlich hat Gesundheitsförderung zwei Wirkrichtungen:

- Zum einen die auftretenden Belastungsmomente gesundheitsförderlich zu bewältigen und / oder Belastungsmomente erst gar nicht entstehen zu lassen (proaktive / präventive Gesundheitsförderung) sowie
- zum anderen eingetretenen Einschränkungen der Leistungsfähigkeit durch geeignete Maßnahmen Rechnung zu tragen (reaktive Gesundheitsförderung).

Unternehmen tun gut daran, vor allem den Fokus auf die Gesundheitsprävention zu richten. Dazu können Fitnessangebote und Betriebssport, Programme zur Förderung gesundheitlicher Kompetenzen und Gesundheits-Checks gehören. Fitnessangebote und Betriebssport sprechen alle Beschäftigte an und zielen auf körperliche Fitness und ein steigendes Gesundheitsbewusstsein ab. Damit ist auch die Philosophie verbunden, dass ein gesunder Körper die Bewältigung von Stress und mentalen Belastungen unterstützt. In Programmen zur Förderung gesundheitlicher Kompetenzen werden Daten und Fakten, Hintergründe und Handlungsempfehlungen sowie Tipps vermittelt. Sie bieten eine gute Ergänzung zu Fitnessangeboten. Darüber hinaus bieten Gesundheits-Checks eine persönliche Bestandsaufnahme. „Sie holen den Einzelnen dort ab, wo er sich befindet“. Aktivitäten der Gesundheitsförderung können dann gezielt zum Einsatz kommen sowie bedarfs- und personenbezogen angepasst werden.

Auch der Arbeitsplatz sowie die Arbeitsbedingungen bieten Möglichkeiten zur Gesundheitsförderung. Die traditionellen Maßnahmen der Gesundheitsförderung haben vor allem die Erhaltung der körperlichen Leistungsfähigkeit im Blick. Dies ist wünschenswert, aber nicht ausreichend. Zur Gesundheitsförderung gehört auch die Begrenzung von negativen Stresssituationen. Damit wird sie auch Aufgabe von Führung, ist im Kontext von

Personaleinsatzplanung zu betrachten und steht in einer Beziehung zur Personalentwicklung. Darüber hinaus kann die Gestaltung einer konstruktiven Arbeitsatmosphäre ein Handlungsfeld von Gesundheitsförderung sein. Daneben haben auch organisatorische Maßnahmen wie Belastungswechsel und Tätigkeitsmischungen Einfluss.

Rahmenfaktoren und -bedingungen entscheiden letztendlich darüber, inwieweit die individuelle Gesundheitskompetenz sich entfalten kann. Verfügt ein Mitarbeiter über Gesundheitskompetenzen, so kann er sie nur dann vollständig zur Entfaltung bringen, wenn die Faktoren und Bedingungen am Arbeitsplatz und in der Arbeitsumgebung dies erlauben. Organisation und Technik betreffen jedoch nicht nur das Arbeitsfeld, sondern sind auch im Freizeitbereich anzutreffen. Sachzwänge z. B. im familiären Umfeld und technisches Equipment im Hobbybereich beeinflussen die Umsetzung der individuellen Gesundheitskompetenz erheblich. Darüber hinaus tragen soziale Kontakte und die Einbindung in soziale Systeme zur Entwicklung und zur Umsetzung der individuellen Gesundheitskompetenz bei. Innerhalb von sozialen Systemen existieren explizite und implizite Regeln, deren Einhaltung belohnt und deren Missachtung bestraft werden. Häufig geschieht dies unterschwellig, dennoch haben solche Regelungen Einfluss auf die Denk- und Handlungsmuster.

3.8 Kommunikation nach innen und nach außen

Wenn über Kommunikation, Kommunikationsstrategie und Kommunikationspolitik gesprochen wird, lassen sich grundsätzlich zwei Ausrichtungen identifizieren:

- Kommunikation nach innen
- Kommunikation nach außen

Wenden wir uns zunächst der **Kommunikation nach innen** zu: Unternehmen, deren Informations- und Kommunikationspolitik sich durch Offenheit, Ehrlichkeit (und damit Glaubwürdigkeit) und Transparenz auszeichnet, können damit rechnen, dass die Leistungsbereitschaft und das Leistungsverhalten ihrer Mitarbeiter positiv beeinflusst werden. Dabei spielen neben der tatsächlichen Zugänglichkeit zur Information und dem tatsächlichen Austausch vor allem die erlebte Zugänglichkeit und der erlebte Austausch eine Rolle. Zudem kommt eine besondere Bedeutung dem Verhalten der Führungskräfte zu, die eine Vorbildfunktion einnehmen und gleichzeitig ihre Mitarbeiter im Arbeitsprozess unterstützen. Darüber hinaus ist festzustellen, dass ein Instrumentenmix (direkte sowie indirekte Informations- und Kommunikation) von Nutzen ist. Direkte, auf persönliche Kontakte beruhende Instrumente haben den Vorteil der schnellen Übermittlung. Zudem kann die direkte Form mit einem hohen Informationsgehalt einhergehen. Ein weiterer Vorteil liegt in der Möglichkeit der direkten, sofortigen Rückkopplung. Wesentliche Voraussetzung für den Erfolg der direkten, auf persönlichen Kontakten beruhenden Instrumente stellt die Kommunikationsbereitschaft und -fähigkeit vor allem des Senders, aber auch des Empfängers dar. Als ein Vorteil des indirekten, mediengestützten Instrumentariums der Informations- und Kommunikationspolitik wird die zeitliche und räumliche Entkopplung der Beziehung von Sender und Empfänger gesehen, die das Ansprechen eines größeren Empfängerkreises ermöglicht. Der Empfängerkreis kann somit stark ausgedehnt werden. Eine Wiederholbarkeit des Informationsvorgangs ist jederzeit relativ problemlos ausführbar.

Es wird immer wieder die Frage gestellt, wieviel Informationen ein Mitarbeiter verträgt und wann die Grenze zum Informations-Overload überschritten ist. Es besteht die Gefahr, dass die Qualität der Arbeit und der Entscheidungsfindung sinkt. Zahlreichen Studien zufolge scheinen viele Mitarbeiter einem Informations-Overload jedoch nicht negativ gegenüberzustehen. So vermittelt eine große Quantität von Informationen nicht selten das Gefühl von Informiertheit und Transparenz. Als Grenze einer offenen Informations- und Kommunikationspolitik gilt die wettbewerbsbedingte Erfordernis der Wahrung von Betriebsgeheimnissen. Wissensvorsprünge sind auf den Märkten oft überlebensnotwendig. Da Mitarbeiter i. d. R. nicht der Geheimhaltungspflicht unterworfen sind, bedarf es nicht selten der Abwägung, welche Daten zu Planung, Forschung und Entwicklung sowie wirtschaftlicher Situation zur betriebsinternen Veröffentlichung gedacht sind.

In vielen Unternehmen ist ein „strategisches“ Informations- und Kommunikationsverhalten zu beobachten. „Strategisches“ Informations- und Kommunikationsverhalten zeigt sich z. B. in einer bewussten Zurückhaltung, Beschränkung von Informationsquellen sowie Verfälschung. Begründen lässt sich dieses Verhalten mit der Haltung, persönliche Vorteile nicht verlieren, Macht mehren, Kritik vermeiden, Fehler vertuschen und Bestehendes zementieren zu wollen. Darüber hinaus können eine mangelnde Informationsweitergabe und eine eingeschränkte Kommunikation auch auf der fehlenden Einsicht in die Notwendigkeit, andere zu informieren und mit anderen zu kommunizieren, basieren. Dem „strategischen" Informations- und Kommunikationsverhalten wirken IT-gestützte Informations- und Kommunikationssysteme, die eine Art „Demokratisierung" des Informationsflusses und der Kommunikationskanäle hervorrufen, mehr und mehr entgegen. Zwar können weiterhin Informationen zurückgehalten werden, doch stehen den Mitarbeitern heute vielfach andere Quellen und Wege zur Verfügung.

Die **Kommunikation nach außen** sollte das Spiegelbild des internen Agierens sein. Eine Selbstdarstellung nach außen, die in Widerspruch zur Unternehmenskultur und zum Führungsverhalten steht, wird über kurz oder lang als „Mehr Schein als Sein" überführt werden – nicht zuletzt durch die Mitarbeiter selbst, die in der Öffentlichkeit über ihren Arbeitgeber reden. Damit verliert der Arbeitgeber seine Glaubwürdigkeit. Eine fatale Entwicklung in mehrfacher Hinsicht:

- Auf dem Arbeitsmarkt: Ein schlechtes Image verschlechtert die Position bei der Mitarbeitergewinnung.
- Auf Produktmärkten: Eine schlechte Reputation schmälert die Absatzchancen, insbesondere wenn auf Kundenseite Sensibilität vorhanden ist.

Neben der Kompatibilität von Innen- und Außensicht sowie der damit verbundenen Glaubwürdigkeit sollte die extern ausgerichtete Kommunikationspolitik offensiv die Vorzüge und Errungenschaften des Unternehmens publik machen. Das Motto kann durchaus lauten: „Tue Gutes und rede darüber". Zudem bedarf es eines regelmäßigen Screenings der Außenwahrnehmung der Arbeitgebermarke (z. B. durch Wettbewerbe, www.kununu.de).

Zum Abschluss sei darauf hingewiesen, dass eine externe Informations- und Kommunikationspolitik nicht nur einseitig ist, sondern mittlerweile im Sinne des web 2.0 ausgerichtet ist. Mit anderen Worten: Alle Akteure sind miteinander vernetzt und die Kommunikation gestaltet sich zwei- oder mehrseitig. Mit der Vernetzung schwindet dann auch die Kontrolle des Informationsgehalts und der Informations- und Kommunikationskanäle. Ein einmal initiierter Twitter-Prozess lässt sich kaum mehr aufhalten. Die einzige Möglichkeit, den Prozess zu stoppen bzw. in den Prozess einzugreifen, besteht in der Glaubwürdigkeit des Unternehmens. Glaubwürdigkeit wiederum wirkt von innen. Darüber hinaus muss die Geschwindigkeit, mit der sich Informationen und Eindrücke verbreiten, berücksichtigt werden. Strategien und Szenarien, wie, wann, unter welchen Umständen kommuniziert wird, sind hilfreich, denn im Ernstfall bleibt nicht viel Zeit.

Nach innen:	**Nach außen:**
Hohe Qualität und Quantität bei der Informationsweitergabe Kommunikation von Szenarien und Strategien Wunsch von Transparenz in und von Entscheidungsprozessen Kompatibilität zwischen internem Kommunikationsverhalten und Selbstdarstellung auf dem externen Arbeitsmarkt	Motto: „Tue Gutes und rede darüber“ Handlungsmaxime: Glaubwürdigkeit Zu berücksichtigende Aspekte: • Vernetzung unterschiedlicher Akteure • Beachtung der Geschwindigkeit, mit der sich Informationen und Eindrücke verbreiten (Internet, Twitter, Facebook etc.) • Regelmäßiges Screening der Außenwahrnehmung der Arbeitgebermarke (z. B. durch Wettbewerbe, www.kununu.de)

ABB. 11: FAKTOREN DER KOMMUNIKATION

4. Schlussbetrachtung

Die Arbeitswelt befindet sich im Wandel. Der demografische Wandel, die technologischen Entwicklungen, die Globalisierung, die Wissens- und Innovationsgesellschaft, Frauen, Individualisierung, Nachhaltigkeit und der gesellschaftliche Wertewandel sind einige Megatrends, mit denen wir in den nächsten Jahren und Jahrzehnten konfrontiert werden. Die Konsequenzen für Arbeitgeber und auch für Beschäftigte sind vielfältig. So reicht es nicht mehr aus, nur das zu wissen, was man einmal in der Schule und in der Ausbildung gelernt hat, denn das Wissen ändert sich heutzutage rasant. Um am Ball bleiben zu können, muss ständig Neues dazugelernt werden.

Deshalb sollte eines in der Diskussion um die Zukunftsfähigkeit nicht vergessen werden: In der **Familie** und in der **Schule** werden die Grundlagen für die Zukunftsfähigkeit gelegt. Dazu ist kooperatives Handeln aller Akteure (Schule, Unternehmen, Eltern, Bildungspolitik...) notwendig.

Literatur

Auer, M. (2000): Vereinbarungskarrieren. Eine karrieretheoretische Analyse des Verhältnisses von Erwerbsarbeit und Elternschaft, München / Mering 2000.

B.A.T. Freizeitforschungsinstitut (2007): Lieber glücklich als reich, in:http://www.bat.de/OneWeb/sites/BAT_677KXQ.nsf/vwPagesWebLive/EEEA36C9D3FE2D86C125715B0034D220?opendocument&SID=A1EEB8324EAC74C816619B34C88A77AA&DTC=&TMP=1.

Bauer, W. (2007): Trends für die Arbeit der Zukunft, Kommunikation und Zusammenarbeit als Treiber von Innovation und Wachstum, Fraunhofer IAO Stuttgart, IAT Universität Stuttgart, März 2007, in: http://www.it-ba.de/microsoft/downloads/ms_1.pdf, 02.09.2007, 13:15 Uhr.

Bayrisches Staatsministerium für Arbeit und Sozialforschung, Familie und Frauen (2007): Chancengerechte Personalpolitik ist Frage des unternehmerischen Weitblicks, in: http://www.stmas.bayern.de/cgi-bin/pm.pl?PM=0711-591.htm, 21.11.2007.

Beile, J. / Jahnz, S. (2007): Work-Life-Balance in der Unternehmenspraxis, in: Sozialwissenschaften und Berufspraxis (SUB), 30. Jg. (2007), Heft 1, S. 85–102. Online verfügbar unter: http://www.work-life.at/pdf/wlb/0707-WLBUntPraxis.pdf.

Bertelsmann Stiftung / Bundesvereinigung der Deutschen Arbeitgeberverbände (Hrsg.) (2003): Erfolgreich mit älteren Arbeitnehmern – Strategien und Beispiele für die betriebliche Praxis, Martina Morschhäuser, Peter Ochs, Achim Huber, Institut für Sozialforschung und Sozialwirtschaft e.V., Gütersloh 2003.

Bertelsmann Stiftung (2007): Work-Life-Balance. Meilenstein für eine zukunftsfähige Gesellschaft, Gütersloh 2007. Online verfügbar unter: http://www.work-life.at/pdf/wlb/0704-WLBMeilenstein.pdf.

BMFSFJ (2010): Familienreport 2010, Berlin 2010. Online verfügbar unter: http://www.bmfsfj.de/RedaktionBMFSFJ/Broschuerenstelle/Pdf-Anlagen/familienreport-2010,property=pdf,bereich=bmfsfj,sprache=de,rwb=true.pdf.

BMWi (2006): Wissensbilanz – Made in Germany, Leitfaden 1.0 zur Erstellung einer Wissensbilanz, Dokumentation Nr. 536, Berlin 2006.

Brand eins (2009): Schwerpunkt DENKEN, Nr. 11/2009, Titelseite.

Brost, N. / Storn, A. (2006): Jeden Tag ein neuer Deal, DIE ZEIT, Nr. 11/2006, in: http://www.zeit.de/2006/11/bernahmen?page=all, 09.03.2006, 10:30 Uhr.

Destatis (2010a): Ausfuhr im Jahr 2009 insgesamt um 18,4% niedriger als 2008, Pressemitteilung Nr. 045 vom 09.02.2010, in: http://www.destatis.de/jetspeed/portal/cms/Sites/destatis/Internet/DE/Presse/pm/2010/02/PD10__045__51,templateId=renderPrint.psml, Februar 2010.

Destatis (2010b): Deutschland erlebte 2009 stärkste Rezession der Nachkriegszeit, Pressemitteilung Nr. 012 vom 13.01.2010, in: http://www.destatis.de/jetspeed/portal/cms/Sites/destatis/Internet/DE/Presse/pm/2010/01/PD10__012__811,templateId=renderPrint.psml, Januar 2010.

DIHK (2006a): Export und Import 2006/2007: DIHK-Umfrage bei den deutschen Außenhandelskammern, Herbst 2006, Berlin 2006.

DIHK (2006b): Investitionen im Ausland: Ergebnisse einer DIHK-Umfrage bei den Industrie- und Handelskammern Frühjahr 2006, Berlin 2006.

Eimeren, B. / Frees, B. (2009): Der Internetnutzer 2009 – multimedial und total vernetzt?, Ergebnisse der ARD/ZDF-Onlinestudie 2009, in: Media Perspektiven 7/2009, S. 334 – 348.

Englisch, G. (2004): Das Ende der Sesshaftigkeit. Gundula Englisch über Jobnomaden, in: Grosz, A. / Witt, J. (Hrsg.) (2004): Living at Work. Mit Beiträgen von Ulrich Beck, Klaus Doppler, Matthias Horx, Werner Tiki Küstenmacher, Reinhard Sprenger u. a., München/Wien 2004, S. 186–193.

Eurostat (2007a): Internet-Nutzung in 2007: Haushalte und Einzelpersonen. Daten kurz gefasst, Ausgabe 23/2007.

Eurostat (2007b): Daten kurz gefasst: Jüngste Entwicklungen auf dem Arbeitsmarkt 2. Quartal 2007, in: http://www.eds-destatis.de/de/downloads/sif/qa_07_021.pdf, 07.02.2008, 13:30Uhr.

Eurostat (2008): Zahl der Mobilfunkteilnehmer (1000), in: http://epp.eurostat.ec.europa.eu/portal/page?_pageid=1996,39140985&_dad=portal&_schema=PORTAL&screen=detailref&language=de&product=Yerlies_new_population&root=Yerlies_new_population/C/C7/ecb10000

Geißler, A. (2003): „Ich hinke etwas der Zeit voraus": Interview mit dem Zeitforscher Karlheinz A. Geißler über die Kosten des Tempowahns und die

Notwendigkeit, Zeit als Wohlstandsindikator zu begreifen, in: http://www.stern.de/lifestyle/reise/509202.html?nv=ct_mt, 15.06.2003.

Hardege, S. / Klös, H.-P. (2008): Der deutsche Arbeitsmarkt im Spiegel der wirtschaftlichen Megatrends, in: Die Zukunft der Arbeit in Deutschland. Megatrends, Reformbedarf und Handlungsoptionen (2008), Institut der deutschen Wirtschaft Köln (Hrsg.),Köln 2008.

Hoppenstedt Holding GmbH (2007): Frauenanteil steigt kontinuierlich: Aber im Top-Management sind Frauen rar, in: http://www.hoppenstedt.de/0503/archiv2007/FI-PM_07-10.htm, 17.04.2007.

Horx, M. (2005): Future Fitness – Wie Sie Ihre Zukunftskompetenz erhöhen. Ein Handbuch für Entscheider, 5. Auflage, Eichborn AG, Frankfurt a. M. 2005.

IAB (2007): Materialsammlung Fachkräftebedarf der Wirtschaft: Ansatzpunkte für Therapien, Arbeitsmarkt für Frauen, Nürnberg 2007.

Kocka, J. (2001): Thesen zur Geschichte und Zukunft der Arbeit. In: Politik und Zeitgeschichte, B21/2001, S. 8–13.

KOF (2010): KOF Globalisierungsindex 2010, Pressemitteilung 22. Januar 2010, KOF Konjunkturforschungsstelle, ETH Zürich, Januar 2010.

Kuhnert, P. (2004): Work Life Balance trotz Arbeitslosigkeit und instabiler Beschäftigung? Paradoxie oder neue Chance?, in: Kastner, M. (Hrsg.) (2004): Die Zukunft der Work Life Balance. Wie lassen sich Beruf und Familie, Arbeit und Freizeit miteinander vereinbaren? Kröning 2004, S. 141–194.

Lack, T. (2004): Wissensmanagement, in: Kremin-Buch, B. / Unger, F. / Walz, H. (Hrsg.): Wissen – das neue Kapital, Managementschriften, Band 6, Sternenfels 2004, S. 9–122.

Lutz, C. (1995): Leben und arbeiten in der Zukunft, München 1995.

Manager-Magazin (2005): Was Studenten über ihre Zukunft denken, in: http://www.manager-magazin.de/koepfe/karriere/0,2828,345522,00.html.

Manager-Magazin (2010a): China schlägt Deutschland, in: http://www.manager-magazin.de/unternehmen/artikel/0,2828,671071,00.html (10.01.2010).

Manager-Magazin (2010b): China entthront Deutschland, in: http://www.manager-magazin.de/unternehmen/artikel/0,2828,670437,00.html (06.01.2010).

Naisbitt, J. (2007): Mind set! Wie wir die Zukunft entschlüsseln, München 2007.

n-tv (2007): Wirtschaftswachstum: HWWI senkt Prognosen, in: http://www.n-tv.de/864492.html, 11.10.2007, 15:30 Uhr.

Opaschowski, H. W. (2002): Wir werden es erleben. Zehn Zukunftstrends für unser Leben von morgen, Darmstadt 2002.

Opaschowski, H. W. (2006a): Das Moses Prinzip. Die 10 Gebote des 21. Jahrhunderts, Gütersloh 2006.

Opaschowski, H. W. (2006b): Deutschland 2020. Wie wir morgen leben – Prognosen der Wissenschaft, 2., erweiterte Auflage, Wiesbaden 2006.

Opaschowski, H. W. (2006c): Einführung in die Freizeitwissenschaft, 4. überarbeitete und aktualisierte Auflage, Wiesbaden 2006.

o.V. (03.07.2003): Entschleunigung: Sehnsucht nach mehr Zeit, in: http:www.stern.de/lifestyle/reise/index.html?id=509985&q=entschleunigung, 03.07.2003.

Prognos AG (2005): Work Life Balance. Motor für wirtschaftliches Wachstum und gesellschaftliche Stabilität. Analyse der volkswirtschaftlichen Effekte – Zusammenfassung der Ergebnisse, Berlin 2005. Online verfügbar unter: http://www.work-life.at/pdf/wlb/0506-Prognos.pdf.

Psychologie heute (2010): Gesellschaft – Die Zukunft wird weiblich! (Titelseite), 37. Jahrgang, Juli 2010, Artikel: Die Zukunft ist weiblich, S. 29–31.

Rump, J. (2010a): Zweigeteilte Arbeitswelt. Die einen müssen in Bewegung bleiben, die anderen die Balance halten. Mitarbeiter sind nicht gleich, in: Süddeutsche Zeitung (2010), 17.05.2010, Nr. 111, S. 18.

Rump, J. (2010b): Tödliche Routine. Zwischen Langeweile und Innovationsdruck: Angestellte leiden unterschiedlich. Nur wenn Vorgesetzte das erkennen, können sie ihnen helfen, in: http://www.sueddeutsche.de/karriere/motivation-von-mitarbeitern-toedliche-routine-1.940054, 27.04.2010.

Rump, J. / Eilers, S. (2005): Employability Management. Ein ganzheitlich-integratives Management-Konzept zur Steigerung der Wettbewerbsfähigkeit von Unternehmen durch Beschäftigungsfähigkeit der Beschäftigten, Abschlussbericht, Ludwigshafen 2005.

Rump, J. / Eilers, S. (2006): Employability im Zuge des demografischen Wandels, in: Rump, J. / Sattelberger, T. / Fischer, H. (Hrsg.) (2006): Employability Management, Wiesbaden 2006, S. 129–148.

Rump, J. / Eilers, S. (2007): So bleiben Ihre Mitarbeiter stets loyal, in: Coaching, Ausgabe 15/2007, S. 4–5.

Rump, J. / Eilers, S. / Groh, S. (2006): Beruf und Familie – Auswirkungen auf die Wirtschaft, Mainz 2006.

Rump, J. / Eilers, S. / Groh, S. (2008): Strategie für die Zukunft. Lebensphasenorientierte Personalpolitik. Ein Leitfaden für Unternehmen zur Bindung und Gewinnung von Mitarbeiterinnen und Mitarbeitern, Mainz, November 2008.

Rump, J. / Schmidt, S. (2004): Lernen durch Wandel – Wandel durch Lernen, Managementschriften, Sonderband 1, Kremin-Buch, B. / Unger, F. / Walz, H. (Hrsg.), Sternenfels 2004.

Rump, J. / Wilms, G. / MWVLW (2006): Wissen ist Zukunft, Wissensbilanz als strategisches Instrument für den Mittelstand, Leitfaden zur Erstellung einer Wissensbilanz in kleinen und mittelständischen Unternehmen, MWVLW (Hrsg.), Bernkastel-Kues 2006.

Schobert, D. B. (2007): Grundlagen zum Verständnis von Work-Life-Balance, in: Esslinger, A. S. / Schobert, D. B. (Hrsg.) (2007): Erfolgreiche Umsetzung von Work-Life-Balance in Organisationen. Strategien, Konzepte, Maßnahmen, Wiesbaden 2007, S. 19–33.

Schuster, A. (2007): Allzeit bereit, in: Die Rheinpfalz am Sonntag, 09.09.2007, S. 3.

Statistisches Bundesamt (2006): Bevölkerung Deutschlands bis 2050: 11. koordinierte Bevölkerungsvorausberechnung, Wiesbaden 2006.

Statistisches Bundesamt (2007a): 4% mehr Studienanfänger im Studienjahr 2007: Pressemitteilung Nr. 502, in: http://destatis.de/jetspeed/portal/cms/Sites/destatis/Internet/DE/Presse/pm/2007/12/PD07__502__213,templateId=renderPrint.psml, 12.12.2007.

Statistisches Bundesamt (2007b): Hochschulen auf einen Blick: Ausgabe 2007, in: http://www.destatis.de/jetspeed/portal/cms/Sites/destatis/Internet/DE/Content/Publikationen/Fachveroeffentlichungen/BildungForschungKultur/HochschulenAufEinenBlick2007__Pdf,property=file.pdf, 07.02.2008, 14:39 Uhr.

Statistisches Bundesamt (2007c): Konjunkturmotor Export: In Statistisches Bundesamt Wirtschaft und Statistik, Ausgabe 5/2007, in: http://www.destatis.de/jetspeed/portal/cms/Sites/destatis/Internet/DE/Content/Publikationen/Querschnittsveroeffentlichungen/WirtschaftStatistik/

Aussenhandel/KonjunkturmotorExport, property=file.pdf, 20.02.2007, 10:20 Uhr.

Statistisches Bundesamt (2007d): Export schafft immer mehr Arbeitsplätze – auch bei Dienstleistern, Pressemitteilung Nr.378 vom 18.09.2007, in: http://www.destatis.de/jetspeed/portal/cms/Sites/destatis/Internet/DE/Presse/pm/2007/09/PD07__378__815,templateId=renderPrint.psml, 25.05.2010.

Statistisches Bundesamt (2009): Bevölkerung Deutschlands bis 2060, 12. koordinierte Bevölkerungsvorausberechnung, Begleitmaterial zur Pressekonferenz am 18. November 2009 in Berlin, Wiesbaden 2009.

TNS Infratest Sozialforschung (2006): Sozio-oekonomisches Panel (SOEP), Erhebung im ersten Halbjahr 2006, in: http://de.statista.com/statistik/diagramm/studie/100/umfrage/berufliche-belastung-durch-zeitdruck/ (25.05.2010)

Werle, K. (2005): Die junge Elite sitzt auf gepackten Koffern, in: http://www.manager-magazin.de/koepfe/karriere/0,2828,346667,00.html.

Wikipedia (06.07.2007, 20:05 Uhr): Globalisierung, Wikipedia – die freie Enzyklopädie, Juli 2006, in: http://de.wikipedia.org/wiki/Globalisierung, 06.07.2007, 20:05 Uhr.

Wirtschaftswoche (2007): Die 10 Megatrends des Jahrhunderts, Wirtschaftswoche, Ausgabe Nr. 7 vom 12.02.2007, S. 22–39.

ZEW (2007a): M&A Report. Berichte zu weltweiten Fusionen und Übernahmen, Zentrum für Europäische Wirtschaftsforschung GmbH (ZEW), Mannheim, Oktober 2007.

ZEW (2007b): M&A Report. Berichte zu weltweiten Fusionen und Übernahmen, Zentrum für Europäische Wirtschaftsforschung GmbH (ZEW), Mannheim, April 2007.

ZEW (2010): ZEW-ZEPHYR M&A-Index, Fusionen und Übernahmen im Jahr 2009 auf Rekordtief – Erholung in 2010 zeichnet sich ab, in: http://www.presseportal.de/pm/50363/1550661/bureau_van_dijk, 26.01.2010.

Zukunftsinstitut (2007): Seminarunterlagen zum Seminar mit dem Titel „Praxis der Trend- und Zukunftsforschung", Kelkheim, am 28.02.07, 9:30 bis 17:30 Uhr.

Zusammenfassung

Die Bedingungen für Wirtschaftsunternehmen in Deutschland verändern sich nachhaltig: Der demografische Wandel, die technologischen Entwicklungen, die Globalisierung, die Wissens- und Innovationsgesellschaft, Frauen, Individualisierung, Nachhaltigkeit und der gesellschaftliche Wertewandel sind einige Megatrends, mit denen wir in den nächsten Jahren und Jahrzehnten konfrontiert werden.

In diesem Kontext bedarf es eines bestimmten Kompetenzprofils, das neben der aktuellen Fachkompetenz auch Schlüsselqualifikationen beinhaltet. „In Bewegung bleiben und in Balance bleiben" sind zudem wichtige Erfolgsfaktoren.

Unternehmen fordern eine solche Kompetenzprofil (Employability) von ihren Beschäftigten. Es gehört demnach zu den Aufgaben von Unternehmen, Beschäftigungsfähigkeit / Employability zu fördern. Als wichtige personalpolitische Ansätze sind Employability Management und die alternsgerechte Personalpolitik zu nennen. Darüber hinaus stehen viele Unternehmen vor der Herausforderung, qualifizierte Mitarbeiter und Führungskräfte zu gewinnen und zu binden. Die Personalmaßnahmen müssen dabei auch den Wertevorstellungen der Arbeitnehmer entsprechen. Um „in Balance zu bleiben" können Instrumente der Gesundheitsförderung und der Vereinbarkeit von Beruf und Lebenssituation hilfreich sein.

Was hält unsere Gesellschaft zusammen? Ethische Grundlagen einer Wirtschaft im Wandel

Dr. Heiner Geißler

Die Weltwirtschaft ist in Unordnung

Politik ist laut Aristoteles das Bemühen, das geordnete Zusammenleben der Menschen zu ermöglichen. Nimmt man diesen Grundsatz als Maßstab für die globale Ökonomie, befindet sich die Weltwirtschaft in einem nahezu chaotischen Zustand und treibt als Teil der politischen Welt die Staatenszene einem Abgrund zu. Wem dies übertrieben vorkommt, der möge sich einmal die Frage stellen, wie es möglich ist, dass eine kleine Automobilfirma wie Porsche durch Spekulation an der Börse so viel Geld – das Vierfache ihrer Sportwagen-Verkaufserlöse – verdienen konnte, dass sie glaubte, den größten Autokonzern der Welt, nämlich VW, aufkaufen zu können. Investmentbanker und Hedgefonds können einzelne Kredite, gute und schlechte, gesunde und faule, zu neuen Wertpapieren bündeln, den sogenannten ABS = Asset-Backed Securities und CDOs = Collateralized Debt Obligations, verkaufen sie ungehindert auf der ganzen Welt und platzieren gleichzeitig noch während der Verkauf läuft, Versicherungswetten (CDS = Credit Default Swaps) auf den Zahlungsausfall dieser Papiere, von denen sie ja wissen, dass sie faul sind. Die Gewinner dieses schmutzigen Spiels waren vor zwei Jahren ca. zehn Großbanken, die sich mehr als 90 Prozent dieses Handels mit einem Volumen von über 200 Billionen Dollar teilten. Und kann man es eigentlich in Ordnung finden, um ein weiteres Beispiel unter Tausend anderen Fakten zu bringen, dass der Normalbürger beim Kauf einer jeden Windel, Kaffeemaschine und Büroausstattung Umsatzsteuer bezahlen muss, die Spekulanten und Devisenhändler ihren täglichen Umsatz von zwei Billionen US-Dollar mit keinem Cent versteuern müssen? Man kann es auch nicht als in Ordnung bezeichnen, dass der amerikanische Supermarkt-Konzern Wal-Mart im Geschäftsjahr 2011 mehr Umsatz – nämlich 420 Milliarden Dollar – erwirtschaftet hat als das Bruttonationaleinkommen von Schweden oder Polen beträgt, und es nur noch eine Frage der Zeit ist, wann dieser Konzern das Bruttoinlandsprodukt von ganz Afrika einkassieren könnte. Diese Auswüchse sind das Ergebnis eines kapitalistischen Wirtschaftssystems, das die Finanzkrise der letzten Jahre produziert hat. Tausende Firmen wurden in den Abgrund gerissen und die Existenzgrundlagen von Millionen Menschen vernichtet. Die kriminellen Praktiken werden inzwischen wieder fortgesetzt, als ob nichts passiert wäre. Es gibt auf diesem globalen Markt keine Gesetze, keine Regeln, keine sozialen Übereinkünfte, es gibt nur ein Ziel: mit Geldgeschäften Geld zu machen. „Die Welt wird vom Geld geprägt, Geld, Geiz, Gier – das sind die drei großen Konstanten" sagte Hilmar Kopper, der frühere Chef der Deutschen Bank im Gespräch mit dem „Spiegel" im Dezember 2011: „Es geht immer und überall nur darum, aus Geld mehr Geld zu machen". Die Devisenmärkte setzen laut „Spiegel" jährlich über tausend (europäische) Billionen Dollar um. Der Wert aller Güter und Dienstleistungen, der auf der Welt produziert bzw. angeboten und gehandelt werden, beträgt dem gegenüber nur 70 Billionen Dollar, knapp 930 Billionen Dollar Umsatz haben also keine Entsprechung in der realen Wertschöpfung der Menschheit.

Der Kapitalismus ist das Ergebnis eines folgenschweren Denkfehlers und ethischen Verfalls. Er hat nämlich den Sinngehalt der Ökonomie zerstört. Der Begriff Ökonomie leitet sich vom griechischen „oíkos", das Haus, her und beschrieb ursprünglich, auf welche Art und Weise die Bedürfnisse des Hauses und seiner Bewohner befriedigt werden sollten, wobei man sehr bald unter „Haus" auch die Gemeinde bzw. das Land verstand. Mit Beginn der Industrialisierung wurde dieser Sinngehalt verändert, ja zerstört. Zwar war die Nachfrage der Menschen und der Gemeinde, im weitesten Sinne später auch der Weltgemeinschaft, immer noch Bestandteil der Ökonomie, aber ihr Ziel wurde plötzlich die Anhäufung von Reichtum um des Reichtums willen, losgelöst vom „oíkos". Der Sinn der Wirtschaft und des Geldes wurde grundsätzlich verändert und der Geldbesitz verabsolutiert. Die Akkumulation des Reichtums überschritt alle Grenzen und Schranken, steigerte sich ins Uferlose und verlor jeden Bezug zur realen ökonomischen Wertschöpfung.

Die fatale Rolle der Politik

In ihrem neoliberalen Privatisierungs- und Deregulierungswahn hat die Politik die Kontrolle über die Finanzwirtschaft aus der Hand gegeben und den Spekulanten und dem Großkapital einen roten Teppich ausgerollt. Doch der Wohlstand, den man sich davon erhoffte, ist für die meisten Menschen ausgeblieben, wenn er sich nicht gar ins Gegenteil verkehrt hat. Tatsächlich geht die Schere zwischen Arm und Reich immer weiter auseinander, während Pleitebanken mit Milliarden gerettet und selbst gescheiterten Bankern Pensionen und Boni in Millionenhöhe gezahlt werden.

In der Finanzkrise wurden die Guthaben von Kleinanlegern weltweit im großen Maßstab vernichtet, aber die Spekulationsgewinner nicht in die Pflicht genommen, um die Folgen abzufedern, und die Verursacher für die Schäden, die sie angerichtet haben, nicht haftbar gemacht. Vielmehr wurden die Verluste kollektiviert und mussten von der Gemeinschaft aller Steuerzahler in Rettungspaketen aufgefangen werden. Statt sich der wahrhaft Bedürftigen anzunehmen, subventioniert die Gesellschaft so auf Umwegen die Superreichen.

Die Bürgerinnen und Bürger haben das Vertrauen in die Politik verloren, weil sie den Eindruck bekommen müssen, dass die Politiker sich nicht mehr fürs Gemeinwohl einsetzen können, zu Getriebenen der Finanzmärkte und zu Erfüllungsgehilfen der Kapitalinteressen geworden sind. Für die Sorgen und Nöte der Menschen haben sie kein Verständnis mehr, von Empathie ganz zu schweigen.

Die Krise der Wirtschaftswissenschaften

Wir haben heute aber nicht nur eine Finanzkrise, sondern auch eine Krise der Wirtschaftswissenschaften. Denn das ökonomische Desaster ist die Folge der Ideologie des Marktradikalismus. Die Menschen leiden erneut unter den Folgen jener 1776 von Adam Smith in die Welt gesetzten Wahnidee, dass die „unsichtbare Hand" des Marktes alle Probleme von selbst löse. An die Stelle des regulativen Ideals des Gemeinwohls sind die Idee des Wettbewerbs und die Ideologie des Wachstums um jeden Preis getreten. Der Markt wurde zum absoluten Gott und das Kapital der die Menschen verhöhnende Götze, jeder ethischen Bindung und Orientierung aus der Menschenwürde spottend, ausgestattet mit dem Recht des Stärkeren, unempfindlich für das Wünschen und Bitten der Schwachen und Armen.

Diejenigen Wissenschaftler und Journalisten, die dieses Wirtschaftssystem seit Jahren öffentlichkeitswirksam gepriesen haben, entpuppen sich heute als ahnungslose, aber nützliche Werkzeuge der Finanzindustrie. Der Schaden, den die Wirtschaftswissenschaftler – von Milton Friedman, Friedrich von Hayek bis zu Herbert Giersch und anderen Hochschullehrern – in den letzten Jahrzehnten angerichtet haben, ist enorm und wird uns noch lange verfolgen. Der Sozialstaat: ein Monster! Sozialer Wohnungsbau, Mindestlohn, gesetzliche Rente: absurd! Für den Staat nur noch die Polizei. Alles andere regelt der Markt, wie die Wochenzeitung „Die Zeit" einmal Friedmans Vision zusammenfasste. Selbst die Gefängnisse sollen privatisiert werden. Ungeachtet der Absurdität dieser Thesen hat ihr Erfinder, der Nobelpreisträger Friedman, über drei Jahrzehnte die Wirtschaftspolitik der westlichen Staaten bestimmt. Auch die Zerstörung der Industrielandschaft Ostdeutschlands durch die Treuhand haben wir dieser Ideologie zu verdanken. Die Nachfolgeorganisation der SED ist deswegen heute noch eine Volkspartei in den neuen Ländern.

Die alte soziale Frage wird zur neuen sozialen Frage

Das heutige Wirtschaftssystem hat sein ethisches Fundament verloren. Ähnlich den Fürsten und Fabrikanten in der Zeit der beginnenden Industrialisierung sind die heute Verantwortlichen offensichtlich unfähig, die unausweichliche Globalisierung der Wirtschaft human zu gestalten und die Spekulanten für die angerichteten Schäden haftbar zu machen. Die „alte soziale Frage", die Arbeiterfrage, ist mittlerweile mit Zeit- und Leiharbeit, Lohn-Dumping, 1-Euro- und Mini-Jobs sowie befristeten Arbeitsverträgen als „neue Soziale Frage" aus den Grüften des Frühkapitalismus auferstanden. Nicht das Gespenst des Kommunismus, vielmehr die Angst geht um in Europa – gepaart mit Wut, Abscheu und tiefem Misstrauen gegenüber den herrschenden Eliten.

Das Spannungsverhältnis zwischen Kapital und menschlicher Arbeit besteht noch immer. Die Kommunisten versuchten es aufzulösen, indem sie das Kapital eliminierten und die Kapitalisten liquidierten. Bekanntlich sind sie damit gescheitert. Der Kapitalismus eliminiert die Arbeit und liquidiert die Menschen an ihren Arbeitsplätzen. Der Kapitalismus ist nicht besser als der Kommunismus. Die Ökonomisierung der Gesellschaft beruht auf einem Wirtschaftssystem, das die menschlichen Werte auf den Kopf stellt. Statt nämlich dem Menschen zu dienen, wird dieser vom Kapital beherrscht und sein Wohl den wirtschaftlichen Interessen geopfert.

Der Kapitalismus als Vernichtungsmaschine

Erdöltransporte in gigantischen Rostlauben, schlecht gesicherte Kernkraftwerke, das Überfischen der Meere, tausend Tonnen Treibhausgase pro Sekunde, das Abholzen der Tropenwälder: eine höchst unvollständige Liste der vermeidbaren Sünden des Kapitalismus. Die mangelnde medizinische Ausstattung vieler Krankenhäuser, fehlende Sicherheitsstandards im Flugverkehr, auf den Straßen, beim Automobilbau und auf der Schiene, denen Hunderte und Tausende von Menschen zum Opfer fallen können, haben ihre Ursache in dem kompromisslosen Streben, auf Kosten der Menschen Geld zu akkumulieren.

Die Ziele des Kapitalismus: die ständige Steigerung der Produktion und des Wachstums, die einseitige Vermehrung des Konsums und die Akkumulation des Kapitals können nur durch die fortschreitende Ausbeutung der Menschen, der Erde, ihrer Bodenschätze, ihrer Ackerflächen, ihrer Wälder, ihres Wassers, durch die Zerstörung der Artenvielfalt und der Ökosysteme erreicht werden. Wie sagt Mephisto zur Wahnidee Fausts, das Meer durch einen riesigen Kanal zu zähmen und dafür Menschenopfer in Kauf zu nehmen? „… und auf Vernichtung läuft's hinaus“: der Kapitalismus als die moderne Vernichtungsmaschine.

Notwendige ethische Grundlagen

Unter den Bedingungen des jetzigen Wirtschaftssystems ist ein geordnetes Zusammenleben der Menschen – wie von Aristoteles gefordert –

nicht möglich. Was ist aber die richtige Ordnung? Die Philosophen aller Zeiten haben sich bemüht, darauf eine Antwort zu geben – zuletzt Kant mit dem kategorischen Imperativ, der sich in unterschiedlichen Formulierungen auch bei Konfuzius und in der Bibel wiederfindet: „Handle nur nach derjenigen Maxime, durch die du zugleich wollen kannst, dass sie ein allgemeines Gesetz werde." Er gibt leider wegen des ihm innewohnenden Subjektivismus keine endgültige Antwort. Das Problem ist grundsätzlicher und tiefgründiger. Es geht um die Frage: „Was oder wer ist ein Mensch?"

Die Antwort ist in der Menschheitsgeschichte höchst umstritten. Karl Marx sagt in einer seiner frühen Schriften sinngemäß, der Mensch, wie er geht und steht, sei nicht der eigentliche Mensch, sondern er müsse das richtige gesellschaftliche Bewusstsein haben und der richtigen Klasse angehören. Bei den Nazis musste er die richtige Rasse haben, bei den Nationalisten dem richtigen Volk angehören. Die Fundamentalisten verlangen, dass der Mensch die wahre Religion hat, sonst wird er ausgepeitscht wie in Saudi-Arabien oder auf dem Scheiterhaufen verbrannt wie bei uns vor 400 Jahren. Bei anderen Fundamentalisten muss der Mensch das richtige Geschlecht haben, er darf keine Frau sein, sonst ist er von vornherein ein Mensch zweiter Klasse.

Wenn Menschen das Pech haben, zur falschen Klasse, Rasse, Nation, Geschlecht, Religion zu gehören, dann werden sie erschossen, vergast, gesteinigt, zu Tode gefoltert oder sonstwie umgebracht. So war es früher, so ist es heute. Falsche Menschenbilder sind die Ursache für die schlimmsten Verbrechen, für die größten politischen Fehlleistungen, die sich die Menschheit geleistet hat und immer noch leistet. Dies gilt heute auch für die Wirtschaft.

Das richtige Menschenbild

Offenkundig ist die Frage nach dem Menschenbild von entscheidender politischer Bedeutung. Das richtige Menschenbild kann aber keine „entschärfte" Variante der falschen Menschenbilder, sondern muss deren Gegenteil sein.

Der Mensch, wie er geht und steht, ist der „eigentliche Mensch“, in seiner Würde unantastbar, unabhängig von Rasse, Hautfarbe und Geschlecht. Das hat Folgen: Die Erwachsenen von heute beispielsweise dürfen nicht so leben, dass sie die Menschenwürde derer verletzen, die nach ihnen kommen, indem sie die Natur zerstören. In England erhalten Menschen, die älter sind als 80 Jahre, keine Bypass-Operation, kein künstliches Hüftgelenk, und sie werden nicht zur Dialyse zugelassen, es sei denn, sie haben genug Geld, um diese medizinischen Leistungen aus der eigenen Tasche zu bezahlen. In den Vereinigten Staaten haben 45 Millionen Menschen keine Krankenversicherung, was im US-Präsidentschaftswahlkampf 2012 eine entscheidende Rolle spielt. Eine Zwei-Klassen-Medizin gibt es inzwischen auch in Deutschland. Es ist eine neue Kategorie der Verletzung der Menschenwürde entstanden: arm, krank und alt. Der Mensch wird zum Kostenfaktor. Er gilt umso mehr, je weniger er kostet und umso weniger, je mehr er kostet.

Wir sind die Zeitzeugen einer durchgehenden Ökonomisierung der gesamten Gesellschaft, vor allem im Gesundheits- und Bildungswesen. Natürlich müssen Bildung und Gesundheit bezahlt werden. Wir brauchen aber für beide Bereiche nicht weniger, sondern mehr Geld. Dies ist jedoch kein grundsätzliches Problem, denn es gibt, wie wir sehen, auf der Erde Geld wie Heu – es haben nur die falschen Leute.

Viele haben sich die Frage gestellt, ob Krawalle wie in England im August des Jahres 2011 auch bei uns in Deutschland möglich sind. Inzwischen ist klar geworden, dass sich bei diesen Gewalttätigkeiten nicht nur kriminelle Energie entladen hat, sondern die sozialen Veränderungen in England in den letzten zwei Jahren eine solche Explosion geradezu herbeigeführt haben.

Jeder fünfte Jugendliche auf unserem Kontinent hat keinen Arbeitsplatz. In Italien betrug die Jugendarbeitslosigkeit im November 2011 laut EUROSTAT 30 Prozent, in Frankreich 24, in Polen 28, in Griechenland 46, in Irland 29, in der Slowakei 35 und in Spanien fast 50 Prozent. Noch höher liegt die Quote in Nordafrika von Syrien bis Marokko: zwischen 50 und 60 Prozent. Die Revolutionen dort werden vor allem von jungen Menschen getragen, die keine Zukunft mehr sehen. Bei uns wird offenbar gewartet, bis es auch hierzulande losgeht.

Diese jungen Menschen brauchen eine faire Lebenschance. In Europa könnten wir das Problem sogar relativ leicht lösen. Für ein europäisches Bildungs- und Investitionsprogramm bräuchten wir ungefähr 40 Milliarden Euro. Genau diese Summe ergäbe sich, wenn die Europäer endlich ohne Rücksicht auf den Londoner Finanzplatz eine von den G20-Staaten schon beschlossene internationale Finanztransaktionssteuer von 0,01 Prozent auf alle Geldgeschäfte einführten, die tagtäglich in einer Größenordnung von über zwei Billionen Dollar getätigt werden. Eine solche Steuer würde weltweit 350 Milliarden Dollar ergeben, womit alle Milleniumsziele der UNO finanziert werden könnten.

Es zeigt sich, dass ein Fundamentalismus ganz besonderen Kalibers Milliarden Menschen auf dieser Erde bedroht, nämlich eine absolutistische Ökonomie, die alle humanen Errungenschaften und Hoffnungen der Aufklärung endgültig zu vernichten scheint. Wenn ihr keine Grenzen gesetzt werden, wird sie die in 200 Jahren entwickelte Zivilisation, die Kommunismus und Nationalsozialismus mühsam überlebt hat, zuschanden machen.

Die Realisierung der Grundwerte

Die Botschaft der Nächstenliebe ist die Grundlage der Zivilisation. Doch sie wird missverstanden und lächerlich gemacht. In Leitartikeln in den Wirtschaftsteilen der großen Zeitungen wird gefragt, was Nächstenliebe und Solidarität in einer modernen globalen Welt zu suchen hätten.

Vor 2.000 Jahren schon stellte ein Pharisäer dem, wie die FDP sagen würde, Gutmenschen Jesus die Frage: Sag mal, Rabbi, wer ist denn der Nächste? In der Geschichte aus dem Wadi el Kelt, mit der Jesus antwortet, wird ein Jude ausgeraubt und schwer verletzt, von den vorbeigehenden Priestern und Leviten liegen gelassen, aber von einem Samariter gerettet. Für Jesus ist nicht der Verletzte der Nächste, sondern der Mann aus Samaria ist der Nächste für den Überfallenen. Hier liegt der Schlüssel für die Antwort auf die Frage nach der ethischen Grundlage der Politik und damit der Wirtschaft: Solidarität bedeutet nicht allein Barmherzigkeit, Adveniat und Brot für die Welt, sondern ist eine für alle, also auch für die Gemeinschaft, für den Staat und die Unternehmen geltende Pflicht, denen zu helfen, die in Not sind, Strukturen zu schaffen, die verhindern, dass Menschen in Not geraten. Solidarität als wesentliches Element der Wirtschaftsordnung war die Substanz der erfolgreichsten Wirtschafts- und Sozialphilosophie der Wirtschaftsgeschichte, nämlich der Sozialen Marktwirtschaft. Solidarität ist nicht Gutmenschentum, sondern ist neben Wettbewerb und Eigentum verpflichtende Struktur einer Marktwirtschaft.

Die weltweite Solidarität ist eine realisierbare Utopie, und sie scheitert nicht an einer rein quantitativen Unmöglichkeit, ihr zu entsprechen. Denn wer nicht in Not ist, dem muss man nicht helfen. Dies ist der Raum für Eigeninitiative, Eigenverantwortung, für private Kompetenz bei den Risiken des Lebens und die Chance für verantwortliches unternehmerisches Handeln.

Die solidarische Grundsicherung ist auch Voraussetzung für die Finanzierung dieser Ordnung. Das kapitalistische Prinzip: jeder sorgt für sich selber, produziert Armut, Kriminalität, Analphabetentum und Verelendung für Millionen Menschen. Nicht die USA oder England sind Vorbilder, sondern die Schweiz in der Rentenversicherung. Alle zahlen von allem für alle: der Millionär von seinen Kapitaleinkünften, der Gemeinderat von seinen Sitzungsgeldern, der Arbeitnehmer vom Lohn. Die Beitragssätze sind niedrig, die Renten hoch, das System ist finanzierbar, denn das Modell realisiert den plausiblen Grundsatz, dass die wirtschaftlich Stärkeren zur Solidarität mehr beitragen müssen als die wirtschaftlich Schwächeren. Diese ethisch begründete Solidaritätspolitik ist ökonomisch unschlagbar und allen anderen Finanzierungssystemen überlegen.

Eine humane, ökologisch nachhaltige zukünftige Weltwirtschafts- und Friedensordnung kann von der Utopie zur Realität werden, wenn sie auf diesen ethischen Fundamenten aufgebaut wird: dem uneingeschränkten Schutz jedes Menschen, der dienenden Funktion des Kapitals, der Pflicht, denen zu helfen, die in Not sind, wobei die Stärkeren mehr beitragen müssen als die Schwächeren. Dieses ethische Konzept hat den weiteren Vorteil, dass es konsensfähig ist über ethnische, religiöse, nationale Grenzen hinweg und das Fundament bildet für eine neue Weltwirtschaftsordnung: eine Internationale Öko-Soziale Marktwirtschaft.

Andere Kulturen, andere Sitten? Kulturrelativismus, Multikulturalität und Menschenrechte

Prof. Dr. Bassam Tibi

Migration: Unvereinbare Kulturen unter einem Dach

Die Frage der Universalität der individuellen Menschenrechte betrifft nicht nur ferne Länder wie Iran, Syrien und den Sudan, sondern auch das eigene Haus – sprich Europa –, in dem immer mehr Menschen aus fremden, oft vormodernen Kulturen als Migranten leben. Wie kein anderes Ereignis der neueren Zeit hat die Rushdie-Affäre die Problematik dieses Sachverhalts vor Augen geführt. Worin besteht nun dieser Zusammenhang?

Gleich im Vorwort zu meinem Buch „Im Schatten Allahs. Der Islam und die Menschenrechte" habe ich in einer Kombination von zwei Mottos einen Zusammenhang aufzeigen und bei der Anführung der islamisch-orthodoxen Lehrmeinung Ibn Taimiyyas (»Der Sultan ist der Schatten Allahs auf Erden«) und des Leitartikels von Klaus Natorp (»Ein neues Zeitalter der Völkerwanderungen hat begonnen«) einen Schwerpunkt setzen wollen. Die Argumentation meines Buches läuft darauf hinaus, dass Migranten Staats- und Gesellschaftsauffassungen aus ihren vormodernen Kulturen mitbringen und deren Beachtung fordern.

In England lebende Muslime verlangen z. B. das Verbot eines Romans, dessen Autor, so religiös anstößig sein Werk auch sein mag, doch die Meinungsfreiheit als Grundrecht genießt. Muslime fordern somit die Einführung einer Zensur, die die Religionsfreiheit verleugnet. Die Zensur blieb aus, weil die britische Rechtskultur es der britischen Regierung verbietet, auf entsprechende Forderungen der Migranten einzugehen. Die eigene europäische politische Kultur der Moderne wiegt mehr und ist verbindlicher als die Rücksicht auf die vormodernen Kulturen der Migranten. Ist das nun Rassismus?

Aus Protest gegen die rechtsstaatlich-demokratische Entscheidung, nicht gegen Rushdie vorzugehen, verbrannten muslimische Migranten in Bradford daraufhin symbolisch die Bücher von Rushdie. Ich habe bereits deutlich gemacht, dass ich weder für Rushdies Werk noch für seine Person eintrete, wohl aber für seine Meinungsfreiheit. Wenn nun seine Bücher verbrannt werden, dann scheint mir die Toleranzgrenze weit überschritten. In meinem Vorwort zum Ausstellungskatalog des Künstlers Botond, der durch verschweißte Bücher als Buchskulpturen die verbrannte klassische Bibliothek von Alexandrien symbolisch rekonstruieren möchte, habe ich ausgeführt:

»Das Buch ist ein Symbol des menschlichen Geistes, und es verkörpert somit die Bedeutung der Menschenwürde als Ausdruck des Gedankens. Barbaren haben in der Vergangenheit ebenso wie in der Gegenwart – ihre Missachtung der Menschenwürde stets durch die Art ihres Umgangs mit dem Buch verraten. Die Verbrennung der Bibliothek von Alexandrien steht urgeschichtlich symbolisch hierfür. Die Verachtung des menschlichen Geistes, dessen Produkte sich in einem Buch niederschlagen, ist stets mit der Verneinung der Menschenwürde gleichzusetzen.«[1]

In der islamischen Geschichte hat es im Gegensatz zur christlichen Geschichte, in der Menschen wie Giordano Bruno verbrannt wurden, zwar keine Menschenverbrennungen, wohl aber Bücherverbrennungen gegeben: Die Werke der großen islamischen Rationalisten, Averroes und Avicenna, aber auch die der großen Mystiker wie Ibn al-Arabi, wurden verbrannt. Wie ich im Verlaufe dieses Kapitels im Anschluss an Ernst Bloch zeigen werde, steht Bücherverbrennung jedoch stellvertretend für die Verbrennung eines Menschen. Zeitgenössische islamische Fundamentalisten belassen es nun jedoch nicht mehr bei der symbolischen Handlung; sie holen das nach, was schon die Christen vor ihnen getan haben: Am 2. Juli 1993 wurden in der türkischen Stadt Sivas 36 dort tagende türkische Schriftsteller und Dichter bei lebendigem Leibe verbrannt.[2] In der Islam-Diaspora wagen die Funda-

---

[1] B. Tibi, Vorwort zu Botond, *Bibliothek. Ein Rauminstallations-Projekt 1987-1993*, Galerie Schreiter, Nürnberg 1993.

[2] Wolfgang G. Lerch, Die Stadt der toten Dichter. Islamische Fundamentalisten in Sivas, in: *Frankfurter Allgemeine Zeitung* vom 6.Juni 1993.

mentalisten so etwas noch nicht, sie begnügen sich zunächst, wie im Falle Rushdies, mit der Verbrennung von Büchern. Darf man solch ein Verhalten aus Respekt vor anderen Kulturen tolerieren?

Gegen die universelle Gültigkeit der Menschenrechte sowie gegen die ihnen zugrunde liegenden Normen und Werte der kulturellen Moderne argumentieren Kulturrelativsten. Der Begriff Kulturrelativismus scheint mir jedoch nichts anderes als eine akademisch-hochgestochene Begriffsbildung für die Binsenweisheit »Andere Länder, andere Sitten« zu sein. Ein deutsch-ungarischer Orientalist, der als geistig bescheidener Philologe nicht viel von den sprachlich komplizierten Werken kulturanthropologischer Theoretiker, die diesen Begriff geprägt haben, versteht, brachte einst in einer öffentlichen Diskussion seine Common-sense-Auffassung dieses Prinzips, das gegen die Universalität der Menschenrechte gerichtet ist, folgendermaßen zum Ausdruck:

»Eine Einschränkung der Staatsgewalt durch die Grundrechte, wie bei uns, ist im Islam nicht möglich ... Wenn sich Herr Tibi dafür einsetzt, dass das Recht säkularisiert werden soll, um die Etablierung der Menschenrechte im islamischen Orient zu erreichen, dann bin ich dagegen. Um es drastisch zu sagen: Wenn es den Muslimen gefällt, den Dieben die Hand abzuschneiden, sollen sie es tun.«[3]

Nun leben diese Muslime, für die dieser Orientalist nur Geringschätzung zu empfinden scheint, unter den Europäern. Sollte man ihnen also im Namen der Toleranz zugestehen, ihre Sitten und Bräuche, die nicht im Einklang mit Demokratie und individuellen Menschenrechten stehen, auch in Europa zu praktizieren? Um es ähnlich drastisch zu formulieren: Soll auch in Europa den Dieben die Hand abgeschnitten und sollen Ehebrecherinnen gesteinigt werden? Zur Beantwortung dieser Frage erweist sich noch einmal ein Blick auf die Rushdie-Affäre als sinnvoll.

Ein britischer Autor, der von einem weit höheren Kaliber ist als der von Allah geistig schlecht ausgestattete, hier zitierte Orientalist, trat auf einem

---

[3] Vgl. den Beleg in Anm. 9 unten.

Höhepunkt der Rushdie-Affäre für die Rechte der Migranten in Europa ein, zu denen er scheinbar auch das Verbrennen von Büchern als Ausdruck des Protestes zählt. In seinem auch ins Deutsche übertragenen Buch »Erben des Hasses«[4] greift der Autor, der uns inzwischen schon bekannte Richard Webster, historisch weit zurück. Ähnlich wie islamische Fundamentalisten zeichnet er die Linien des Hasses zwischen beiden Zivilisationen von der Zeit der Kreuzzüge bis hin zu unserer Gegenwart nach, wobei – seiner Auffassung nach – der europäische Einsatz für Menschenrechte in der Tradition der Anfeindung des Islam steht.

Mich interessiert in diesem Zusammenhang Websters Auffassung von Multikulturalität als Ausdruck der relativierten Werte und Normen. Die Rushdie-Affäre sei – so schreibt er – ein Beispiel für die »Probleme, die in jeder multikulturellen Gesellschaft auftauchen können, wenn das Pulverfass Religion ... angezündet wird« (S. 12). Nun gehört Religionskritik im Rahmen der kulturellen Moderne, die jede überlieferte Tradition reflexiv macht, d. h. dem menschlichen Denken unterwirft, zu den in Europa erkämpften Rechten. Die islamischen Fundamentalisten, die unter den Migranten in England leben, versuchten während der Rushdie-Affäre, sowohl mit den Mitteln der Bombendrohung als auch der Bücherverbrennung ihre Kultur von diesem Recht auszunehmen, wohlbemerkt in England und nicht in einem islamischen Land. Webster, der mit seinem Relativismus eines banalen Multikultur-Verständnisses das Recht auf Meinungsfreiheit als einen europäischen Fetisch in Frage stellt, verhöhnt die europäischen Intellektuellen, die gegen die genannten Versuche islamischer Migranten eintraten und Rushdie verteidigten, sie »glaub(t)en, ihr eigenes >heiliges< Recht auf freie Meinungsäußerung würde angetastet oder zunichte gemacht« (S. 42.). Den Kampf für Grundrechte nennt Webster »den heiligen Krieg« der liberalen Intellektuellen und setzt ihn kulturrelativistisch auf eine Ebene mit dem »*Djihad*« (Heiliger Krieg) eifriger Muslime nach dem Prinzip: Meinung gegen Meinung! Das ist grotesk!

---

[4] Richard Webster, *Erben des Hasses. Die Rushdie-Affäre und ihre Folgen*, München 1992; um die Anmerkungen in Grenzen zu halten, gebe ich die Seitenzahlen aus dieser Schrift im Text im Anschluss an das jeweilige Zitat in Klammern an.

Verteidigung der Menschenrechte – ein »Rassismus«?

Warum gab es in Deutschland während der Rushdie-Affäre keine den englischen vergleichbare Auswüchse? Webster hat sogleich eine Antwort darauf: Die aus Pakistan kommenden, in England lebenden Muslime sind britische Staatsbürger und befinden sich somit »in einer ungleich gesicherteren Lage als die meisten in Deutschland lebenden türkischen Muslime. Sie haben mehr Selbstbewusstsein entwickelt und stellen größere politische Ansprüche« (S. 12). Zu diesen Ansprüchen gehört auch die nach dem Erscheinen des Webster-Buches erfolgte Gründung eines islamischen Parlaments in London.

Der für die Tötung Salman Rushdies eintretende Sprecher der muslimischen Gemeinde in London, der aus Pakistan stammende britische Bürger Kalim Siddiqi, hat bei der ersten Sitzung jenes islamischen, alternativ zu Westminster gegründeten Parlaments bekundet:

»Die muslimische Gemeinschaft / *Umma* Großbritanniens bildet ein eigenes politisches System, welches Anrecht auf einen Platz unter den wichtigsten Institutionen des Landes hat.«[5]

Die Neue Zürcher Zeitung, die über diese Parlamentsgründung berichtet hat, kommentiert in dem zitierten Bericht, dass Siddiqi »den nicht anders als totalitär zu nennenden Anspruch (erhebt), wonach hier künftig sämtliche Entscheidungen über die islamische Gemeinschaft getroffen werden sollen«. Natürlich gehört zu diesen Entscheidungen auch die Hinrichtung Salman Rushdies! Denn die *Fetwa* des Ayatollah Khomeini sei, in Siddiqis Worten, bindend für alle Muslime:

»Die Fetwa ist lediglich ein Todesurteil nach göttlichem Recht: wir schlagen zurück, manchmal schlagen wir als erste zurück.«[6]

---

[5] Zit. nach dem Bericht: Ein muslimisches Parlament in London, in: *Neue Zürcher Zeitung* vom 6.Januar 1992.

[6] Siddiqi zit. nach der Chronologie in: Thierry Chervel (Hg.), *Redefreiheit ist das Leben. Briefe an Salman Rushdie*, München 1992, S.125.

In einem offenen Brief an die damalige britische Premierministerin M. Thatcher schrieb der sich als britischer Staatsbürger – »gesichert mit Selbstbewusstsein« (Webster) – fühlende pakistanische Fundamentalist Kalim Siddiqi, er habe »für die Verteidigung des Islam in Großbritannien zu kämpfen« (wie Anm. 6). Auch das ist multikulturelle Gesellschaft!

Mir als in der Tradition der Aufklärung stehendem Muslim fällt es äußerst schwer, Verständnis für den oft oberflächlichen Multikultur-Gestus der europäischen, zivilisationsüberdrüssigen Kulturrelativisten zu entwickeln, für die ich hier stellvertretend Richard Webster zitiere. Webster romantisiert nicht nur die Bücherverbrennungen von Bradford als Sitte einer anderen Kultur, er meint außerdem, in diesen Verbrennungen den Versuch der Muslime von Bradford zu erkennen, »auch Liebe zum Ausdruck zu bringen ... Liebe zum Islam und zum Propheten« (S. 165). Also müsse man Verständnis für diese Handlung aufbringen; man dürfe sie nicht mit Bücherverbrennungen der Nazis vergleichen, weil »dieser Vergleich ungerecht ist«. Denn hier handle es sich – so Webster – um »Opfer des Rassismus«, die ihre »Wut über ihre eigene Frustration zum Ausdruck bringen« (S. 164f.). Für den Kulturrelativisten Webster gilt es als Rassismus, wenn das Recht auf Meinungsfreiheit höher gewichtet wird als das Recht auf eigene Sitten und Bräuche der Migrantenkultur. Mit der Instrumentalisierung des »Rassismus«-Vorwurfs aber erhalten die Migranten einen Freibrief, der ihnen alles ermöglicht. Schließlich ist dann jede Kritik an ihnen nichts anderes als »Rassismus«.

Für Kulturrelativisten dürfen in einer multikulturellen Gesellschaft Werte und Normen keinen absoluten Charakter haben – auch nicht die der Menschenrechte. Webster nennt die Verteidiger einer säkularen Demokratie »Fundamentalisten ohne Glauben« und unterstreicht seinen eigenen Glauben an diese Auffassung: »Diese Form des Fundamentalismus, ohne Glauben, ist letztlich gefährlicher als irgendeine Form des religiösen Fundamentalismus« (S. 86). Kurzum: Europäer müssten, um nicht »Rassisten« zu sein, Kulturrelativisten werden. Hierbei versteckt sich aber der Absolutheitsanspruch der anderen, des islamischen Fundamentalismus, hinter der Maske des Kulturrelativismus. Mir als Muslim, der in einer Kultur des Prinzips »Auge um Auge, Nase um Nase, Ohr um Ohr, Zahn um Zahn« (Koran 5/44) aufgewachsen ist, ist diese Logik der selbstlosen christlichen, hier wohl säkularisierten, Nächstenliebe äußerst fremd. Muslimischen Fundamentalisten in England jedenfalls sind Leute wie Richard Webster als nützliche Wasserträger willkommen – auch wenn sie sie zugleich sehr tief verachten.

Kulturrelativist zu sein und gleichzeitig inkonsistent für den Respekt vor dem »religiösen Absolutheitsanspruch« (Webster, S. 71) der Fundamentalisten als kultureller Norm der anderen einzutreten, diese dann aber mit der »Unnachgiebigkeit und dem Eifer« der Verteidiger der Meinungsfreiheit auf die gleiche Stufe zu setzen (ders., S. 85), heißt nichts anderes, als die undemokratischen, vormodernen Sitten und Bräuche einer anderen vormodernen Kultur unter dem Deckmantel des Kampfes gegen »Rassismus« aufzuwerten. Ihre Gleichsetzung mit der kulturellen Moderne ist folgenreich für die Demokratie. Sie bedeutet nichts anderes als die Selbstpreisgabe der europäischen Gesellschaften unter Bedingungen der Völkerwanderungen nach Europa, das nach dieser Logik, unter Aufgabe seiner eigenen kulturellen Identität, nur noch eine geographische Bezeichnung für ein Gebiet der vielfältigsten Sitten und Bräuche sein wird. Das wäre, um den Titel dieses Buches zu vergegenwärtigen, der Schatten Allahs auf Europa. Genau dies ist die praktische Folge des Kulturrelativismus und seines Fetischs von der multikulturellen Gesellschaft. Er fordert Toleranz gegenüber Intoleranz und macht sich somit ungewollt zum nützlichen Handlanger der Fanatiker aus vormodernen Kulturen unter den Migranten, die sich gegen die Integration in die kulturelle Moderne der europäischen Gesellschaften erheben.

Wer aber dafür eintritt, dass die Migranten die Kultur des Gastkontinents – wenn ich Europa noch so umschreiben darf – respektieren müssen, setzt sich dem Vorwurf des Rassismus aus. Euro-Rassismus[7] ist das neue Etikett und der Kampfbegriff für die Inkriminierung all derer, die die Gleichsetzung vormoderner Kulturen mit der kulturellen Moderne in Europa ablehnen. Werner Fuld hat in seiner geistreichen Rezension der Schrift von Richard Webster ausgeführt, dass er sich durchaus für einen kulturellen Pluralismus einsetze. Er differenziert jedoch:

---

[7] Vgl. stellvertretend für diese Denkrichtung Chr. Butterwegge/S. Jäger (Hg.), *Rassismus in Europa*, Köln 1992; dazu auch die FAZ-Rezension von W. Kowalsky vom 4. Mai 1993.

»solcher Pluralismus hat freilich nichts gemein mit dem Relativismus eines banalen Multi-Kultur-Verständnisses, das jede fremde Kultur aus ihren Ursprüngen und Bedingungen akzeptieren will. Dies führt nämlich sehr rasch zu der Paradoxie, dass im Namen der eigenen Scheintoleranz jede andere Intoleranz für legitim erklärt wird. So überlässt man einen inkriminierten Autor wie Rushdie mit gutem multikulturellen Gewissen seinen mörderischen Verfolgern. Ebenso grotesk und gefährlich (ist) das Buch des Briten Richard Webster, der den Vorwurf des intoleranten Kulturimperialismus erhoben hat.«[8]

Die multikulturelle Argumentation von Webster wird dort noch absurder, wo die Verteidiger der Menschenrechte auf dieselbe moralische Ebene gestellt werden wie die religiösen Fundamentalisten, ja als »gefährlicher« (Webster, S. 86) eingestuft werden. Ebenso abstrus mutet seine Überzeugung an,

»dass wir nicht in einer freien Gesellschaft leben und nicht generell das Recht auf freie Meinungsäußerung haben ... Es wäre völlig falsch, einen absoluten Unterschied zwischen einer totalitären Gesellschaft und einer Demokratie zu sehen« (S. 68f.).

Sind diese multikulturellen Grotesken ein Ausdruck der Krise der Moderne? Nicht-Europäer sind der Auffassung, der Westen befinde sich kulturell in einem Prozess des Niedergangs und führen diese und ähnliche Selbstverleugnungen der Europäer als Beleg hierfür an.

Die Krise der Moderne ist eine Sinnkrise, die eng damit zusammenhängt, dass die Moderne als »unvollständiges Projekt« (Habermas) einzuordnen ist. Damit meint Habermas, der Autor des *Philosophischen Diskurses der Moderne*, dass die Moderne, so emanzipatorisch sie auch sein mag, ihren Ansprüchen nicht vollständig nachgekommen ist. Man kann jedoch anders verfahren und den Hinweis auf die Mängel der Moderne als Legitimation dafür verwenden, sich von ihr abzuwenden, ja ihren Werten in einer in

[8] Werner Fuld, Die Wahrheit in Stücken, in: *Frankfurter Allgemeine Zeitung* vom 17. November 1992.

Mode gekommenen, sprich postmodernen, Manier abzuschwören. Manche nennen solche Moden Postmoderne, ich dagegen nenne sie Rückfall hinter die Errungenschaften der Moderne, also Prämoderne. Zu einem solchen Rückfall gehört – meiner Ansicht nach – der Kulturrelativismus, den ich mit der Formel »Andere Kulturen, andere Sitten« umschreibe. Wenn im islamischen Sudan Frauen durch Beschneidung ihrer Klitoris in ihrer Sexualität entmündigt werden, dann ist das für Kulturrelativisten keine Verletzung des Menschenrechts auf körperliche Unversehrtheit, sondern schlicht ein Ausdruck anderer Sitten, vergleichbar der inhumanen Verschleierung der Frauen. Um nicht als »Rassist« zu gelten, schweigt mancher über diese Verletzungen von Menschenrechten. In Wirklichkeit bedeutet Kulturrelativismus jedoch nicht Toleranz gegenüber anderen Kulturen, sondern moralische Trägheit und Entlastung von jeglicher Verantwortung, etwa für die Verletzung von Menschenrechten. Die multikulturelle, kulturrelativistische Toleranz mündet konsequenterweise darin, die vormoderne Intoleranz hoffähig zu machen. Multikulturalität ist ein anderer Ausdruck für kulturelle Selbstverleugnung und ethische Gleichgültigkeit.

In Bezug auf unsere Thematik stellen sich zunächst zwei zentrale Fragen: Sollten Europäer im Fall Rushdie die Normen und Werte der islamischen Zivilisation dulden, denen zufolge über denjenigen, der sich vom Glauben abwendet, die Todesstrafe per Lynchjustiz als göttliches Urteil verhängt wird? Muss ein Europäer dies als Ausdruck anderer Sitten im Rahmen der Relativierung der Werte respektieren? Zum zweiten ist zu fragen, ob auch die andere Seite so denkt, ob also die Vertreter des politischen Islam, die islamischen Fundamentalisten, eine solche kulturrelativistische Denkweise für sich gelten lassen.

Bei der Formulierung dieser Fragen fühle ich mich unter den gegenwärtigen Bedingungen der politischen Kultur Deutschlands gezwungen, meine Gedanken, die diesen höchst sensiblen Gegenstand betreffen, nur vorsichtig und mit leiser Stimme zu äußern. Ich frage mich, ob wir es noch wagen können, die Verfolgung der islamisch-kritischen Intellektuellen durch islamische Fundamentalisten (vgl. meinen *FAZ-Text* »Mordliste islamischer Fundamentalisten« vom 23. Nov. 1993) als eine Verletzung von Menschenrechten einzustufen. Europäische Kulturrelativisten neigen dazu, unter dem

Gesichtspunkt der Relativierung der kulturellen Werte Toleranz gegenüber anderen Kulturen zu predigen, auch wenn deren Angehörige Bücher verbrennen. Es ist oft merkwürdig inkonsistent, wie absolut Kulturrelativisten werden, wenn sie mit Menschen diskutieren, die ihren »Glauben« nicht teilen. Es ist wichtig, hier festzuhalten, dass der Kulturrelativismus eine europäische Idee der Postmoderne ist. Islamische Fundamentalisten sind weder Kulturrelativisten noch Postmodernisten; sie kritisieren nicht das Prinzip der Universalität als solches, sondern nur, dass diese Universalität europäisch geprägt ist. Ihre Alternative ist ihre eigene Vorstellung von Universalität: *Pax Islamica* als Weltbeglückung! Die Kulturrelativisten haben also mit ihren Predigten bei den islamischen Fundamentalisten nicht viel zu gewinnen – andere Leute, andere Sitten!

Europäischer Orientalismus – eine Spielart des Kulturrelativismus

Der bereits zitierte Orientalist, von dem man unvoreingenommen erwartet, ein Kenner des Islam zu sein, bedient sich, ohne es zu wissen, offenkundig kulturrelativistischer Argumente, wenn er hervorhebt: »Im Islam besitzt der Mensch per se keine Rechte ... Ich bin dagegen, dass unsere Rechtsvorstellungen aus unserem Bereich herausgenommen und uminterpretiert werden.« Er fährt fort, dass er aus Respekt vor der islamischen Eigenart gegen die »Etablierung der Menschenrechte im islamischen Orient«[9] sei. In islamischer Sprache formuliert, könnte man diese Meinung ironisch als eine »orientalistische *Fetwa*« oder, säkular umschrieben, als westlichen Orientalismus bezeichnen – um noch einmal diesen von Edward Said eingeführten Begriff zu benutzen, der die arrogante und zugleich beschränkte Sicht westlicher Orientalisten und Islamwissenschaftler über den Orient bezeichnet, ganz gleich, ob sie in Form von Abneigung (Phobie) oder verordneter Fremdenliebe (Philie) vorgetragen wird.[10] Beide sind nur zwei Seiten derselben Medaille. Die offene Islamophobie früherer deutscher Islamwissenschaftler

---

[9] Miklos Murany , in: »Die Menschenrechte im Islam«, Streitgespräch zwischen A. Falaturi, B.Tibi und M. Murany, veröffentlicht in: Gerhard Schult (Hg.), *Islam. Herausforderung an West und Ost*, Altenberge 1981, S. 68-98, hier S.73 und 75.

[10] Vgl. Edward Said, *Orientalism*, New York 1979 und dazu B. Tibi, Orient und Okzident. Anmerkungen zur Orientalismus-Debatte, in: *Neue Politische Literatur* , Bd. 29 (1984), S. 267-286.

ist heute durch die romantisierende Islamophilie jüngerer Arabisten abgelöst worden, die, wie Bernard Lewis schön sagt, bestenfalls die »restaurant and hotel requirements« bei der Benutzung der arabischen Sprache, der lingua franca des Islam, beherrschen.

Obwohl ich ein dezidierter Gegner des Kulturrelativismus bin, muss ich einräumen, dass viele Kulturrelativisten subjektiv nicht zynisch sind, dass sie vielmehr vom aufrichtigen Ethos des Respekts gegenüber anderen Kulturen geleitet sind, ohne sich jedoch die Konsequenzen ihrer Einstellungen bewusst zu machen; dabei unterliegen sie häufig der schon potentiell bei Herder – als autoritativer und ideengeschichtlicher Quelle des Kulturrelativismus – vorhandenen Verwechslung von *Kulturpluralismus mit Kulturrelativismus.*

Kulturpluralismus ist nichts anderes als die Feststellung der Binsenwahrheit, dass es eine Vielfalt an Kulturen gibt, die jeweils ihren individuellen Charakter haben. Diese Feststellung ist zunächst gleichermaßen deskriptiv und wertneutral; sie enthält noch kein moralisches Urteil über die einzelnen Kulturen und ihre Werte, sondern beschränkt sich lediglich auf die Beobachtung der Vielfalt und plädiert für ein Nebeneinanderleben dieser vielfältigen Kulturen in Frieden. Herder, der trotz seiner scharfzüngigen Polemik gegen die Franzosen ein Kind der Aufklärung war, hat nie bestritten, dass eben zu diesem friedlichen Zusammenleben unterschiedlicher Kulturen die gemeinsame Anerkennung von Normen und Werten gerade dieser Aufklärung als Basiskonsens gehört. Hierzu zählt vor allem der Stellenwert, der der Vernunft einzuräumen ist. Das ist der Humanismus der Aufklärung, den Postmodernisten und Kulturrelativisten mit ihrer absoluten Relativierung der Werte – einschließlich der der Menschenrechte und ganz gleich mit welcher Motivation – restlos über Bord werfen. Trotz meiner Kritik möchte ich nicht bestreiten, dass das subjektive Motiv mancher Kulturrelativisten die Toleranz gegenüber fremden Kulturen ist. Dieses gilt sogar für die abscheuliche Schrift von Richard Webster, die zwar in wohlgemeinter Absicht gegen die verdammenswerten tradierten Islam-Vorurteile in Europa vorgeht, aber dennoch zu verheerenden Denkresultaten führt. Bei Webster wird die Bücherverbrennung, wie zitiert, ein »Ausdruck der Liebe«.

Diese ehrenwerte Absicht gilt jedoch nicht für die zynische, in der oben zitierten Aussage enthaltene Äußerung, die ich als Orientalismus qualifiziert habe. Der besagte deutsch-ungarische Orientalist Murany bringt in der zitierten Textstelle (vgl. Anm. 9) die logische Konsequenz des Kulturrelativismus drastisch zum Ausdruck. Das ist seine orientalistische Leistung. Das Zitat zeigt zwar subjektiv eher einen kruden Orientalismus in dem oben erklärten Sinne (vgl. Anm. 10) als jene systematische Sichtweise des Kulturrelativismus, die man bei den gebildeten Kulturanthropologen findet. Die Zitierung kann dennoch helfen, die eklatanten Folgen des Kulturrelativismus zu demonstrieren. Meine Intention ist hier, hervorzuheben, dass ein *Plädoyer für Kulturpluralismus bei gleichzeitiger kompromissloser kritischer Abweisung jedes Kulturrelativismus* möglich ist. Das ist kein Widerspruch: Die Anerkennung der Vielfalt der Kulturen steht einem Werte-Konsens eben dieser Kulturen, wozu vorrangig die universelle Ethik der Menschenrechte[11] gehört, nicht im Wege.

Die Rushdie-Affäre ist nicht nur die Angelegenheit eines – nach meiner Ansicht – gleichermaßen ethisch anstößigen und kulturell unsensiblen Autors, dem man trotz alledem unzweideutig im Namen der Verteidigung der Grundrechte beistehen muss. Diese Affäre aktualisiert vor allem die grundsätzliche Frage der Menschenrechte, und zwar nicht nur im Islam selbst, sondern global. Angesichts der islamischen Migration in westeuropäische Länder betrifft diese Frage auch Europa. In Großbritannien fand ein islamisch-fundamentalistischer »Sturm auf die englischen Bürgerrechte«[12] statt. In Frankreich dienten verschleierte muslimische Schülerinnen als Symbol im Rahmen eines als »Tschador-Krieg«[13] geführten islamischen Angriffs auf die in der Französischen Revolution errungene Säkularität und

---

[11] B. Tibi, Die Ethik von Menschenrechten als internationale Moralität, in: H. Huber (Hg.), *Sittliche Bildung*, Asendorf 1993.

[12] Vgl. die Berichte: Gina Thomas, Sturm auf die englischen Bürgerrechte. Muslime demonstrieren in London gegen Salman Rushdies Roman, in: *Frankfurter Allgemeine Zeitung* vom 30. Januar 1989; Peter Nonnenmacher, Die Satanischen Verse und der Aufstand von Bradford, in: *Frankfurter Rundschau* vom 25.1.1989; Kim Fletscher, This Disturbing Mood Among Britain's Moslems, in: *The Sunday Telegraph*, vom 6. August 1989.

[13] Allah in der laizistischen Schule. Tschador-Krieg in Frankreich, in: *Neue Zürcher Zeitung* vom 26. Oktober 1989, Fernausgabe Nr. 258.

ihre Werte. Die Bundesrepublik Deutschland steht mit der zwei Millionen umfassenden islamischen Minderheit nicht außerhalb dieses Prozesses.[14] Durch die Existenz des Diaspora-Islam in Europa lassen sich die Auswüchse des »islamischen Fundamentalismus zwischen halber Moderne und politischem Aktionismus«[15] auf europäischem Boden in allen Einzelheiten verfolgen. Es gehört in den Kontext der Rushdie-Affäre, diese Problematik hier aufzugreifen.

Muslime in Europa – eine Brücke?

Bei der Beschäftigung mit den in Westeuropa lebenden islamischen Minoritäten[16] wird, wie Fred Halliday hervorhebt, eine Unterscheidung immer wichtiger, die »nämlich zwischen einer Religion, die bestimmte allgemeine Prinzipien des gegenwärtigen demokratischen Lebens einschließlich einer öffentlichen Säkularität der hierzu gehörigen Auffassung von Toleranz respektiert und einer, die das nicht tut«.[17] Die Ideologie der Multikulturalität kann beide, Moderne und Vormoderne, nicht miteinander versöhnen. Wenn man diese Beobachtung mit der kulturanthropologischen Erkenntnis verbindet,[18] dass Religionen kulturelle Systeme darstellen, und in diesem Zusammenhang die Frage nach dem kulturellen Relativismus erneut stellt, geraten einige Kulturrelativisten in erhebliche Verlegenheit. Können diese mit ihrem Hinweis auf die Relativierung des Kulturbegriffes einer Urteils-

---

[14] B. Tibi, Die Deutschen und die Welt des Islam, in: *Deutschland. Porträt einer Nation.* 10 Bde., hierzu Bd. 10, zweite neu geschriebene Auflage, Gütersloh 1991, S. 264-275, bes. S. 271ff.

[15] Vgl. B. Tibi, Der islamische Fundamentalismus zwischen »halber Moderne« und politischem Aktionismus, in: *Aus Politik und Zeitgeschichte*, Beilage zur Wochenzeitung *Das Parlament* vom 13. August 1993, S. 3-10.

[16] Diese muslimischen Minderheiten sind ein besonderes Anliegen des islamischen Fundamentalismus, vgl. z. B. M. Ali Kettani, *Muslim Minorities in the World Today*, London 1986, S.21ff. und auch Muham mad 'Abdullah al-Samman, *Mihnat al-aqaliyat al-muslimah fi al'alam* (Das Dilemma der muslimischen Minderheiten in der Welt), Kairo 1987, bes. S.173ff.

[17] Fred Halliday, The Struggle for the Migrant Soul. Islam in Western Europe, in: *Times Literary Supplement* (TLS) vom 14-20. April 1989, S. 387-388.

[18] Vgl. hierzu Kap. 1 in B. Tibi, *Der Islam und das Problem der kulturellen Bewältigung sozialen Wandels*, Frankfurt 1985, 1991 [3]

bildung mit entsprechender Verantwortung ausweichen und, wie der zitierte Orientalist, sagen: »Wenn es Muslimen gefällt, den Dieben die Hand abzuschlagen, sollen sie es tun«?

Ein intelligenter, dem Kulturrelativismus nahe stehender Anthropologe und Philosoph, I. C. Jarvie, gesteht redlich zu:

»Der erste Fehler des Relativismus besteht darin, dass wir glauben, uns der mit dem Urteilen und dem Einschätzen verbundenen Verantwortung entziehen zu können, indem wir alles als Manifestationen einer Kultur bezeichnen. Dieser Verantwortung können wir uns aber überhaupt nicht entziehen. Denn für den muslimischen Gläubigen, genau wie für den Katholiken, ist die eigene Sittlichkeit nicht kulturell relativ. Für ihn hat sie einen universellen Anspruch und ist auch absolut. So prallt der Kulturrelativismus, der sich als kulturell neutraler Schiedsrichter wähnt, mit denjenigen zusammen, die keine neutralen Schiedsrichter zulassen«.[19]

Islamische und andere Fundamentalisten (z. B. Hindu, Sikh und jüdische Fundamentalisten), die die Toleranz des Kulturrelativismus genießen, sind selbst beileibe keine Relativisten; sie geben ihren religiösen Absolutheitsanspruch nicht auf. Die Verteufelung der Werte der anderen gehört geradezu zum fundamentalistischen Repertoire, gleich ob dieses islamisch, jüdisch, christlich oder hinduistisch ist. Erst die Säkularität, nicht der Kulturrelativismus, macht das Zusammenleben der Angehörigen unterschiedlicher Religionen möglich. Das Thema ist ja, ob es universelle Werte (z. B. Menschenrechte) als internationale Moralität geben kann, oder ob sämtliche Werte, einschließlich die der Menschenrechte, ein wie auch immer gearteten Kulturrelativismus geopfert werden müssen.[20] Die Rushdie-Affäre diente hier lediglich als ein Beispiel. Bei dieser Affäre haben sich die muslimischen Migranten nicht gerade als eine Brücke des Verständnisses zwischen Orient und Okzident erwiesen!

---

[19] I. C. Jarvie, *Rationality and Relativism*, London 1984, S. 90f.

[20] Zur Diskussion der Anfechtung dieser Universalität vgl. das entsprechende Kapitel bei Rhoda Howard, *Human Rights in Commonwealth Africa*, Totowa 1986, S.16-36.

Wir haben im Verlaufe dieser Diskussion festgestellt, dass es dem islamischen Fundamentalismus weniger um die Relativierung kultureller Werte als vielmehr um den Austausch der westlichen Hegemonie durch islamische Ordnungsvorstellungen geht. Bezieht man in diesen Kontext die fragwürdige, u.a. von Wolf Lepenies vertretene wissensanthropologische Position, der zufolge jedes Wissen den Ausdruck eines »Glaubenssystems«[21] annimmt, mit ein, dann steht nur noch eine normative Position gegen eine andere – Glaube gegen Glaube; die einen glauben an die Menschenrechte, die anderen eben nicht. Die Folge ist eine unüberwindbare normative Positionsdifferenz, d. h. ein Wettkampf der Glaubensrichtungen untereinander. Fehlt ein gemeinsamer rationaler Diskurs – und dies ist bei allen Fundamentalisten der Fall –, dann ist ein Wertekonsens nicht möglich. Siegt der Fundamentalismus, dann ist als Folge davon die Entstehung der »Frontlinien zwischen den Zivilisationen«, die Huntington für den Übergang zum 21. Jahrhundert voraussagt, unvermeidbar. Wenn muslimische Migranten im Westen nicht integriert werden, dann würden sie in diese »Frontlinien« der gegenseitigen Ablehnung geraten; sie würden dann niemals zu einer Brücke des Verständnisses werden. Die Frontlinien wären dann nicht nur zwischen den Staaten, sondern auch im Herzen des europäischen Kontinents zu beklagen.

Soweit es die Menschenrechte angeht, kann ich mit dem Menschenrechts-Forscher Kühnhardt hervorheben, dass es weder im klassischen Islam noch im zeitgenössischen islamischen Denken gelungen ist, »zur Idee unveräußerlicher Menschenrechte aufgrund immanenter Prämissen und Prädispositionen vorzudringen«.[22]

Die Analyse der Gleichzeitigkeit des universellen Anspruchs der Menschenrechte einerseits und von deren fehlender Verankerung in außereuropäi-

---

21 Wolf Lepenies, Anthropological Perspectives in the Sociology of Science, in: Everett Mendelsohn/Yehuda Elkana (Hg.), *Sciences and Cultures*, Dordrecht und Boston 1981, S. 245-261.

22 Ludger Kühnhardt, *Die Universalität der Menschenrechte*, Bonn 1987, S.154. Vgl. auch ähnlich Ann E. Mayer, *Islam and Human Rights*, Boulder/Col. 1991, sowie meinen Besprechungsaufsatz über diese Problematik in: *Harvard Human Rights Journal*, Bd. 5 (1992), S. 221-226.

schen Kulturen andererseits zeigt, dass die hier am Beispiel des Islam illustrierten Positionsdifferenzen (andere Kulturen, andere Sitten) die internationale Kooperation nachhaltig erschweren. Positionsdifferenzen dieser Art warfen beispielsweise einen Schatten auf die Arbeit der UN-Kommission für Menschenrechte während ihrer 46. Sitzung 1990 in Genf. Dort hat die damals noch bestehende Dritte Welt, zu der die Welt des Islam gehört, nicht zum ersten Male Solidarität gegen die Verurteilung von Menschenrechtsverletzungen durch westliche Länder praktiziert.[23] Islamische Länder standen dabei an vorderster Front. Kann die UNO solche normativen und zugleich praktisch-politischen Gräben überbrücken?

Die UN-Weltkonferenz in Wien im Juni 1993, an der ich mitgewirkt habe, hat die Kluft zwischen den Kulturen im Bereich der Menschenrechte offensichtlich gemacht.[24] Die islamischen Staaten haben sich dort in einer unheiligen Allianz mit den anderen vormodernen Kulturen gegen die individuellen Menschenrechte verbündet. Diese Konferenz war eine globale Kundgebung gegen die Menschenrechte. Der tiefere Sinn der Wiener Konferenz liegt jedoch darin, dass sie gezeigt hat, dass es im Bereich der Menschenrechte keine Multikulturalität geben kann; *entweder lässt man diese Rechte uneingeschränkt zu und institutionalisiert sie als Berechtigungen gegenüber Staat und Gesellschaft, oder man lehnt sie im Namen der Religion und der kulturellen Eigenart ab.*[25] Die Trennungslinien zwischen Zivilisationen lassen sich vielleicht im multikulturellen Sinne geographisch nachzeichnen. Durch die Migration aber leben Angehörige verschiedener Zivilisationen unter einem gemeinsamen gesellschaftlichen Dach. In Nordamerika spiegelt sich die Weltgeographie der Zivilisationen in ghettoisierten Formen der jeweiligen Stadtgeographie (Toronto, New York, Boston, u.a.) wider.

---

[23] Vgl. den Bericht über die 46. Sitzung dieser Kommission: Nord-Süd-Ringen um die Menschenrechte in Genf, in: *Neue Zürcher Zeitung* vom 2. März 1990 und auch den Bericht: Nachlese zur 46. Session der UNO-Menschenrechtskommission, in: NZZ vom 16. März 1990, sowie allgemein hierzu Wolfgang S. Heinz, *Menschenrechte in der Dritten Welt*, München1986.

[24] B. Tibi, Entwicklung statt Menschenrechte? In: *Frankfurter Allgemeine Zeitung* vom 25. Juni 1993.

[25] B. Tibi, Der Schatten Allahs. Islamische Menschenrechtler, die keine sind, in: *profil* (Wien), Nr. 23/1993 vom 7. Juni 1993, S. 72-73.

An dieser Stelle der Argumentation wird der Leser mich mit der Frage konfrontieren: Warum über die Wiener UN-Konferenz über Menschenrechte in einem Abschnitt über Kulturrelativismus und Multikulturalität reden? In Wien waren 183 Staaten vertreten; ihre Delegationen konnten sich noch nicht einmal »über etablierte Prinzipien der Menschenrechte in einer unmissverständlichen Sprache«[26] einigen. Der Grund hierfür war, dass die Hauptgegner der Menschenrechte, vor allem die Delegationen aus China, Syrien, Iran, Sudan, Vietnam und Kuba, die in Wien die nicht-westliche unheilige Allianz gegen die Menschenrechte angeführt haben, nationale, regionale und kulturelle Partikularitäten als eine Alternative zur Universalität der Menschenrechte in den Vordergrund stellten. Charles Krauthammer prägte die Formel, dass der Kulturrelativismus »die Zuflucht für die Rechtfertigung der politischen Repression geworden ist«.[27] Wenn es um den Unterschied zwischen dem »internationalen System der Nationalstaaten« und der »internationalen Gesellschaft« geht, ist hervorzuheben, dass eine internationale Gesellschaft erst dann existiert, wenn ein Minimalkonsens über Regeln, Werte und Normen existiert, der kulturell unterschiedliche, in Nationalstaaten lebende Gemeinschaften miteinander verbindet. Ich stimme Ellen Goodman zu, wenn sie hervorhebt, dass die Menschenrechte die Menschheit quasi als »Ökumene einer säkularen Religion« verbinden, wohingegen die Wiener Konferenz »die dunklen Seiten der Multikulturalität offen gelegt hat«[28] Unverbindliche Multikulturalität und Kulturrelativismus trennen, die Universalität der Menschenrechte als kulturübergreifende Ethik vereinigt dagegen die kulturell fragmentierte Menschheit. Ohne jene »säkulare Ökumene« ist die internationale Gesellschaft nichts anderes als die Summe der 183 Nationalflaggen, die vor dem Austria Center, dem Tagungsort der Wiener UN-Konferenz, gehisst waren. Vielleicht ist es eine Utopie, sich eine internationale Gesellschaft zu wünschen, die keine bloße Flaggengemeinschaft wäre! Ohne die Komponente einer internationalen Gesellschaft geriete jedoch das internationale Staatensystem in ein Chaos.

---

[26] Thomas Hammarberg, Vienna Will be Remembered for What Wasn't Said, in: *International Herald Tribune* (IHT) vom 29.Juni 1993.

[27] Charles Krauthammer, Human Rights: Giving in After the Debate is Won, in: *IHT* vom 19./20.Juni 1993.

[28] Ellen Goodman, The World Bares its Values in Vienna, in: *IHT* vom 16. Juni 1993.

Die Scharia und die Menschenrechte – Sitten einer anderen Kultur?

Ich komme nun von der allgemeinen und globalen Ebene zur Konkretisierung am Beispiel der Frage, wo die Grenzen der Respektierung anderer Kulturen gezogen werden müssen. Dies ist in unserer Zeit besonders wichtig, weil gegenwärtig in zahlreichen Veröffentlichungen die aggressiven Auswüchse des politischen Islam verharmlost werden, die Kritik daran aber als Versuch gedeutet wird, den Islam als das neue »Feindbild des Westens« zu instrumentalisieren.

Jeder Kenner des Islam und des Westens weiß, dass die Feindschaft zwischen beiden Zivilisationen historisch sehr alt ist. Vorurteile und Feindbilder auf beiden Seiten können nur durch Aufklärung – es sei betont: gleichfalls auf beiden Seiten – abgebaut werden, die zu einer Revision der Selbst- und Fremdbilder[29] sowohl der Muslime wie der Europäer führen müsste. In den gesinnungsethischen Publikationen, die kompensatorisch Liebe zu allem Exotischen predigen, findet man die altbekannten europäischen Schuldkomplexe: Anstatt die Situation reflexiv besser zu verstehen, werden die Bilder umgekehrt, d. h. die Islamophobie wird in eine Islamophilie, Ausländerfeindlichkeit in verordnete Fremdenliebe verwandelt. Das ähnelt dem Versuch von Antisemiten, ihren Judenhass durch zur Schau gestellten Philosemitismus zu kompensieren. Wie wachsame Juden nicht weniger Angst vor diesen Philosemiten haben, so habe ich als Muslim ähnliche Gefühle gegenüber den islamophilen Deutschen[30] , von denen manche gar – so im *Schwert des Experten* – glauben, sie müssten den Islam gegen mich als Muslim und gegen meine aufgeklärte Religionskritik verteidigen. Selbst der Kulturrelativist Richard Webster, mit dem ich in den bisherigen Ausführungen streng umgegangen bin, warnt aber davor, »die irrationale Intoleranz des Westens gegenüber dem Islam ... durch eine ebenso irrationale und kritiklose Liebe zum Islam zu ersetzen«. Solche Versuche endeten nämlich darin, »das Vorurteil gegen den Islam ebenso umzukehren«.[31] Das gilt für alle Phobien, die

[29] Vgl. hierzu B. Tibi, Die Deutschen und die Welt des Islam (Anm.14), hier bes. S. 268 ff.

[30] Vgl. B. Tibi, Ausländer - die Juden von heute? Fremdenfeindlicher Rechtsextremismus und der Fundamentalismus der Anderen, in: Ulrich Wank (Hg.), Der neue alte Rechtsradikalismus, München 1993, S.139-168.

[31] Richard Webster (wie in Anm. 4 oben), S.184.

in Philien verwandelt werden. Webster schreibt diese Warnung, weil er weiß, »dass es in Europa und auf der ganzen Welt eine beträchtliche Anzahl von Muslimen gibt, die eine extreme, intolerante und selbstherrliche Version ihres Glaubens predigen«. Eben diese Muslime habe ich in meinem Blick. Wer vom Islam und von den Realitäten, in die er eingebettet ist, nicht viel versteht und auch nicht verstehen will, der wird auch meine Kritik am politischen Islam nicht verstehen können. Mir geht es darum, vor der falschen und einfältigen Toleranz gegenüber der Intoleranz solcher Kreise zu warnen, die ich am Beispiel ihres fundamentalistischen Anspruches vorstellen werde: Wer den politischen Islam anerkennt, akzeptiert auch die Geltung der *Scharia*!

Nahost-Experten, die den Orient aus eigener Erfahrung kennen, wissen jedoch zwischen Islamismus/Fundamentalismus als totalitärer Ideologie unserer Gegenwart und dem Islam als Weltreligion und Zivilisation zu unterscheiden; und sie wissen, wie ernst die Lage im islamischen Orient ist, wie sehr gerade Muslime und aufklärerisch denkende Orient-Intellektuelle die bevorzugten Zielscheiben islamischer Fundamentalisten geworden sind. Durch den Diaspora-Islam wird diese Konfrontation auf die Islam-Gemeinde in Europa übertragen.

Der bekannte algerische Soziologe Mohammed Boukhobza war innerhalb der ersten Monate des Jahres 1993 bereits das sechste Mordopfer der algerischen FIS-Fundamentalisten. In den darauffolgenden Monaten wurden allein in Algerien weitere sechs führende islamische Intellektuelle ermordet. Zu den Ermordeten gehörte auch der bekannte Schriftsteller Taher Djaout. Mord ist die Sprache der algerischen Fundamentalisten und anderer Islamisten gegenüber den säkular orientierten Intellektuellen.[32] Taher Djaout (ermordet am 3. Juni 1993) war der Herausgeber der Wochenzeitschrift *Rupture*, deren kritische und säkulare Einstellung gegenüber den totalitären Fundamentalisten bekannt ist. Im islamischen Orient müssen aufgeklärte

[32] Vgl. hierzu den Bericht der arabischen Organisation für Menschenrechte in dem Bulletin dieser Organisation *al-Naschra al-Ikhbariyya* , (arabische) Ausgabe 66 und 67, Juli/ August 1993, S. 5-6 und William Drozdiak, Algerian Terrorism Takes Ominous Turn. Targeting of Big-Name Personalities, in: IHT vom 28. Juni 1993, und den bemerkenswerten Kommentar von Flora Lewis, In Algeria and Elsewhere, in: IHT vom 20. August 1993.

Muslime nicht nur ihre orientalischen Despoten, sondern auch die fundamentalistische Opposition fürchten, deren Schwadronen die Todesurteile gemäß der Scharia per Lynchjustiz ausführen. Somit erfolgt die Ablehnung der Menschenrechte mittels Mord gleichermaßen durch die Machthaber und durch ihre Opponenten.

Besorgniserregend ist, dass selbst nahöstliche Regierungen, die grundsätzlich für die Trennung von Religion und Politik sind, ja sogar säkulare Regime wie die Türkei, unter den Druck der Islamisten geraten und zu Konzessionen bereit sind. Selbst die USA erwägen in ihrer Politik die pragmatisch-realpolitische Hinnahme islamisch-fundamentalistischer Machthaber als Partner der Zukunft.[33] Zu Konzessionen nahöstlicher Regierungen scheint z. B. der Auftritt des ägyptischen Scheichs Mohammed al Ghazali vor dem höchsten ägyptischen Gericht für Staatssicherheit mit einer *Fetwa* zu gehören, die mit Argumenten der islamischen *Scharia* (göttliches Gesetz) die straffreie Tötung für jeden Muslim legitimiert, der öffentlich für die Trennung von Religion und Politik eintritt. Ich habe diese Fetwa schon früher erwähnt und möchte im Folgenden näher darauf eingehen.

Diese *Fetwa* muss im Lichte der Tatsache gesehen werden, dass sich Mordanschläge auf muslimische und arabische Schriftsteller sowie Intellektuelle häufen: Seitdem im Juni 1992 der ägyptische Schriftsteller Faradj Fuda in Kairo wegen seiner säkularen Orientierung von islamischen Fundamentalisten erschossen wurde, gehören solche Morde zum Alltag nahöstlicher Gesellschaften. Ein Jahr später wurde, wie bereits erwähnt, der algerische Soziologe Mohammed Boukhobza in seiner Wohnung vor den Augen seiner Kinder ermordet. Die westliche Presse berichtete neutral von »Ermordung durch mutmaßliche Fundamentalisten«. Arabische überregionale Zeitungen wie *al-Scharq al-Ausat* und auch *al Hayat* haben die Tat in ihren Schlagzeilen dagegen als »Dhubiha Boukhobza«[34] , d. h. Schlachtung mit dem Messer, näher beschrieben: Dem algerischen Soziologen wurden die Adern mit dem Messer aufgeschnitten, bis er verblutete. Eine in Algier lehrende

[33] Vgl. B. Tibi, Ein Spiel mit dem Feuer. Die ehemaligen Afghanistan-Kämpfer in der amerikanischen Nahostpolitik, in: *Frankfurter Allgemeine Zeitung* vorn 5. August 1993.

[33] *al-Hayat* vom 23. Juni 1993.

Soziologin hat mir gegenüber erklärt, dass die Fundamentalisten selbst noch mit dieser Art der Ermordung ein Zeichen gegen den Westen setzen wollen, indem sie ihre Gegner ohne Rückgriff auf westliche Technologie beseitigen. Nicht nur in Algier wird diese Art der Auseinandersetzung praktiziert; in der Türkei wurden am 2. Juli 1993 in der Stadt Sivas tagende Schriftsteller bei lebendigem Leibe verbrannt. Ihnen warfen die mordlustigen Fundamentalisten »Abfall vom Glauben« vor (vgl. Anm. 2). In diesem Lichte besehen, erhält die *Ghazali-Fetwa* eine besondere Bedeutung. Um es nun konkret für die Fragestellung dieses Abschnitts zu formulieren: Was passiert, wenn diese Form der Auseinandersetzung als »Sitte« einer anderen Kultur innerhalb der politischen Kultur Europas hingenommen wird?

Ernst Bloch schrieb in seinem Buch über den islamischen Philosophen Avicenna (Ibn Sina), dass »die islamische Orthodoxie Avicenna und Averroes verfluchte und beide in effigie, nämlich in ihren Werken, verbrannt hat«. Bloch ist sich jedoch der Tatsache bewusst, dass diese Orthodoxie die islamischen Denker nicht »wie die christliche Inquisition den Giordano Bruno nachher leibhaftig verbrannte«.[35] Es blieb seinerzeit bei der symbolischen Verbrennung des Buches. Orthodoxe Muslime verbrannten damals nicht nur die Werke der islamischen Rationalisten Averroes und Avicenna, sondern – wie bereits erwähnt – auch die Schriften der toleranten islamischen Mystiker wie Ibn al-Arabi, der Glaube als »*Mahabba/Gottesliebe*« aller Religionen gedeutet hat. Islamische Fundamentalisten unserer Gegenwart holen nach, was die islamische Orthodoxie des Mittelalters unterlassen hat: Sie verbrennen ihre Gegner. Im Schatten des Fundamentalismus wird die Vernunft Opfer einer Umnachtung.

Lassen sich solche bestialischen, wohlgemerkt vormodernen Morde, sei es mit dem Messer, sei es durch leibhaftige Verbrennung, mit dem Koran, also religiös rechtfertigen? Ich meine nein. Im Koran steht: »Und greift nicht an, denn Allah liebt die Aggressoren nicht«. Obwohl der Koran Religionsfreiheit predigt (Koran: »Es gibt keinen Zwang in der Religion«, Sure 2/Vers 256), gab und gibt es im Islam doch auch das umstrittene Recht auf Tötung

[35] Ernst Bloch, *Avicenna und die aristotelische Linke*, Frankfurt/M. 1963, S. 45.

des Apostaten, auch wenn sie durch den Koran nicht gedeckt ist, wie schon gezeigt wurde.

Islamische Fundamentalisten unserer Gegenwart deuten den Abfall vom Glauben höchst flexibel, d. h. sie erklären jeden, der ihr fundamentalistisches Verständnis vom Islam nicht teilt, zu einem Apostaten und geben ihn damit zur Ermordung frei. Selbst al-Azhar,[36] d. h. die autoritative religiöse Instanz des sunnitischen Islam, distanziert sich von dem Mord an dem Schriftsteller Faradj Fuda. Die al-Azhar-Gelehrten verurteilen allerdings seine säkulare Auffassung eindeutig, und die angeführte *Fetwa* des prominenten islamischen Scheichs Mohammed al-Ghazali verkündet – laut Gerichtsakten – Folgendes:

»Im Islam gibt es keine Strafe für den, der einen Apostaten tötet«. Folgt man dem Gerichtsprotokoll, das die überregionale, u. a. in London und Frankfurt gedruckte große arabische Zeitung *al-Hayat* veröffentlicht hat, dann soll *al-Ghazali* auf jener Gerichtssitzung jeden Muslim, der sich »öffentlich gegen die Anwendung der *Scharia* ausspricht, zum Apostaten«[37] erklärt haben. Al-Ghazali fügt hinzu:

»Der Apostat/ *Murtad* muss von Muslimen getötet werden, sollte die Staatsgewalt selbst dies nicht tun; für den, der tötet, darf es keine Strafe geben.«

Die Fragen, die ich im Zusammenhang mit der Multikulturalität stellen möchte, lauten: In Europa leben 20 Mio. Muslime, 12 Mio. davon sind Migranten in Westeuropa, die sich in den kommenden Jahren etwa verdoppeln werden: Sind diese Muslime verpflichtet, nach der Scharia zu leben? Und: Müssen nicht-muslimische Europäer dies aus »Toleranz« hinnehmen? Sind Muslime, die sich als säkulare Verfassungspatrioten zum Grundgesetz, also nicht zur *Scharia* bekennen, Apostaten? Wird dann die Lynchjustiz islamischer Fundamentalisten als »Sitte einer anderen Kultur« die politische

---

[36] Vgl. die Schrift der al-Azhar-Ulerna, hg. von Abdulghaffar Aziz, *Man Qatala Faradj Fuda?* (Wer hat Faradj Fuda getötet?), Kairo 1992.

[37] Al-Ghazali, La uqabath fi al-Islam li man yaqtul murtadan (Keine Strafe im Islam für die Tötung eines Apostaten), in: *al-Hayat* vom 23. Juni 1993.

Kultur der islamischen Gemeinde in Europa bestimmen? Es hängt nicht von mir ab, wie diese Fragen beantwortet werden. Das überlasse ich mit Sorge der Zukunft Europas.

Für al-Ghazali ist die Aussetzung der *Scharia* eine Schandtat des »kolonialistischen Weltkreuzzüglertums«, das die Welt des Islam erobert und hierbei »die Herrschaft Allahs suspendiert hat«. Jeder säkular orientierte Muslim, der für diese Suspendierung der Gottesherrschaft (»*Ta'til Ahkam Allah*«, ein Begriff des mittelalterlichen islamischen Rechtsgelehrten Ibn Taimiyya) eintrete, müsse getötet werden, es sei denn – so al-Gbazali – er mache von dem Recht auf »Reue/ *Tauba*« Gebrauch. Mit dieser *Fetwa* wird in letzter Konsequenz jeglicher Mord an Muslimen durch Fundamentalisten mit Rückgriff auf die Scharia legitimiert. Nun leben Muslime nicht nur im *Dar al-Islam*/Haus des Islam; sie leben auch als Migranten in Europa – wie der Autor dieses Buches, der nicht unter der *Scharia* leben möchte. Gilt diese *Fetwa* auch für sie?

Jeder, der den Koran-Text kennt, weiß, dass das Wort *Scharia* in unterschiedlichen sprachlichen Variationen nur dreimal im Koran vorkommt, und zwar nicht im Sinne von Recht, sondern von Schar'/Weg/Methode. Die Scharia ist eine post-koranische Konstruktion, die im Mittelalter erst lange nach dem Tod des Propheten und nach der Vervollständigung der islamischen Offenbarung zustande kam. Die willkürliche Neukonstruktion der Scharia von heute ist eine Waffe der Fundamentalisten gegen jeden andersdenkenden Muslim. Im Rahmen der Multikulturalität, auf die sich islamische Migranten-Fundamentalisten aus Opportunität berufen, beanspruchen diese, dass die Befolgung der Scharia zur »kulturellen Identität« der Muslime gehöre, die die Europäer anerkennen müssten. Es ist allgemein bekannt, dass Führer islamisch-fundamentalistischer Bewegungen angesichts ihrer Verfolgung in der Welt des Islam nach Europa flüchten und von dem ihnen fremden demokratischen Asylrecht Gebrauch machen, um hier Zentren für ihre Logistik zu errichten. Als ein laizistisch orientierter Muslim befürchte ich, dass eben diese Scharia in Zukunft zum Damokles-Schwert für jene frei denkenden Muslime wird, die der orientalischen Despotie entflohen sind und im europäischen Exil leben. Die Morde an muslimischen, der Aufklärung verpflichteten Intellektuellen bleiben nicht auf Algerien, die

Türkei und Ägypten beschränkt. Die zitierte erschreckende Fetwa des Scheichs al-Ghazali darf auch nicht unter dem Begriff der multikulturellen Gesellschaft Zugang zum noch aufgeklärten Europa finden. Toleranz gegenüber anderen Religionen darf nicht in Gleichgültigkeit gegenüber der Freiheit umschlagen. Aufgrund der Migration aus den islamischen Mittelmeer-Ländern wird Europa in den nächsten Jahren Antworten auf diese Herausforderungen geben müssen. Europa wird sich dieser Aufgabe nicht entziehen können. Zuvorderst gehört dazu die Frage, ob sich die kulturelle Moderne als Identität Europas gegen vormoderne Formen der Intoleranz, wie sie in der Ghazali-Fetwa zum Ausdruck kommt, durchzusetzen vermag.

Die Stellung der Frauen – Ist ihre Unterordnung als eine »Sitte einer anderen Kultur« multikulturell zu tolerieren?

In der Geschichte der Unterdrückung der Frauen gibt es auch ein europäisches Kapitel. Denn in Europa waren Frauen den Männern ebenfalls nicht gleichberechtigt, bevor die säkulare Idee der Menschenrechte auch die Gleichstellung der Geschlechter mit sich brachte. In den patriarchalischen, vormodernen Kulturen, so z. B. im arabischen Islam (der indonesische Islam – obwohl vormodern – unterscheidet sich hiervon), fehlt diese zivilisatorische Errungenschaft. In jenen Kulturen gehört es zu den entsprechenden Sitten und Bräuchen, dass ein Mann Vormund der weiblichen Angehörigen seiner Familie ist; den Frauen wird ihre Subjektivität abgesprochen.[38] Können nun in einer multikulturellen Gesellschaft die Frauen der Migranten aus diesen Kulturen ähnliche Menschenrechte wie die Männer für sich beanspruchen? Ich möchte diese Frage an einer auch in der ägyptischen Presse veröffentlichten Begebenheit aus Kairo illustrieren. Während meines Aufenthaltes in Ägypten im Juni 1993 – nach dem islamischen Opfer (al-Adha)-Fest – erfuhr ich diese Geschichte vor Ort. In Kairo waren zu diesem Zeitpunkt die Ägypter geteilter Meinung über den Mord an einer Mutter und ihrem Baby, deren Leichen die Polizei nach den Festtagen des Aid-al-adha (dem islamischen Fest nach der Hadj/Pilger-Zeit) im Nilwasser fand. Manche empörten sich – es waren vorwiegend verwestlichte Intellektuelle –,

[38] Zu dieser vielfältigen Thematik vgl. Nikki Keddie/Lois Beck (Hg.), *Women in the Muslim World*, Cambridge /MA 1978.

die meisten zeigten aber Verständnis für die Tat, für die sie den Begriff »Tötung/Qatl«, nicht jedoch »Mord/Djarima« verwendeten. Auch die Presse berichtete von Qatl, nicht von Djarima, da die Tat nicht durch fremde Mörder, sondern kollektiv durch alle drei Brüder jener Frau erfolgte und diese drei – nach jenen Sitten und Bräuchen – nicht aus »niederen Beweggründen« handelten: Denn die 40-jährige Frau war schon lange geschieden, lebte also nicht in ehelichen Verhältnissen und war dennoch – wie die Brüder entdeckten – schwanger. Nach arabisch-islamischen Sitten, die man auch in anderen Mittelmeer-Ländern antrifft, ist das eine »Aar/Schande«; eine solche Schande kann nur durch das Auslöschen ihrer Trägerin, d. h. durch deren Tötung, sei es nun Mutter, Schwester, Tochter oder die eigene Frau, »reingewaschen« werden.

Wie weit kann in unserem Zeitalter der Migration und der sogenannten Multikulturalität die Toleranz gegenüber anderen Kulturen in solch einem Fall gehen? Konkret: Kann man einen brutalen Mord als eine »Tötung aus edlen Motiven« anerkennen, eben weil diese Tat den überkommenen Sitten und Bräuchen entspricht? Die Verteidigung der Reinheit der Sexualität der weiblichen Familienangehörigen (Ehre/Scharaf) auch durch Tötung gilt als ein »edles Motiv«. Äußert man aber an diesen vormodernen Sitten und Gebräuchen Kritik, dann fällt in Deutschland sofort das Wort »Rassismus«, mit dem eine diskriminierende Einstellung gegenüber anderen »Rassen« assoziiert wird und das in diesem Kontext inhaltlich falsch verwendet wird. Bevor ich diesen Vorwurf kommentiere, möchte ich einen authentischen Bericht zu der angeführten Geschichte, den die große Kairoer Tageszeitung *al-Akhbar*[39] veröffentlicht hat, zu Wort kommen lassen:

»Die Polizei fand die Leiche eines Babys, angebunden an die Leiche der Mutter, auf dem Wasser des Nils schwimmend ... Drei Brüder – darunter zwei Polizeibeamte – hatten beschlossen, das Leben ihrer Schwester auszulöschen. Sie haben solange mit Gewalt auf ihren Bauch gedrückt, bis das Baby tot heraustrat. Daraufhin haben sie sie erdrosselt, beide Leichen aneinander gebunden und dann in den Nil geworfen.«

---

[39] Qatalu schaqiqatuhum ba'd idjhaduha (Sie töteten ihre Schwester, nachdem sie das Baby abtrieben), in: *al-Akhbar* (Kairo) vom 4. Juni 1993.

Warum töten drei Brüder – darunter sogar von ihrem Beruf her zwei Ordnungshüter – ihre Schwester? Und was soll an dieser Tötung »edel« sein? Warum ist dies kein Mord? Die drei Täter haben die Tat gleich nach der Verhaftung mit Stolz gestanden. Der zitierte *al-Akhbar-Zeitungsartikel* fährt fort:

»Die Mutter lebte nicht in ehelichen Verhältnissen, sie ist eine geschiedene Frau. Ihre drei Brüder bemerkten, dass ihr Bauch überdimensional an Umfang zugenommen hatte und stellten auf diese Weise die Schwangerschaft fest; sie war bereits im neunten Monat.«

Die getötete Frau war 40 Jahre alt, also eine selbständige und erwachsene Frau, die nach europäischen Maßstäben der kulturellen Moderne als ein Subjekt allein für sich selbst verantwortlich war. In unserem Zusammenhang heißt das: Dieser 40-jährigen Frau muss das Recht auf »körperliche Unversehrtheit« als Grundrecht zustehen. Welches Recht hatten die Brüder, sie zu töten? Oblag es nicht der Entscheidung und Verantwortung der Frau, einen nicht-ehelichen Verkehr zu haben, selbst wenn dieser zur Schwangerschaft geführt hatte? Nach arabo-islamischen, eigentlich aus der vorislamischen Stammestradition herrührenden Sitten und Gebräuchen ist eine nicht aus einem ehelichen Verhältnis entstandene Schwangerschaft eine »Schande/Aar« für die ganze Familie, die alleine durch Tötung gesühnt werden kann. In Ägypten wurden die drei Schwester-Mörder verhaftet und wegen »Tötung« (nicht wegen Mordes) angeklagt. Ich konnte den Prozess nicht verfolgen, aber aus meiner Kenntnis der Region weiß ich, dass sie mit absoluter Sicherheit höchst milde Strafen bekommen haben, weil ihr Motiv – wie schon angeführt – nicht auf »niedere Beweggründe« zurückging und allein dazu diente, die Familie »von der Schande reinzuwaschen«.

Diese traurige Geschichte aus Ägypten betrifft unser Thema, weil durch die Migration viele Angehörige der Mittelmeer-Kulturen als Zuwanderer in dieses Land strömen und ihre Sitten und Bräuche mitbringen. Die Befürworter der »multikulturellen Gesellschaft« inkriminieren die Forderung, die Migranten müssten sich verbindlich an die in der deutschen Gesellschaft gültigen Sitten und Bräuche anpassen, als »Germanisierung«. Heißt das nun, dass Europäer auch solche Morde als »Tötung aus edlen Motiven« im

Rahmen der »multikulturellen Toleranz« dulden müssen? Wo liegen die Grenzen der Toleranz gegenüber vormodernen Kulturen? Müssten nicht Menschenrechte die Grenze sein?

Man muss sich die deutsche »Euro-Rassismus«-Diskussion im Lichte der hier berichteten ägyptischen Geschichte vergegenwärtigen. Dabei ergeben sich die folgenden Fragen: Müssen die Europäer ihre kulturelle Moderne aufgeben, um nicht als »Rassisten« gegenüber Angehörigen vormoderner Kulturen zu gelten? Hat die Ablehnung von Sitten und Bräuchen, die z. B. die »Tötung aus edlen Motiven« billigen, etwas mit »Rassismus« zu tun oder liegt hier eine Begriffsverwirrung vor?

In der deutschen Öffentlichkeit muss über diesen Gegenstand nüchtern diskutiert werden, wobei man nicht aus Straftaten ausländerfeindlicher, rechtsradikaler Skinheads, die mit aller Strenge des Gesetzes verfolgt werden müssen, die falschen Schlüsse ziehen darf. Das Festhalten an einer Sittlichkeit, die an der Moderne orientiert ist, und das heißt hier konkret: die Ablehnung der vormodernen Sitte der »Tötung aus edlen Motiven« – wie der Mord an der schwangeren unverheirateten Frau in Ägypten –, ist weder Rassismus noch Eurozentrismus, sondern Humanität.

Die angeführte Geschichte sowie meine daraus gezogenen Schlussfolgerungen habe ich in der *Frankfurter Allgemeine Zeitung* veröffentlicht[40], woraufhin mir ein arabischer Palästinenser in einem Leserbrief (FAZ vorn 31. Juli 1993) vorwarf, »den Begriff der multikulturellen Gesellschaft gerade in Deutschland zu diskreditieren« und somit »dem Treiben rechtsextremistischer Täter Auftrieb zu geben«. Eine Frau hingegen gab – gleichfalls in einem Leserbrief – ihrer Überzeugung Ausdruck, die von mir erzählte Geschichte werde »von den Vertretern einer schrankenlosen multikulturellen Gesellschaft sicher als Ausnahme von der Regel abgetan,« und sie fügte hinzu: »Ihnen allen empfehle ich die Lektüre des Buches *Le Voile du Silence*, von Djura, eine junge Algerierin, die in den Augen ihrer Familie das »unver-

[40] B. Tibi, Mord an der Schwester als gerechtfertigte Tötung, in: *Frankfurter Allgemeine Zeitung* vorn 26.Juli 1993 und dazu die beiden Leserbriefe in der FAZ vom 31. Juli 1993, S. 6.

zeihliche Verbrechen« begangen hat, auf französischem Boden ... wie eine Französin zu leben und nun der grausamen Verfolgung durch ihre Brüder ausgesetzt wird.«

Ich möchte es bei den Worten dieser Leserbrief-Autorin belassen und mit einem Hinweis auf meine Vorlesung über die beiden Rechtsradikalismen – die deutsche Ausländerfeindlichkeit und der ethnisch-religiöse Fundamentalismus von Ausländern aus vormodernen Kulturen – abschließen, die ich im Rahmen der vom Piper Verlag veranstalteten Reihe »Der neue alte Rechtsradikalismus« gehalten habe (vgl. Anm. 30). In einer in der DGB Zeitschrift *Gewerkschaftliche Monatshefte* veröffentlichten Stellungnahme [41] zu der Thematik »Deutschland nach Solingen«, die auf meinem Beitrag zu dieser Ringvorlesung basiert, habe ich die Demokraten unter meinen deutschen Mitbürgern auf die Gefahr hingewiesen, dass ausländische Rechtsradikale die Taten von deutschen Rechtsradikalen als einen Freibrief für sich missbrauchen und die defensive Haltung der verunsicherten Deutschen ausnutzen könnten, um selbst offensiv zu werden. Gelänge ihnen das, dann würde selbst die Äußerung, dass bestimmte Kulturen Menschenrechte nicht anerkennen, als eine »rechtsradikale Ausländerfeindlichkeit« inkriminiert werden. Ich argumentierte folgendermaßen: »Rechtsradikale sind in jedem Fall eine Gefahr für die Demokratie, ganz gleich, ob sie Deutsche oder Ausländer sind« (vgl. Anm. 41). In einem islamischen Land wie Saudi-Arabien mag man mit Hinweis auf die eigene Kultur Mitglieder des Menschenrechtskomitees verhaften und ins Gefängnis werfen; das ist die dortige politische Kultur, d. h. Ausdruck der Sitten jenes Landes. Aber in einer demokratischen Gesellschaft ist jede Frontstellung gegen Menschenrechte Ausdruck eines nicht zu tolerierenden Rechtsradikalismus. In diesem Sinne ist die auf Beschluss des britisch-muslimischen »Moscheenrates« von Muslimen durchgeführte Bücherverbrennung von Bradford eine rechtsradikale Aktion, die ich nicht unter dem Rückgriff auf Multikulturalität respektieren kann.

---

[41] B. Tibi, Deutsche Ausländerfeindlichkeit und ethnisch-religiöser Rechtsradikalismus der Ausländer, in: *Gewerkschaftliche Monatshefte*, Bd. 44 (1993), August-Heft, S. 493-502.

Energiewende – Chancen und Risiken der Umsteuerung

Prof. Dr. Matthias Kleiner

Viele von Ihnen werden sicherlich die Eröffnungszeremonie der Olympischen Spiele am 27. Juli daheim am Bildschirm verfolgt haben. Es war doch recht beeindruckend, was die Organisatoren da im Londoner Olympiastadion auf die Beine gestellt haben:

Ein Spaziergang durch die Geschichte Großbritanniens zeigte zunächst eine idyllische Dorflandschaft, die sich nach und nach in ein raues, lautes, dampfendes Industriegebiet mit großen, alles überragenden Schornsteinen verwandelte. Die Entwicklung der Dampfmaschine läutete den Beginn des industriellen Zeitalters ein, das neue wirtschaftliche Verhältnisse nach sich zog, die wiederum grundlegende gesellschaftliche Änderungen mit sich brachten: Urbanisierung, Mechanisierung und Maschinisierung. Ein neues Zeitalter war geboren.

Später erhielten die Zuschauer dann einen Einblick in das Leben einer modernen Familie: Im Einfamilienhaus ist der Alltag von technischen Errungenschaften wie Fernsehen, Stereoanlange und mobilen Telefonen geprägt – ein Bild des von Energie bestimmten Lebens des 21. Jahrhunderts.

Meine Damen und Herren, eine Darstellung der Entwicklung der Gesellschaft von einer vorindustriellen Agrargesellschaft über das Zeitalter der Industrialisierung bis hin zu einer multikulturellen, post-industriellen, sozialen Ordnung. Diese Eröffnungszeremonie zeigte vieles, was unserer modernen Welt heute gemein ist: eine Gesellschaft, fest verankert im Glauben an den technischen Fortschritt und die Möglichkeiten der Wissenschaft. Eine Gesellschaft, die in erster Linie auf der Fähigkeit des Menschen fußt, Energie zu erzeugen und sich diese zunutze zu machen.

Gleichzeitig verdeutlichte diese Darstellung aber auch einmal mehr, wie selbstverständlich für uns der Einsatz und Verbrauch von Energie heutzutage geworden ist. So selbstverständlich, dass wir sie, so möchte ich behaupten, häufig gar nicht mehr wahrnehmen. Oder haben Sie sich an dem Abend Gedanken darüber gemacht, welche enormen Mengen an Energie für die Durchführung dieses Spektakels in der englischen Hauptstadt aufgebracht werden mussten?

Da Strom aber eben nicht einfach nur aus der Steckdose kommt, ist das Thema des heutigen Abends – nicht zuletzt natürlich seit dem Beschluss der Bundesregierung, in Deutschland die Energiewende einzuleiten – von größter Aktualität.

Seit dem Unglück von Fukushima und dem deutschen Atomausstieg vergeht fast kein Tag, an dem die Medien nicht zu diesem so wichtigen Thema berichten. Gerade in den letzten Wochen und Monaten konnten wir nahezu täglich über die Energiewende und die sehr vielschichtigen Ansätze und unterschiedlichen Meinungen lesen. Der Klimawandel, die Risiken der Atomkraft, die begrenzte Verfügbarkeit traditioneller Energieträger wie Kohle oder Gas bei gleichzeitigem Anstieg der Nachfrage oder die Durchführbarkeit des Projekts Energiewende an sich, dies sind die Themen, mit denen wir uns auseinandersetzen müssen.

Das Gelingen eines Übergangs auf umweltschonendere Energiequellen bei gleichzeitig stabiler und bezahlbarer Energieversorgung, wird für den wirtschaftlichen Wohlstand und eine nachhaltige Entwicklung in Deutschland – und weltweit – entscheidend sein. Dass mit diesem Übergang sowohl Chancen als auch Risiken verbunden sind, dürfte auch jedem von uns klar sein.

Vor dem Hintergrund von komplexen Zusammenhängen zwischen den ökologischen Bedürfnissen, den Sicherheitsfaktoren und dem Bedarf der Gesellschaft und der Industrie nach einer zuverlässigen Energieversorgung brauchen wir eine koordinierte und wohlstrukturierte Vorgehensweise. Die Geschichte zeigt, dass da, wo die Politik die Rahmenbedingungen für die Entwicklung der neuen Technologien schuf, es am besten gelang, von den neuen technologischen Möglichkeiten zu profitieren. Der amerikanische Historiker Thomas P. Hughes etwa begründete die Tatsache, dass Großbritannien Ende des 19. Jahrhunderts industriell hinter Deutschland und die USA zurückfiel, mit dem Versagen der politischen Machthaber in London, die versäumt hatten, Rahmenbedingungen für eine rasche Einsetzung der damals neuen Energieform – Strom – zu schaffen.[1] Und auch dieser Tage ist ein von der Politik ausgearbeiteter Gesamtplan zur Steuerung des komplexen Projektes „Energiewende" wichtiger denn je. Jedoch, und das möchte ich hier betonen, ist die Politik hier nicht der einzige Akteur.

Der von der Regierung der Bundesrepublik im Juni 2011 beschlossene Ausstieg aus der Atomenergie basierte auf dem Bericht der Ethik-Kommission zur sicheren Energieversorgung, die die Bundeskanzlerin Angela Merkel nach der Reaktorkatastrophe im japanischen Fukushima einberufen hatte. Der gesellschaftlich-politische Charakter der Aufgabe der Ethik-Kommission zeigt sich auch in ihrer personellen Zusammensetzung, mit insgesamt 17 Vertretern aus Politik, Wissenschaft, Industrie und Gesellschaft. Mit dem Abschlussbericht „Energiezukunft Deutschlands" wurde hervorgehoben, dass die Energiewende nur als Gemeinschaftswerk der ganzen Gesellschaft angegangen werden kann.

Als einer der Vorsitzenden dieser Kommission werde ich nach wie vor häufig zu ihrem Entstehungs- und Entscheidungsprozess befragt. Auch wird mir gegenüber dann und wann der Verdacht geäußert, die Politik habe ihre Verantwortung für dieses Thema an die Wissenschaft abgegeben. Ein Verdacht, der so nicht richtig ist. In der Tat spielte die Wissenschaft hier zwar eine tragende Rolle, am Ende braucht es aber das Zusammenspiel aller Akteure. Gestatten Sie mir, diesen Punkt und die Rolle der Wissenschaft in diesem Prozess etwas ausführlicher anzusprechen.

Wie der Soziologe und Wirtschaftswissenschaftler Ortwin Renn in der neuesten Ausgabe der Zeitschrift der Brandenburgischen Akademie der Wissen-

---

[1] Thomas P. Hughes, Networks of Power: Electrification in Western Society, 1880-1930 (Baltimore, 1993).

schaften, „Gegenworte", anmerkt, kann die Bewertung politischer Handlungsalternativen in einer demokratischen, pluralistischen Gesellschaft nicht allein von Wissenschaftlern und Experten ausgehen; auf der anderen Seite sei eine Optionenauswahl ohne Einbindung des bestmöglichen Sachverstandes höchst problematisch. Die Wissenschaft habe eine Rolle als Ratgeber für politische Entscheidungen, diese Rolle müsse aber innerhalb gewisser Grenzen erfolgen, die auch Platz für breitere gesellschaftliche Diskussionen lassen. Renn beschreibt drei Spielarten von Diskursen der Politikberatung:

Erstens den **wissensorientierten Diskurs**, der als Grundlage für spätere Entscheidungen dient oder dienen kann. Es kommt dabei entscheidend darauf an, eine möglichst wirklichkeitsgetreue Beschreibung des Themas zu erzielen. Je komplizierter das Phänomen, desto wichtiger ist der Austausch unter Experten, um die unterschiedlichen Facetten zu erläutern. Renn ist der Meinung, ein solcher Beitrag seitens der Wissenschaft sei sinnvoll, bilde aber in sich keine effektive Politikberatung.

Die zweite diskursive Ebene verfolge daher die **Reflexion unterschiedlicher politischer Optionen** mit dem Ziel, mögliche Handlungsstrategien aufzuzeigen und ihre Folgen abzuwägen, gleichzeitig aber auch die mit den Entscheidungen zwangsweise verbundenen Zielkonflikte zu verdeutlichen und die dadurch erforderlichen Prioritäten festzulegen. Dabei sind auch die Vertreter der unterschiedlichen Interessengruppen, z. B. Vertreter gesellschaftlicher oder wirtschaftlicher Interessen, einzubinden.

Die dritte Ebene bezeichnet Renn als **Gestaltungsdiskurs**. Ein Gestalten seitens der Politik setze die Ergebnisse der beiden vorausgegangenen Diskurse voraus: Hintergrundwissen, Urteils- und Reflexionsvermögen sowie faires Aushandeln von Interessen und Werten seien wichtige Komponenten für die Bewertung von Entscheidungsoptionen und ihre begründete Auswahl. Dies traf eben auch auf die Rolle der Wissenschaft bei der Entscheidung zum Atomausstieg zu. Sie bereitete eine Wissensgrundlage für die politischen Entscheidungsträger und identifizierte und bewertete darüber hinaus unterschiedliche Optionen. Die Entscheidung erfolgte allerdings durch die Mitglieder der politischen Institutionen selbst.

Dieses Miteinander von Politik und Wissenschaft hervorzuheben, ist mir besonders wichtig. Es war eben nicht nur in der Phase der Entscheidungsfindung in der Ethik-Kommission von Bedeutung, sondern wird nun auch in verstärktem Maße bei der Fortsetzung des Projekts „Energiewende" prägend sein, wie ich heute Abend noch demonstrieren möchte.

Die Ethik-Kommission definierte, wie Sie sich sicherlich erinnern können, mehrere Faktoren, die im Laufe des Atomausstiegs in Betracht gezogen und bewältigt werden sollten. Ich wiederhole sie noch einmal:

- Klimaschutz
- Sicherung einer zuverlässigen und ausreichenden Energieversorgung
- Wirtschaftlichkeit
- Finanzierung
- Wettbewerbsfähigkeit
- Forschung und Innovation
- Eine unabhängige Energieversorgung aus Deutschland; das Vermeiden des Imports von Energie aus Nachbarländern

Wir waren auch immer der Überzeugung, dass die Risiken, die wir mit dem Ausstieg aus der Nuklearenergie hinter uns lassen, nicht gegen das Risiko des Klimawandels durch Umweltverschmutzung bei der Verwertung fossiler Energieträger eingetauscht werden dürfen. Von hoher Relevanz war daher die Feststellung der Ethik-Kommission, dass Deutschland seine ehrgeizigen Klimaziele auch ohne Atomkraft erreichen kann. Die Gefahr, dass wir auf umweltverschmutzende, fossile Energieträger zurückgreifen müssen, ist zudem durch den EU-Emissionshandel begrenzt. Die obere Grenze für Kohlendioxidausstöße steht dabei fest, ungeachtet des Atomausstiegs.

Auch unsere Verantwortung für den Schutz der Umwelt für zukünftige Generationen wurde in den Empfehlungen der Ethik-Kommission berücksichtigt. Ebenso die langfristige Sicherstellung der Energieversorgung und eine gerechte Verteilung der Risiken und Lasten zwischen den Generationen.

Die mit der Atomkraft verbundenen Risiken haben sich seit der Havarie in Japan nicht geändert. Vielmehr hat sich unsere Wahrnehmung dieser Risiken geändert. Dies ist natürlich auch in Japan der Fall. Im März dieses Jahres, ein Jahr nach dem Reaktorunglück, berichtete Sheila Smith, Senior Fellow für Japan beim Council for Foreign Relations in Washington, später die Folgen der Katastrophe auf die öffentliche Wahrnehmung in Japan: Noch immer sei das japanische Volk zutiefst erschüttert über das Ausmaß der Naturkatastrophe, aber auch über den fahrlässigen Umgang der japanischen Regierung mit den Kraftwerken und der öffentlichen Sicherheit. Der vorherrschende Tenor sei, dass die japanische Gesellschaft schon vor Fukushima viel mehr hätte hinterfragen statt einfach hinnehmen müssen, dass man sich viel früher für mehr Offenheit und größeres Verantwortungsbewusstsein bei der Erzeugung von Nuklearenergie hätte einsetzen müssen.

Auf der anderen Seite sind die praktischen Herausforderungen der Energieerzeugung in Japan inzwischen auch kritisch geworden: Trotz heftiger öffentlicher Proteste wurde vor wenigen Wochen der zweite Atomreaktor, nachdem alle Atomkraftanlagen nach der Katastrophe abgeschaltet worden waren, wieder hochgefahren. Damit ist die Frage nach der zukünftigen Energieversorgung in Japan aber noch nicht endgültig beantwortet. Vor Fukushima wurde ca. ein Drittel des japanischen Stroms durch Atomkraft erzeugt. Während das Unbehagen gegenüber dieser Situation seit der Katastrophe groß ist und die Befürwortung unter den Japanern für alternative Energiequellen zunehmend lauter wird, ist die Energieversorgung im Land noch stark von den Reaktoren abhängig. Gleiches gilt für die japanische Wirtschaft, die von den Folgen der Katastrophen ebenfalls stark getroffen wurde.

Aufgrund der Tatsache, dass sich das Unglück von Fukushima in einer hoch entwickelten technologischen Gesellschaft ereignete und selbst die hohen Sicherheitsvorkehrungen nicht vermochten, das Unglück zu verhindern, wurde deutlich, dass eine solche Katastrophe auch in Deutschland nicht auszuschließen wäre. In diesem Zusammenhang sollte vielleicht nochmals daran erinnert werden, dass der Ausstieg aus der Atomkraft hierzulande ohnehin nur eine Frage der Zeit gewesen wäre. Dies zeigen auch die Diskussionen der Politik über die Verlängerung der Atomkraftwerkslaufzeiten in den Jahren vor 2011. Nun konzentrieren sich die Bemühungen in Deutschland darauf, das Zeitalter der alternativen Formen der Energieerzeugung schneller als ursprünglich geplant einläuten zu können. Nach Fukushima wurden die Diskussionen entschlossener, und die Entscheidung, bis 2022, 2023 die Ära der Atomkraft in Deutschland zu beenden, wirkt als erneuter Ansporn auf der Suche nach erneuerbaren Energiequellen. Wir haben jetzt die Chance, die Wende zu gestalten und Maßnahmen zu unternehmen, die die Risiken senken und gleichzeitig sicherstellen, dass es keinen Bruch in der Versorgung gibt. Dafür aber musste es eine verbindliche Ent-scheidung mit klaren Zielen und wirksamer Koordinierung geben.

Die Bedingungen für das Gelingen des Atomausstiegs sind uns allen längst bekannt:

Mit der Energiewende geht nicht nur die Entwicklung neuer Technologien einher, sondern ein ganz neuer Umgang mit dem Thema Energie in unserer Gesellschaft an sich. Energieeffizienz ist hier ein wichtiges Schlagwort genauso wie die Schaffung von Rahmenbedingungen und Entwicklungsprozessen auf dem Weg zu einem nachhaltigen Energieangebot und -konsum.

Aber wie erreichen wir dieses Ziel? Deutschland stehen viele Alternativen zur Verfügung: Stromerzeugung aus Wind, Sonne und Wasser sowie Geothermischer und Bioenergie, verbunden mit effizientem Verbrauch von Strom und seiner Erzeugung. Die Ethik-Kommission schlug daher eine Strategie der parallelen Energiequellen vor, was auch als Energie-Mix bekannt geworden ist. Um eine sichere Energieversorgung zu gewährleisten, auch nach der Abschaltung der Atomkraftwerke, und die zukünftige Wettbewerbsfähigkeit Deutschlands zu sichern, brauchen wir aber auch neues Wissen.

Hier sehe ich – und ich komme zurück auf bereits eingangs Erwähntes – eine wichtige Rolle insbesondere für Wissenschaft. Wenn es uns gelingen soll, die Energiewende umzusetzen und gleichzeitig unseren Lebensstandard nicht nur zu erhalten, sondern vielleicht sogar zu erhöhen, müssen wir weiterhin in die Forschung investieren.

In diesem Zusammenhang begrenzen wir uns allzu häufig auf die technischen Fächer. Als Ingenieurwissenschaftler wäre ich sicherlich der letzte, der behaupten wollte, diese seien nicht von zentraler Bedeutung, wie meine späteren Beispiele noch zeigen werden. Aber, um die Terminologie des Berichts der Ethik-Kommission nochmals aufzugreifen, das gesamtgesellschaftliche Werk „Energiewende“ braucht auch „soziale Innovationen“, braucht neue Ansätze z. B. aus der Wirtschafts- und Sozialforschung. Ohne die Beteiligung der Geisteswissenschaften oder der Rechtswissenschaften mit neu entwickelten gesetzlichen Rahmenbedingungen werden wir bei der Umsetzung dieses ehrgeizigen Projektes nicht weit kommen.

Ich erwähne die Notwendigkeit dieses breitgefächerten Einsatzes der Wissenschaft für die Energiewende, gerade weil sich Deutschland diesbezüglich in einer sehr guten Ausgangssituation befindet. Als Wissenschaftsstandort sind wir im letzten Jahrzehnt deutlich stärker geworden, auch im internationalen Vergleich. An unseren Universitäten und Forschungseinrichtungen wird bereits eine hohe Zahl an kreativen und innovativen Forschungsvorhaben verfolgt, die die Umgestaltung unserer Energieversorgung aus sozialer, politischer, wirtschaftlicher sowie technologischer Sicht angehen.

Um auf einige Beispiele zu verweisen:

Im Bereich der Sonnenenergie haben wir in den letzten Jahren einen bedeutungsvollen Aufschwung erlebt. Dieser wurde aber weitgehend auf der Basis von kristallinem Silizium gebaut, einem relativ zeitintensiven und noch viel zu teuren technologischen Ansatz. Und hier bietet sich uns eine gute Gelegenheit für Innovationen:

In Dresden etwa versuchen die Forscherinnen und Forscher des DFG-Schwerpunktprogramms „Elementarprozesse der Organischen Photovoltaik“ organische Solarzellen zu entwickeln. Zukünftig könnten diese aufgrund ihres geringen Materialverbrauchs eine Alternative bieten, die nicht nur günstiger ist, sondern auch flexibel eingesetzt werden kann. Dank der mechanischen Flexibilität organischer Halbleiterfilme sind sie auch auf flexiblen Trägerflächen einsetzbar, z. B. auf einem Bootssegel. Es wird auf diesem Gebiet noch viel geforscht werden müssen, bevor solche Solarzellen praktisch anwendbar werden. Sie bieten aber ein Beispiel für das große Spektrum von Forschungsansätzen an unseren Universitäten und Forschungseinrichtungen, die zusammengenommen realistische Perspektiven für die Zukunft eröffnen und eine Chance für Deutschland, weiterhin führend in der Entwicklung von grünen Technologien zu sein.

Diese Technologien beschränken sich nicht nur auf die Erschließung und Entwicklung erneuerbarer Energiequellen. Man kann es nicht oft genug sagen: In Zukunft wird die Netzstabilität und unsere Fähigkeit, Strom zu speichern eine immer größere Rolle spielen. Während die Stromerzeugungstechnologien sich entwickeln und immer mehr Länder ihre erneuerbaren Energiequellen weiter ausbauen, sind Probleme in den Übertragungsinfrastrukturen, insbesondere der Stromnetzwerke, vielerorts sichtbar geworden. Die Errichtung neuer Erzeugungskapazitäten fernab der Verbrauchszentren fordert die Erweiterung der Übertragungsnetze. Die fluktuierende Verfügbarkeit von Windkraft und Photovoltaik erfordert auch die Weiterentwicklung der Speichertechnologien, von Back-up-Kraftwerken und des Last-Managements, um eine sichere Versorgung mit Strom zu garantieren.

Auch hier kommt die Wissenschaft wieder ins Spiel, bei der Suche nach langfristigen Antworten: Das Team der interdisziplinären DFG-Forschergruppe „Schutz- und Leitsysteme zur zuverlässigen und sicheren elektrischen Energieübertragung" an der TU Dortmund, das sich aus der Energietechnik, Informationstechnik, Informatik und Statistik zusammensetzt, sucht nach Lösungen für diese Probleme. Mithilfe von Leistungsflussreglern und intelligenten Schutzsystemen wollen die Wissenschaftlerinnen und Wissenschaftler die Übertragungskapazität der Hochspannungsnetze erhöhen und weiträumige Zusammenbrüche vermeiden.

Zitat: „Die Leistungsflussregler reagieren flexibel auf den Energiefluss: Stellen sie fest, dass ein Transportweg überlastet ist, leiten sie die Energie auf parallel verlaufende Pfade.... Je größer der Energieverbund, desto wichtiger ist die Kommunikation zwischen den Netzelementen, wie zum Beispiel Leitstellen oder Kraftwerken. Mit einem neuartigen Simulator sollen europaweite Energie- und Kommunikationsnetze gemeinsam analysiert und verbessert werden." (Das blaue ABC, 34).

Bisher habe ich hauptsächlich von großformatigen Änderungen im Energiesystem gesprochen. Aber für die erfolgreiche Umsetzung der Energiewende macht jede Tat, wie klein sie auch sein mag, einen Unterschied. Denn auch anscheinend kleine Ansätze können durchaus große Wirkung erzielen. Einen solchen Ansatz liefert das sogenannte „Energy Harvesting", frei nach dem Prinzip, Strom kann überall dort gewonnen werden, wo es Bewegung gibt oder wo Wärme entsteht. Zwar reden wir hier nicht von Megawatt, sondern eher Mikrowatt, aber bekannterweise können auch viele kleine Schritte zum Ziel führen.

Das Ziel der Forschung in diesem Gebiet, z. B. am Institut für Mikrosystemtechnik (Imtek) an der Universität Freiburg, ist es, Methoden zu entwickeln, um Energie in Form von Strom aus alltäglichen Aktionen zu schöpfen. Dieses Prinzip kennen wir zum Beispiel vom Fahrraddynamo. Durch die Energie der Rotation der Räder werden die Lichter des Fahrrads betrieben. Die neue Technologie sucht Mittel und Wege, Energie genauso, z. B. durch die Bewegung eines Menschen beim Gehen, zu gewinnen. Die Menge mag in sich klein sein, aber der Hersteller des 23 cm langen Stabs „nPower Peg", der beim Wandern in den Rucksack gesteckt wird, bewirbt sein Produkt mit der Aussage, dass eine Minute Gehen ca. eine Minute Spielzeit eines iPods Nano erzeuge. Ein zweites, besonders schönes Beispiel des „Energy Harvesting" wurde vor einigen Wochen in der „Welt am Sonntag" aufgeführt: Ein Fußball, der von der Hilfsorganisation Unchartered Play entwickelt wurde. Mit Spule und Magnet im Innern kann dieser in Ländern eingesetzt werden, in denen die Energieversorgung unzuverlässig ist. 15 Minuten Kicken von Kindern in einem Dorf fabriziert Strom für drei Stunden.

Nun liegt die Lösung der Energiewende nicht darin, dass wir alle jeden Abend Fußball spielen, um unsere Innenstädte und Häuser zu erleuchten. All diese Beispiele zeigen aber die kreativen Ideen und Lösungsansätze auf, die wir brauchen, und an denen bereits an unseren Universitäten und Forschungseinrichtungen gearbeitet wird.

Wie schon angesprochen, kommt es aber nicht nur auf die Weiterentwicklung unseres technischen und naturwissenschaftlichen Wissens an, sondern auch auf das Entwerfen wirtschaftlicher, sozialer und gesetzlicher Rahmenbedingungen für die Energiewende. Stellen Sie sich eine Stadt vor, in der Energie aus erneuerbaren Quellen, auch zum wesentlichen Teil im eigenen Heim, erzeugt wird. Überschüsse aus der privaten Produktion werden gespeichert oder ins Netz weitergeleitet. Stellen Sie sich eine zukünftige, kohlendioxid-neutrale Stadt vor, in der die neuesten Erkenntnisse der Forschung durch die Zusammenarbeit von politi-schen und wirtschaftlichen Akteure sowie durch die Bevölkerung zu einer Revolution in der Energieversorgung und im Energieverbrauch und einer gesellschaftlichen und kulturellen Umgestaltung geführt haben. Ich möchte erinnern an das Projektszenario „Morgenstadt“ der High-Tech-Strategie der Bundesregierung, das intensiv in der Forschungsunion aus Politik, Wirtschaft und Wissenschaft entwickelt und diskutiert wurde.

Der Bedarf der meisten Menschen ist nicht Energie an sich, sondern Energiedienste, sprich Mobilität und ein moderner Lebensstandard. In dieser Stadt wird deshalb die Planung von Neubaugebieten nach dem Prinzip des kurzen Weges, also laufbare Distanzen zwischen Wohnung, Arbeit und Freizeitangeboten, angelegt. Die gemeinschaftliche Nutzung der vorhandenen Elektrofahrzeuge und der Solardächer sind nur zwei Beispiele der kooperativen Kultur der Einwohner. Dies mag utopisch klingen. Ich bin aber davon überzeugt, dass diese Vision ein realisierbares Ziel in Deutschland ist. Wir haben bereits den Anfang gemacht, benötigen aber einen noch viel breiteren Wissenshorizont, um die Gestaltung von nachhaltigen Städten und die Energiewende voranzutreiben.

Durch intensive Forschung können wir diese Wissensgrundlage schaffen. Darin besteht die Verantwortung der Wissenschaft. In diesem Sinne hat es auch der Bundespräsident in seiner Rede auf der diesjährigen Jahresversammlung der DFG formuliert, als er die Wissenschaft aufforderte, sich noch stärker in die Politik einzubringen. Ich antworte hier und heute, dass wir dies gerne und im Bewusstsein der uns übertragenen Verantwortung tun werden.

Globaler Wandel der Biodiversität

Prof. Dr. Dr. h. c. Volker Mosbrugger

Two of the greatest challenges humanity faces are halting the loss of biodiversity and combating climate change.
Stavros Dimas, 2008
(then EU-Commissioner for the Environment)

Zusammenfassung

Trotz großer politischer und medialer Aufmerksamkeit ist der Klimawandel keineswegs das größte Umweltproblem unserer Zeit. In den Auswirkungen umfassender und fataler ist der Verlust an „Biodiversität", d. h. der Verlust an biologischer Vielfalt auf allen Hierarchieebenen, von den Molekülen und Genen über die Arten bis hin zu den biotischen Interaktionen und Ökosystemen. Den tatsächlichen Umfang dieses Biodiversitätsschwundes, der vor allem durch Landnutzungsänderungen und Klimawandel verursacht wird, kennen wir nicht, doch sind die verfügbaren Daten alarmierend: knapp 40% aller untersuchten Arten bzw. Taxa sind in irgendeiner Weise bedroht, die Aussterberaten liegen vermutlich 100- bis 1.000-fach höher als das normale „Hintergrundaussterben". Welche Konsequenzen der aktuelle Biodiversitätsverlust für das System Erde, für die Ökosystemdienstleistungen und damit für die menschliche Subsistenz haben wird, ist ebenfalls erst schemenhaft erkennbar. Tatsächlich fehlen wichtige wissenschaftliche Grundlagen, um Biodiversität über sogenannte „no-regret-Maßnahmen" hinaus nachhaltig schützen und nutzen zu können.

Summary

Despite the enormous interest in media and politics, climate change is not the only and most important environmental problem of our times. More serious and more fatal is the actual loss of biodiversity, i.e. the loss of diversity of life on all hierarchical levels, from molecules and genes to species, biotic interactions and ecosystems. The real extent of this biodiversity loss, caused primarily by land use change and climate warming, is unknown but the available data are alarming: almost 40% of all investigated species or taxa are endangered, the present-day extinction rate is estimated to be 100 to 1.000 times higher than the regular background extinction. The consequences of the actual biodiversity loss for the Earth System, for ecosystem services and thus for human subsistence are hardly understood. In fact, we lack basic scientific knowledge to develop concepts for the sustainable conservation and use of biodiversity which go beyond so-called "no regret measures".

1. Einführung

Unter den globalen Veränderungsprozessen wird der Klimawandel allgemein als besonders bedrohlich eingeschätzt. Er ist entsprechend medial wie politisch ein dominantes Thema und wird etwa im Millennium Project der UN als erstes der „15 Global Challenges facing humanity" (www.millennium-project.org) gelistet. Aus der Perspektive der Erdsystem-Wissenschaften erscheint diese Sicht zu einseitig und verkürzt. Tatsächlich geht es um globale Veränderungen des gesamten Erdsystems, also der vernetzten und rückgekoppelten Kompartimente von Atmosphäre, Biosphäre, Hydrosphäre, Geosphäre und Anthroposphäre, wobei der Klimawandel nur eine – und wie ich zeigen will – noch nicht einmal die größte Herausforderung darstellt. So untersuchen Rockström et al. (2009) neun Sub-Systeme des Erdsystems und kommen zum Schluss, dass bereits bei dreien der sogenannte „Safe Operating Space for Humanity" überschritten wurde; dies betrifft: 1. den Verlust an biologischer Vielfalt, 2. den Klimawandel und 3. den globalen Stickstoff-Kreislauf (Abb. 1). Hier ist wichtig festzuhalten, dass das Erdsystem kein Gleichgewicht kennt, es ist vielmehr historisch geworden und verändert sich – mit und ohne Mitwirkung des Menschen – kontinuierlich. Es geht also nicht darum, dass der Mensch ein natürliches Gleichgewicht stört, vielmehr greift er in einen historisch-dynamischen Prozess so ein, dass er selbst zunehmend Schaden nimmt. Dabei ist nicht die Menschheit als Ganzes bedroht, sondern Menschen sind in ihrem Wohlbefinden, in ihren (Über-) Lebenschancen und ihren Entwicklungsmöglichkeiten gefährdet.

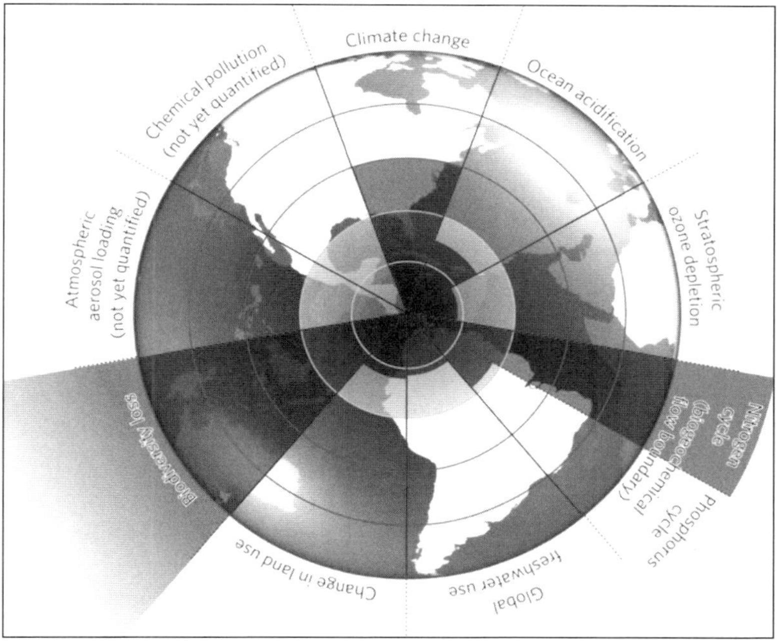

Abb. 1: Durch Eingriffe in das Erdsystem haben wir vermutlich bereits in mehreren Bereichen den „safe operating space for humanity" (er entspricht dem inneren Kreis) verlassen. Weitere Erläuterungen im Text. Aus Rockström et al. 2009.

Der vorliegende, eher wie ein Essay konzipierte Beitrag gibt einen knappen Überblick über die Bedeutung der Biodiversität und des Biodiversitätsverlustes für die Erdsystem-Dynamik und die möglichen Konsequenzen für die Anthroposphäre. Dabei wird sich zeigen, dass unser Wissensstand bezogen auf den Biodiversitätsverlust unvergleichlich viel geringer ist als beim Klimawandel, Biodiversitätsverlust und Klimawandel jedoch eng gekoppelt sind und sich so das Risikopotenzial für Menschen deutlich erhöht.

2. Biodiversität – die bedrohte Unbekannte im Erdsystem

Unter Biodiversität verstehen wir die gesamte Vielfalt des Lebens auf allen Hierarchie- und Komplexitätsebenen. Biodiversität meint also die Vielfalt der Moleküle, der Gene, der Arten und taxonomischen Einheiten, der Lebensräume, der Wechselwirkungen zwischen Organismen, etc. Biodiversität in diesem umfassenden Sinne verstanden ist auch heute noch weitgehend unbekannt! Am besten steht es noch um die Kenntnisse bezüglich der Artenvielfalt, doch sind auch hier die Wissenslücken weit größer als das tatsächliche Wissen. So kennen wir heute etwa 1,5 bis 1,8 Millionen Tier- und Pflanzenarten; die Variationsbreite ergibt sich dabei aus der unterschiedlichen Einschätzung von Synonymen und Artabgrenzungen. Tatsächlich ist die biologische Artenvielfalt aber wesentlich höher, die Schätzungen reichen von 5 Millionen bis zu 100 Millionen Tier- und Pflanzenarten; die jüngste, eher konservative Schätzung geht von 9 Millionen Tier- und Pflanzenarten aus. Nimmt man diese Zahl als Grundlage, kennen wir tatsächlich nur zwischen 15% und 20% der tatsächlichen Artenvielfalt!

Für verschiedene Lebensräume, wie etwa für den Boden oder die Tiefsee, liegt dieser Wert sogar noch deutlich niedriger. Die Ozeane bedecken rund zwei Drittel der Erdoberfläche, der bei weitem größte Anteil davon (über 70%) gehört zur Tiefsee und erreicht Wassertiefen über rund 800m. Das internationale Großvorhaben CEDAMAR (=Census of the Diversity of Abyssal Marine Life), wurde zwischen 2000 und 2010 durch die SLOAN-Foundation gefördert und stellte gewissermaßen eine „Volkszählung in den Tiefseebecken" unserer Erde dar. Es zeigte sich, dass über 95% der bei den zahlreichen Tiefsee-Expeditionen geborgenen Tiefsee-Taxa neu und bisher unbekannt sind (P. Martinez, Projektleiter CEDAMAR, mündliche Mitteilung).

Weltweit entdeckten und beschrieben Wissenschaftler 2009 rund 19.000 neue Arten (IISE, 2012). Bleibt man bei diesem Tempo der Neuentdeckungen, und geht man von „nur" 10 Millionen Arten aus (siehe oben), werden wir frühestens in etwa 500 Jahren einen annähernd vollständigen Überblick über die Artenvielfalt unseres Planeten erhalten – ganz zu schweigen von unseren Kenntnissen über die Biodiversität auf anderen Hierarchieebenen, wie etwa den Genen, den Wechselwirkungen oder den Lebensräumen, denn hier sind unsere heutigen Kenntnisse noch wesentlich schlechter als bezüglich der Artenvielfalt. Wheeler et al (2011) schlagen deshalb auch ein internationales Großprojekt vor, das innerhalb der nächsten 50 Jahre die globale Artenvielfalt mehr oder weniger vollständig erfasst.

Obgleich weitgehend unbekannt, ist diese biologische Vielfalt stark bedroht. Dies dokumentiert insbesondere die IUCN-Red List of Threatened Species, die den Gefährdungsgrad von verschiedenen Tier- und Pflanzengruppen erfasst und bis heute rund 4% aller Tier- und Pflanzenarten berücksichtigt (IUCN, 2012). So sind bei den Säugetieren bereits 100% der Arten erfasst, von denen über 20% vom Aussterben bedroht sind; bei den Gymnospermen (Nacktsamern) wurden bisher 96% aller Arten untersucht, wobei 39% davon als bedroht gelten müssen. Die tatsächlichen Aussterberaten sind schwierig zu bestimmen und werden auf 100- bis 1.000-fach höher als die normalen Hintergrund-Aussterberaten geschätzt (cf. Rockström et al. 2009). In einer sorgfältigen Studie zeigen Barnosky et al. (2011), dass nach den fünf großen erdgeschichtlichen Massenaussterben (Ordoviz/Silur, Frasne/Famenne, Perm/Trias, Trias/Jura, Kreide/Tertiär) inzwischen das sechste, durch den Menschen verursachte Massenaussterben begonnen hat. Die Bedrohung der Biodiversität ist also ohne Zweifel real, auch wenn die quantitative Datengrundlage ungenügend ist, insbesondere hinsichtlich des Verlustes von genetischer Vielfalt, von biotischen Interaktionen oder von Lebensräumen.

3. Die Treiber des Biodiversitätsverlustes

Die Ursachen dieses aktuellen Biodiversitätsverlustes sind vielfältig, ihre relative Bedeutung bleibt umstritten. Nach Sala et al. (2000) und Thuiller (2007) ist Landnutzung durch den Menschen der wichtigste Treiber des Biodiversitätsverlustes (Abb. 2). So verlieren wir laut FAO noch immer rund 130.000 ha Wald pro Jahr – ein Verlust, der durch die Zerstörung von Biotopen und gemäß einem statistischen Zusammenhang zwischen verfügbarer Fläche und Artenvielfalt („species-area-relationship") zumindest regional unmittelbar zu einem entsprechenden Artenverlust führt. Als zweitwichtigste Ursache des Biodiversitätsverlustes gilt meist der Klimawandel, denn alle Arten sind mit ihren Verbreitungsgebieten direkt an ein bestimmtes Klima angepasst. Die Auswirkungen des Klimawandels auf die Organismen sind mannigfaltig und bereits heute deutlich zu erkennen. So zeigen Chen et al. (2011) für verschiedene terrestrische Invertebraten Großbritanniens, dass diese ihre Nordgrenze um durchschnittlich 17km pro 10a nordwärts verschieben. Thomas et al. (2004) berechnen mit Hilfe von sogenannten „Species-Distribution Models" für das Jahr 2050 das Aussterberisiko

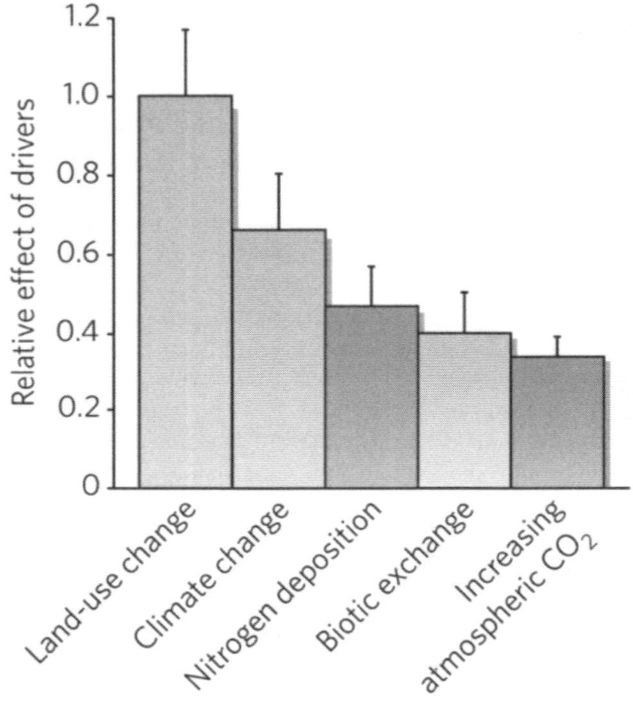

Abb. 2: Wichtige Treiber des anthropogenen Biodiversitätsverlustes und ihre relative Bedeutung. Aus Thuiller 2007.

von Arten unter einem mittleren Erwärmungsszenario. Nach ihren Analysen, die insgesamt 20% der Landoberfläche erfassen, sollten im Untersuchungsgebiet 15% bis 37% der Arten aussterben. Die Sensitivität von Korallen wird von Frieler et al. (2012) untersucht. Sie zeigen, dass bei einer Erwärmung von über 1,5°C rund 80% der Korallen verschwinden werden. Inzwischen liegen auch erste Abschätzungen zum Verlust an genetischer Vielfalt durch Klimawandel vor. Balint et al. (2011) untersuchen mit Hilfe von Species-Distribution-Models neun Arten von Stein-, Köcher- und Eintagsfliegen und deren Überlebenschancen bis 2080 unter einem mittleren

Klimawandel-Szenario. Unter den gegebenen Annahmen sollten lediglich 11% der berücksichtigten Morphospezies verschwinden. Die genetischen Untersuchungen belegten aber die Existenz von mehreren sogenannten „kryptischen Arten“, das sind Arten, die nur genetisch, nicht aber morphologisch unterscheidbar sind, von denen durch Klimawandel 53% aussterben sollten. Nochmals deutlich höher lagen aber die Aussterberaten bezogen auf die genetische Vielfalt, denn hier prognostizierten die Autoren unter einem geänderten Klima den Verlust von insgesamt 72% der genetischen Diversität. Die Studie belegt somit, dass die Klimaveränderungen eben nicht nur die Artenzusammensetzung, sondern insbesondere die genetische Diversität negativ beeinflussen, und der „kryptische Biodiversitätsverlust“ um ein Vielfaches höher liegt als der morphologisch sichtbare. Auch diejenigen Arten, die nicht unmittelbar durch Klimawandel verschwinden, gehen als Folge der Erwärmung durch eine „genetische Bottleneck-Situation“ durch, die sie gegenüber anderen Störungen anfälliger macht.

Neben der anthropogenen Landnutzung ist also Klimwawandel ein besonders wirkmächtiger Treiber des Biodiversitätsverlustes. Zwei weitere wichtige Akteure repräsentieren hier die Einwanderung von neuen Arten und der Anstieg des Kohlendioxidgehaltes, die nachfolgend noch kurz durch Beispiele erläutert seien. Für die Stadt Frankfurt wurden anhand von verfügbaren Dokumentationen die Florenveränderungen zwischen den Jahren 1800 und 2000 analysiert (Gregor et al. 2011). Innerhalb dieser Zeitspanne ging die reine Artenzahl von 1.232 um 10% auf 1.107 zurück. Diese Veränderung setzt sich zusammen aus einer 27%-igen bzw. 26%-igen Reduktion der Artenzahlen der Indigenen bzw. Archaeophyten bei gleichzeitig über 220%-igen Zunahme der Neophyten (Abb. 3). Durch das Verschwinden von einheimischen und archaeophytischen Arten und Einwandern von Neophyten hat also nicht nur die Artenvielfalt abgenommen, sondern es sind auch neue Vergesellschaftungen entstanden. Die Thematik „neue Ökosysteme“ gewinnt so gegenwärtig rasch an Bedeutung.

Der Einfluss von Klimaerwärmung, steigenden atmosphärischen Kohlendioxidgehalten und weiteren Umweltparametern auf Vegetationsänderungen in Afrika wurden von Higgins & Scheiter (2012) in einer Modellanalyse untersucht. Mit Hilfe ihres „Adaptive Dynamic Global Vegetation Model“

konnten die Autoren zeigen, dass für den afrikanischen Kontinent unter den zu erwartenden Klimaveränderungen insgesamt mit einem verstärkten Übergang von einer C4-(Grasland- oder Savannen-) zu einer C3-(Waldland-) Vegetation und entsprechend mit einem deutlichen Anstieg der Bewaldung zu rechnen ist. Dabei konnte der Übergang von einer C4- zu einer C3-Vegetation und zurück im Modell durch Veränderung ganz verschiedener Umweltparameter, wie etwa Temperatur, Kohlendioxidgehalt, Niederschlag oder Feuerhäufigkeit, verursacht werden, wobei auf der lokalen Skala ein typisches „Hysteresis-Verhalten" auftritt: beim Verändern der verschiedenen Umweltparameter sind der Hinweg von einer C4- zu einer C3-Vegetation und der Weg zurück zu einer C4-Vegetation deutlich unterschiedlich (Abb.4 a). Es gibt also für die untersuchten Umweltparameter sogenannte „Tipping-Points", bei deren Über- oder Unterschreiten ein rascher Wechsel von einer C3- zu einer C4- bzw. von einer C4- zu einer C3-Vegetation erfolgt. Interessanterweise geht dieses Hysteresis- und Tipping-Point-Verhalten bei Integration über den gesamten Kontinent weitgehend verloren (Abb. 4 b), offenbar weil die Tipping-Points auf der lokalen Skala

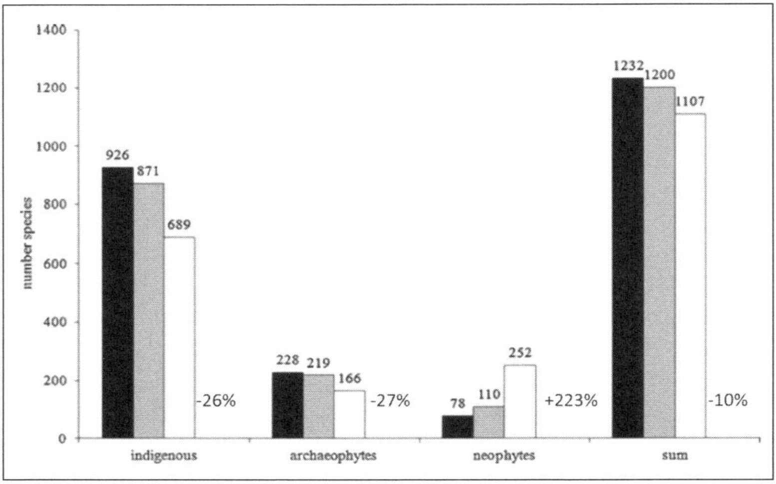

Abb. 3: Artenzahl der Flora im Stadtgebiet von Frankfurt in den Jahren 1800 (schwarze Balken), 1900 (graue Balken) und 2000 (weiße Balken); weitere Erläuterungen im Text. Aus Gregor et al. 2011.

sehr unterschiedlich liegen. Damit zeigt sich auch ein typischer Vorteil von hoher Diversität: plötzliche Katastrophen (Tipping-Points) werden gedämpft und gehen in graduelle Veränderungen über.

Insgesamt ist also die Biodiversität in ihren verschiedenen Hierarchien einerseits wenig bis gar nicht bekannt, andererseits belegt eine Fülle von Informationen, dass diese Biodiversität gegenwärtig in hohem Ausmaß bedroht und aufgrund von vielfältigen Ursachen einem raschen Wandel unterworfen ist, wobei hochkomplexe Systemübergänge auftreten können. Daraus ergibt sich naturgemäß die Frage nach den Folgen des Biodiversitätsverlustes und -wandels.

4. Die Konsequenzen des Biodiversitätsverlustes

Leider ist auch über die Bedeutung der Biodiversität bzw. des Biodiversitätsverlustes für das System Erde und für den Menschen bisher vor allem Grundsätzliches und wenig Quantitatives und Konkretes bekannt. Allgemein gilt, dass die Biodiversität über die sogenannten „Ökosystem-Dienstleistungen" in das System Erde-Mensch einwirkt. Ökosystem-Dienstleistungen bezeichnen dabei ganz allgemein die Benefits, die den Menschen aus den Ökosystemen zufließen, und werden meist in die vier Kategorien „Provisioning", „Regulating", „Cultural" und „Supporting Ecosystem Services" eingeteilt (Millennium Ecosystem Assessment 2005, Abb. 5), wobei die Abgrenzung der Supporting Ecosystem Services von den Regulating System Services durchaus umstritten ist.

Es gibt viele Bemühungen, diese Ökosystem-Dienstleistungen in ihrem volkswirtschaftlichen Wert zu quantifizieren. Eine der ersten diesbezüglichen Studien stammt von Costanza et al. (1997), die den globalen Wert aller Ökosystem-Dienstleistungen auf 16 bis 54 Billionen US-Dollar pro Jahr schätzen. Tatsächlich sind aber insbesondere die Regulating, Cultural und Supporting Ecosystem Services besonders schwierig zu quantifizieren, nicht zuletzt, weil auch Skaleneffekte eine wichtige Rolle spielen, die Bedeutung der Ökosystemdienstleistungen also auf lokaler, regionaler, kontinentaler und globaler Skala berücksichtigt werden muss. Neuere Studien beschränken sich daher eher auf ausgewählte Regionen und Ökosystem-Dienstleistung, so

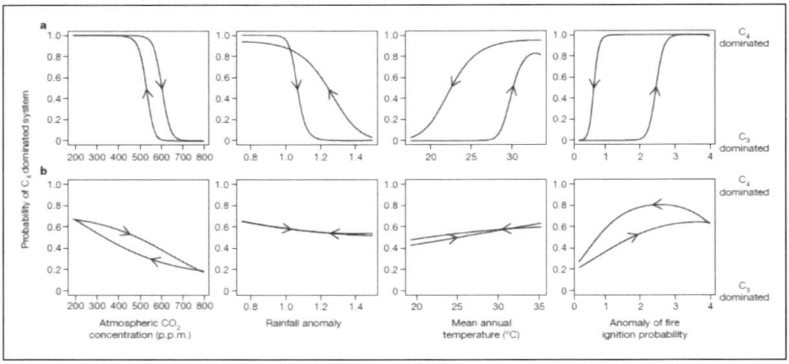

Abb. 4: Übergang von einer C4- zu einer C3-Vegetation in Afrika in Abhängigkeit von verschiedenen Umweltparametern. a. Lokale Muster. b. Kontinentales Muster. Weitere Erläuterungen im Text. Aus Higgins & Scheiter 2012.

etwa die bekannten TEEB-Studien (TEEB, 2008, TEEB, 2010). Für instruktive Beispiele zur konkreten Bedeutung von Biodiversität sei daher auf diese Studien verwiesen, sowie auf Jessel et al. (2009). Allgemein (wenn auch nicht ohne Ausnahme) gilt, dass eine hohe Biodiversität die Leistungsfähigkeit von Ökosystemen und ihre Resilienz gegen Störungen verbessert, wie auch die oben zitierte Modellstudie von Higgins & Scheiter (2012; Abb. 4) belegt.

Wie lückenhaft unser Wissen bezüglich der Bedeutung von Biodiversität und ihrer Ökosystemdienstleistungen jedoch tatsächlich ist, sei an einem kleinen Beispiel kurz erläutert. Aus zahlreichen Studien ist bekannt, dass die Produktivität in vielen Ökosystemen (insbesondere in Grasländern) mit sinkender Biodiversität abnimmt. Erst kürzlich konnten jedoch Reich et al. (2012) in einer Metastudie zeigen, dass dieser Effekt im Laufe der Zeit eskalieren kann; der durch Rückgang der Biodiversität verursachte Produktivitätsverlust steigt also im Laufe der Zeit an. Die Höhe der Ökosystem-Dienstleistungen hängt somit nicht nur von den biotischen und abiotischen Umweltfaktoren, sondern auch von der Vorgeschichte des Systems ab, Ökosystem-Dienstleistungen sind also eine „historische Größe" mit einem Gedächtnis der Vergangenheit.

Insgesamt besteht somit großer Forschungsbedarf, um die Bedeutung der Ökosystem-Dienstleistungen und ihre Abhängigkeit von einzelnen Arten

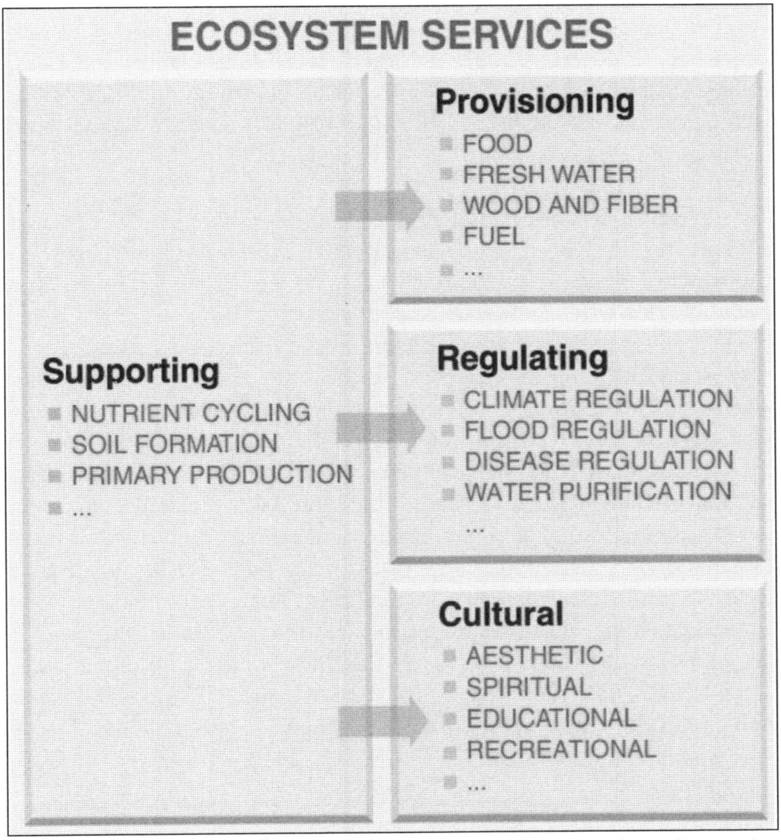

Abb. 5: Gliederung der Ökosystem-Dienstleistungen in vier Grundkategorien (aus Millennium Ecosystem Assessment, 2005).

und von Biodiversität besser zu verstehen. Hilfreich ist in diesem Zusammenhang auch ein Blick in die erdgeschichtliche Vergangenheit. Wie bereits dargestellt (siehe Abschnitt 3), ist der aktuelle Biodiversitätsverlust durchaus mit erdgeschichtlichen Massenaussterben, etwa der Perm-/Trias-Grenze oder Kreide-/Tertiär-Grenze, vergleichbar. Von diesen „big-five mass extinctions" weiß man, dass sie auch einen drastischen Einbruch des Kohlenstoffkreislaufes verursachten, der in den Kohlenstoffisotopen-Verhältnissen von Karbonaten und organischem Kohlenstoff gut dokumentiert ist.

Von besonderem Interesse ist dabei die Erholungsphase nach dem Massenaussterben. Während „schon“ nach rund einer Million Jahre der Kohlenstoffkreislauf wieder seine alten Werte erreicht, braucht es rund fünf Millionen Jahre, um die ursprüngliche Biodiversität bezüglich Arten wieder herzustellen (e.g. Looy et al., 1999, Wilf et al., 2005).

Zwei Lehren lassen sich daraus ziehen: Zum einen hinterlässt der Mensch mit seinem anthropogen verursachten Biodiversitätsverlust bereits heute ein ökologisches Signal, das vermutlich noch für rund fünf Millionen Jahre erkennbar sein wird. Zum anderen zeigt sich auch hier, dass die natürliche Biodiversität eine hohe Redundanz aufweist und entscheidend zur System-Resilienz beiträgt; nur so ist zu erklären, dass nach einem Massenaussterben die ursprüngliche Ökosystem-Dienstleistung bezogen auf den Kohlenstoffkreislauf bereits nach einer Million Jahre, die ursprüngliche Biodiversität aber erst nach weiteren vier Millionen Jahren erreicht wird. Die Erdgeschichte hält aber noch eine weitere Lehre parat. Die aktuelle globale Erwärmung stellt für sich genommen keine grundsätzliche Problematik für das Leben auf dieser Erde und die Menschheit dar, wohl aber für die diversen menschlichen Gesellschaften, die mit allen ihren Strukturen an ganz bestimmte Klima- und Meeresspiegelverhältnisse angepasst sind. So existierten zur Zeit des Eozäns vor rund 50 Millionen Jahren auf unserem Planeten weitgehend eisfreie Verhältnisse mit wesentlich (Faktor 3-5) höheren Kohlendioxidgehalten bei gleichzeitig sehr üppigem, gemäßigt bis subtropischem Leben bis in hohe Breiten (Pross et al., 2012; Utescher & Mosbrugger, 2007).

5. Schlussfolgerung – Was ist zu tun?

Die Bilanz der bisherigen Betrachtung ist ernüchternd:

- Die Biodiversität repräsentiert zwar eine Schlüsselkomponente des Erdsystems und DAS Charakteristikum des Planeten Erde, ist in ihren Dimensionen bisher aber nicht bekannt.
- Der Mensch verursacht gegenwärtig einen großen Biodiversitätsverlust, der den aus der Erdgeschichte bekannten Massenaussterben durchaus gleicht, in seiner tatsächlichen Größenordnung bisher aber nicht quantifiziert werden kann.

- Es gibt zahlreiche Treiber des anthropogenen Biodiversitätsverlustes, darunter insbesondere Landnutzung und Klimawandel; eine Reduktion des Artensterbens ist entsprechend schwierig.
- Die Konsequenzen des anthropogenen Biodiversitätsverlustes sind systemischer Natur, weit reichend und lang andauernd, konkret bisher aber nicht umfassend verstanden.

Mit Bezug auf den globalen Wandel der Biodiversität gilt also die sokratische Erkenntnis in besonderem Maße: „Ich weiß, dass ich nichts weiß.“ Erschwerend kommt hinzu, dass die Biodiversitätsproblematik mit ihren komplexen Vernetzungen von den Führungseliten weltweit weitgehend vernachlässigt wird. So taucht z. B. das Thema Biodiversität in den Global Risks Reports 2012 und 2013, wie sie auf dem World Economic Forum in Davos vorgestellt

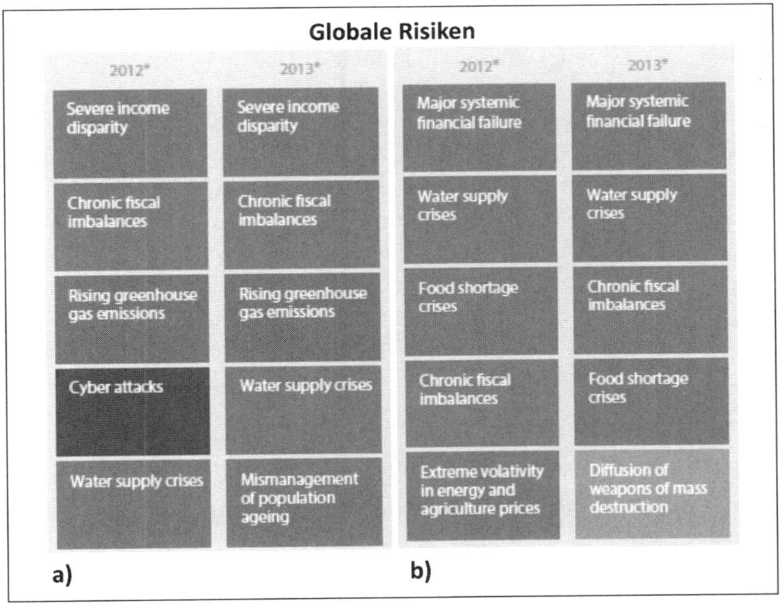

Abb. 6: Einschätzung der fünf wichtigsten globalen Risiken in den Jahren 2012 und 2013, a) bezogen auf die Wahrscheinlichkeit des Eintretens und b) bezogen auf die zu erwartende Wirkung. Aus Global Risks Report 2013.

wurden, gar nicht erst auf (Abb. 6), die internationalen Fortschritte hinsichtlich einer Verbesserung des Biodiversitätsschutzes sind entsprechend marginal. Was ist also zu tun? Fünf Maßnahmenfelder erscheinen hier besonders wichtig:

1) Zunächst ist die internationale Forschung gefordert, dem Thema Biodiversität – neben dem Klimawandel – größere Aufmerksamkeit zu widmen, um eine deutlich verbesserte Grundlage für Maßnahmen zum Schutz der Biodiversität bereitzustellen. Notwendig ist hier insbesondere eine auf ein Systemverständnis ausgerichtete Feld- und empirische Forschung sowie ein Ausbau der integrativen Modellierung. Auf nationaler Ebene waren die Einrichtung des „Biodiversität und Klima Forschungszentrums“ in Frankfurt (www.bik-f.de) in 2008 und des DFG-Forschungszentrums „Integrative Biodiversitätsforschung“ (www.idiv-biodiversity.de) in 2012 wichtige Schritte in diese Richtung.

2) Aufgrund der Systemkomplexität kann es – ähnlich wie beim Klimawandel – keine Optimum-Lösung, keinen „Masterplan“ zum Schutz der Biodiversität geben. Vielmehr muss ein „evolutionärer Ansatz“ verfolgt werden, der auf Diversität der Maßnahmen sowie auf „Versuch und Irrtum“ basiert und in der Größenordnung skalierbar ist. Entsprechend muss das Thema „Erdsystem-Management“ bzw. „Geoengineering“ (im weiteren Sinne verstanden und nicht nur auf Climate Engineering beschränkt) ernsthaft angegangen werden, und zwar ebenso mit kleinen, skalierbaren Maßnahmen. Es muss ein Weg gefunden werden, um von dem gegenwärtigen unkontrollierten „Erdsystem-Raubbau“ zu einem verantwortungsbewussten, auf Wissen um die Systemzusammenhänge basieten Erdsystem-Management zu kommen.

3) Die Nutzung von Natur muss kosten, die Internalisierung externer Kosten weiter vorangetrieben werden. Neben den naturwissenschaftlichen Erkenntnissen sind es wesentlich politisch-wirtschaftliche Systeme, die langfristig sicherstellen können, dass sich der globale ökologische Fußabdruck auf einen nachhaltigen Wert einpendelt.

4) Die großen Kenntnislücken und Unsicherheiten dürfen keine Rechtfertigung für Nicht-Handeln sein. Einerseits müssen „evolutionäre Maßnah-

men" entwickelt werden (siehe oben), andererseits stehen „no-regret-Maßnahmen" zur Verfügung, die sich letztlich immer positiv auswirken. Hierzu gehören etwa der Schutz noch vorhandener Natur sowie das Pflanzen von Bäumen, die sowohl bezüglich Klimawandel als auch beim Schutz der Biodiversität positive Wirkung entfalten. Es ist kein Zufall, dass China heute das weltweit größte Aufforstungsprogramm betreibt.

5) Das Thema „Natur" muss verstärkt Gegenstand der Bildung werden. Die Entwicklung eines nachhaltigen Umganges mit der Natur erfordert naturwissenschaftliche Erkenntnisse und ein entsprechendes gesellschaftliches Bewusstsein und Verständnis. C. P. Snow (1959) hat die Existenz zweier sich weitgehend sprachlos gegenüberstehenden Kulturen, nämlich der „sciences" und „humanities", identifiziert und beklagt, wobei die Literatur und schönen Künste den gesellschaftlichen Dialog und die Feuilletons beherrschen, während die Naturwissenschaft und Technik als zweite Kultur weitgehend auf die Experten beschränkt bleibe. C. P. Snow (1963) und John Brockman (1995) fordern daher zu Recht eine „dritte Kultur", die zwischen beiden vermittelt und die Natur- und Technikwissenschaften gesellschaftsfähig macht.

Literatur:

Balint et al. (2011): Cryptic biodiversity loss linked to global climate change. Nature Climate Change, 1: 313-318.

Barnosky, A.D. (2011): Has the Earth's sixth mass extinction already arrived? Nature, 471: 51-57.

Brockman, J. (1995): The third culture. Beyond the scientific revolution. Touchstone, New York.

Chen I-Ching et al. (2011): Rapid range shifts of species associated with high levels of climate change. Science, 333: 1024-1026.

Costanza et al. (1997): The value of the world's ecosystem services and natural capital. Nature, 387: 253-260.

Frieler, K. et al. (2012): Limiting global warming to 2° C is unlikely to save most coral reefs. Nature Climate Change, 3: 165-170.

Global Risks Report (2013), http://www3.weforum.org/docs/WEF_GlobalRisks_Report_2013.pdf

Gregor, T. et al. (2011): Drivers of floristic change in large cities – A case study of Frankfurt/Main (Germany). Landscape and Urban Planning, 104: 230-237.

INTERNATIONAL INSTITUTE FOR SPECIES EXPLORATION (IISE) (2012): State of observed species 2011. http://species.asu.edu/SOS

IUCN 2012. The IUCN Red List of Threatened Species. Version 2012.2. <http://www.iucnredlist.org>. Downloaded on 17 October 2012.

Jessel, B., Tschimpke, O., Walser, M. (2009): Die Produktivkraft der Natur. Hoffmann und Campe.

Looy, C. V., Brugman, W. A., Dilcher, D. L. & Visscher, H. (1999): The delayed resurgence of equatorial forests after the Permian-Triassic ecologic crisis. Proc. Natl. Acad. Sci. USA, 96: 13857-13862.

Millennium Ecosystem Assessment (2005): Ecosystems and Human Well-being: Biodiversity Synthesis. World Resources Institute, Washington, DC.

Pross, J. et al. (2012): Persistent near-tropical warmth on the Antarctic continent during the early Eocene epoch. Nature, 488: 73-77.

Reich et al. (2012): Impacts of biodiversity loss escalate through time as redundancy fades. Science, 336: 589-592.

Rockstroem, J., et al. (2009): A safe operating space for humanity. Nature, 461: 472-475.

Sala, O.E. et al. (2000): Global biodiversity scenarios for the year 2100. Science, 287: 1770-1774.

Snow, C. P. (1959): The two cultures. Cambridge University Press.

Snow, C. P. (1963): The two cultures: A second look. Cambridge University Press.

TEEB (2008): The economics of ecosystems and biodiversity. An interim report.

TEEB (2010): The Economics of Ecosystems and Biodiversity: Mainstreaming the Economics of Nature: A synthesis of the approach, conclusions and recommendations of TEEB.

Thomas, C. D. et al. (2004): Extinction risk from climate change. Nature, 427: 145-148.

Thuiller, W. (2007): Climate change and the ecologist. Nature, 448: 550-552.

Utescher, T., Mosbrugger, V. (2007): Eocene vegetation patterns reconstructed from plant diversity – a global perspective.– Palaeogeography, Palaeoclimatology, Palaeoecology, 247: 243-271.

Wheeler, Q,D. et al. (2012): Mapping the biosphere: exploring species to understand the origin, organization and sustainability of biodiversity. Systematics and Biodiversity 10: 1-20.

Wilf, P., LaBandeira, C. C., Johnson, K. R. & Ellis, B. (2005): Decoupled plant and insect diversity after the end-cretaceous extinction. Science, 313: 1112-1115.

Gegen Krebs – Die Geschichte einer provokativen Idee

Prof. Dr. Dr. h. c. mult. Harald zur Hausen

Der Durchbruch

In Freiburg übernahm ich ein Institut und damit auch Mitarbeiter, die mir verständlicherweise mit gemischten Gefühlen entgegensahen. Noch vor meinem offiziellen Dienstantritt fuhr ich nach Freiburg, um mit einigen von ihnen zu sprechen. Es ging mir vor allem darum, ihre Interessengebiete auszuloten, unsere Eingliederung vorzubereiten und auch die Raumverteilung zu regeln. Dass ich besonderes Gewicht auf die Tumorvirusforschung legen würde, verstand sich fast von selbst. Dennoch war nicht jeder Mitarbeiter über meine Zielvorstellungen erfreut. Einer der Oberärzte und ein Assistent verließen das Institut rasch nach unserem Gespräch. Verständlicherweise wollten sie ihr bisheriges Arbeitsgebiet nicht aufgeben und fürchteten, durch die Neuausrichtung ihren Interessen nicht mehr nachgehen zu können.

Ein Großteil der Kollegen aus Erlangen entschloss sich, mit nach Freiburg zu ziehen. Ich fragte mich, ob wir es schaffen würden, die Freiburger Arbeitsgruppe hinter uns zu bringen und zu verhindern, dass sie uns als Eindringlinge empfand, die Platz und Einfluss wegnahmen. In jedem Fall war dies eine der ersten Herausforderungen, der wir uns stellen mussten. Diplomatisches Geschick war gefragt.

Es war kaum zu übersehen, dass vor allem die Bakteriologen Bedenken hatten, die Virologie könnte ihre Disziplin in den Hintergrund drängen. Die Virologie war damals im Vergleich zur Bakteriologie noch immer eine junge Disziplin, die unter Wissenschaftlern und Geldgebern allerdings rasch an Einfluss gewann.

An unserem ersten Arbeitstag, am 1. März 1977, stellte ich fest, dass sich nicht alle Freiburger an unsere Abmachungen gehalten hatten. Einer der langjährigen Mitarbeiter vor Ort hatte einen der für uns vorgesehenen Geräteräume in einer „Nacht-und-Nebel-Aktion“ als Schreibzimmer eingerichtet. Ich konnte ihn nicht zur Rede stellen, und da er für diesen Tag Urlaub genommen hatte, so entschloss ich mich, die Räumung des Zimmers zu veranlassen. Wenige Tage später rief mich der Dekan an und befragte mich zu dem Vorfall, über den er bereits bestens – höchstwahrscheinlich durch den Kollegen selbst – informiert war. Ich erklärte ihm meinen Standpunkt, womit die Sache glücklicherweise erledigt war, dennoch hätte ich mir einen anderen Start gewünscht. Mir wurde dadurch klar, dass ich mich nicht in jedem Fall auf frühere Vorabsprachen verlassen konnte.

Trotz unseres Umzugs nach Freiburg liefen die Arbeiten zu den Papillomviren im Labor rasch und zielstrebig weiter. Während wir wenige Jahre zuvor nur über die Existenz dieser Viren spekulieren konnten, war mittlerweile klar, dass es mehr als nur einen Typ davon geben musste. Die Theorie, dass ein Warzenvirus (Papillomvirus) alle möglichen Arten von Warzen verursacht, war endgültig überholt.

Auf einer Tagung der Europäischen Tumorvirus-Gruppe in Grindelwald 1977 präsentierten wir die vier Papillomvirus-Typen, die wir in Hautwarzen entdeckt hatten. Auch Gérard Orth war vor Ort und berichtete von zwei weiteren Typen. Besonders interessant war, dass einige davon bei Patienten mit *Epidermodysplasia verruciformis* auftraten, deren Warzen zur Krebsbildung neigen. Hier deutete sich eine konkrete, mögliche Verbindung zwischen Papillomviren und Krebs an, in diesem Fall Hautkrebs. Unter Fachkollegen erregte diese Nachricht allerdings kaum Aufmerksamkeit. Bernhard Fleckenstein erinnert sich an diese Tagung:

„Harald zur Hausen berichtete über seine Hypothesen zu Papillomviren als infektiöse Ursache für Gebärmutterhalskrebs. Am Rande der Tagung sprach mich ein Schweizer Kollege an: «Sag mal deinem Chef, er soll wieder zur richtigen Tumorvirologie zurückkehren. So viel klinische Spekulation passt doch kaum in diese Tagung, wo es doch so schöne experimentelle Tiermodelle gibt.» Harald zur Hausen, motiviert von der Frage nach den Ursachen menschlicher Tumorkrankheiten, war der damaligen Zeit weit voraus.

Erstmals traf ich Harald zur Hausen 1971 bei einem Seminarvortrag in Würzburg, und schon damals – er war noch nicht lange Privatdozent im Virologischen Institut der Universität Würzburg und am Beginn seiner akademischen Laufbahn an einer deutschen Universität – war seine persönliche Ausstrahlung unverkennbar. Seine freundlich-zurückhaltende und sachliche Art, unter scheinbar kühler Fassade, konnte nicht verbergen, mit welcher wissenschaftlichen Emotionalität er sich der Tumorvirologie widmete. Er spekulierte, dass nicht nur die vergleichsweise seltenen Epstein-Barr-Virus-assoziierten Tumoren bei der Suche nach Verbindungen zwischen Krebs und Viren wichtig seien, sondern dass vielmehr breit und systematisch bei allen verdächtigen menschlichen Krebskrankheiten gesucht werden müsse.

Ich erinnere mich, wie er im Gespräch äußerte, es sei ihm ein alter Traum aus der Zeit im Labor bei Werner und Gertrude Henle, Papillomviren als mögliche Ursache menschlicher Krebsformen zu erforschen. Harald zur Hausen wagte es, auf internationalen Kongressen offen über seine Theorie zu spekulieren, noch lange bevor die vorhandene Methodik es erlaubte, solche Hypothesen zu verifizieren.“

Die Entdeckungen verschiedener Papillomviren stellte die internationale Fachgemeinschaft indessen vor eine neue Herausforderung: die Namensgebung. Da es zu jener Zeit keinen einheitlichen Bezeichnungscode für Papillomviren gab, blieb die Entscheidung allein beim Entdecker und seinem Verständnis mit der Folge, dass es bald Dopplungen und Verwechslungen gab. Gérard Orths Team hatte insgesamt drei Typen 2, 3 und 4 entdeckt, und auch wir hatten vier Papillomviren Typ 1 bis 4 identifiziert, woran unser Problem deutlich wird.

Aus diesem Anlass trafen sich ein gutes Dutzend Wissenschaftler im Sommer 1978 zu einer Konferenz über Papillomviren in Mobile, Alabama, mit dem Ziel, einen einheitlichen Bezeichnungscode festzulegen. Joseph Coggin von der dortigen Universität interessierte sich besonders für eine gemeinsame Namensgebung für Papillomviren und übernahm die Organisation der Konferenz. Er besaß zwar keine besonderen Erfahrungen auf diesem Gebiet, konnte aber relativ kurzfristig die Finanzierung eines solchen Treffens sicherstellen. Offensichtlich hatte er gute Verbindungen zum Nationalen Krebsinstitut in Bethesda, USA.

Unsere Sitzungen dauerten zwei Tage an. Wiewohl wir anfangs kontrovers diskutierten, sahen wir doch alle die Notwendigkeit einer Einigung. Die Hauptschwierigkeit bestand darin, eine Einigung über unterschiedliche Vorschläge zur Benennung neuer Papillomvirus-Typen zu erzielen. Douglas Lowy, von dem später noch die Rede sein wird, erwies sich als besonders geschickt darin, zwischen den unterschiedlichen Standpunkten zu vermitteln. Die sieben bis dahin bekannten menschlichen Papillomviren schienen – zumindest den bisherigen Experimenten nach – unterschiedlich und daher nur entfernt miteinander verwandt zu sein.

Im Endeffekt einigten wir uns darauf – und das gilt bis heute --, ein neu entdecktes Papillomvirus dann als neuen Typ zu bezeichnen, wenn es sich im Bereich des Gens für das Hüllprotein L1, das wesentlich die Virushülle bildet, um mehr als 10 Prozent von den bereits bekannten Viren unterscheidet. Dieses Gen gehört zu den sogenannten konservierten Genen, die evolutionsgeschichtlich sehr alt und für die Lebensfähigkeit des jeweiligen Organismus essenziell sind. Konservierte Gene verändern sich nur wenig oder langsam, weil Veränderungen in diesen Genen meist zum Tod des Trägers führen. Findet man bei Papillomviren um weniger als 10 Prozent veränderte konservierte Gene, handelt es sich daher um nahe Verwandte, die sich während der Evolution noch nicht sehr lange stammesgeschichtlich voneinander getrennt haben. Unterscheiden sich die konservierten Gene um mehr als 10 Prozent, werden sie als unterschiedliche Typen definiert.

Wir einigten uns auch darauf, die Bezeichnungen für den Typ 1 und unseren Typ 4 zu belassen, unsere Typen 2 und 3 wurden in 1a und 1b umbenannt, da sie dem Typ 1 sehr ähnlich waren und als Untergruppen davon betrachtet wurden. Der Typ 4, den die Pariser Gruppe entdeckt hatte, erhielt die Bezeichnung Typ 5.

Auf einer Schiffsrundfahrt am Abend des ersten Tages in der Bucht von Mobile versuchte mich Gérard Orth davon zu überzeugen, den Namen «seines» Typs 4 doch möglichst zu belassen. Nun kann man sich fragen, welchen Unterschied es macht, ob ein Papillomvirus nun Typ 4 oder Typ 5 heißt. Doch aus der Sicht von Gérard Orth stand die Typ-Nummer damals, als gerade mal eine Handvoll menschliche Papillomviren entdeckt waren, in gewisser Weise für die Wichtigkeit eines Virus. Sein Typ 5 stand im Verdacht, an Hautkrebs beteiligt zu sein, während unser Typ 4 bis dahin nicht mit Krebs in Verbindung gebracht werden konnte. Da wir die Entdeckung des Papillomvirus Typ 4 früher veröffentlicht hatten, hielt ich es dennoch für richtig, diesen Namen beizubehalten. Es erschien mir logischer, die Typen entsprechend der zeitlichen Folge ihrer Entdeckung zu benennen, und lehnte diesen Vorschlag ab, worüber Gérard Orth nicht glücklich war.

Die Konkurrenzsituation mit Orth war in dieser Phase stärker spürbar. Er empfand uns offensichtlich als «Newcomer», denn er hatte früher als unsere Gruppe damit begonnen, Papillomviren zu untersuchen. Lutz Gissmann erzählt dazu:

„Gérard Orth besuchte uns, um mit Harald zur Hausen zu besprechen, wie man das Bezeichnungswirrwarr für die neu entdeckten Papillomviren lösen könnte. Es war eine freundliche, jedoch nicht ganz spannungsfreie Atmosphäre. Für eine Weile fanden fast regelmäßige Treffen statt. Einmal, als uns Gérard Orth von seinen Experimenten erzählte, fiel mir auf, dass er sein Laborbuch von uns weghielt, als hätte er Bedenken, wir könnten zu viel sehen. Es ist durchaus möglich, dass sich Orth damals von Harald zur Hausen an die Wand gedrängt fühlte. Schließlich hatte Orth seit Jahren über Papillomviren gearbeitet, und nun übernahm eindeutig Harald zur Hausen die Führungsrolle in diesem Forschungsfeld."

Stefania Jabłonska über die Konkurrenzsituation zwischen Gérard Orth und Harald zur Hausen:

„Über die Jahre habe ich versucht, Harald zur Hausen und Gérard Orth auf gemeinsamen Exkursionen zusammenzubringen und zu überzeugen, gemeinsame Projekte zu initiieren. Doch meine Versuche blieben erfolglos.

Ich fand heraus, dass es unmöglich war. Ihre Persönlichkeiten schlossen sich gegenseitig aus. Beide waren daran gewöhnt, zu führen und ihre Verantwortlichkeiten nicht mit anderen zu teilen, und so wollte sich keiner der beiden vom anderen führen oder reinreden lassen. Harald zur Hausen war sich seiner Position und bald auch seines Erfolgs bewusst. Außerdem wurde er bald als der Erfolgreichere der beiden angesehen. Die Konkurrenz zwischen ihnen hat daher womöglich eine wichtige Rolle gespielt. Der menschliche Ehrgeiz ist oftmals schädlich und manchmal sogar gefährlich. Die Konkurrenz zwischen Harald zur Hausen und Gérard Orth behinderte ihre Chance, die Fragen um Papillomviren in größerem Umfang – und am wichtigsten für mich das Rätsel um die Krankheit Epidermodysplasia anzugehen. Nichtsdestotrotz war es ein Privileg für mich, mit Gérard Orth and Harald zur Hausen arbeiten zu können – zwei Titanen der Virologie, die dieser Wissenschaft eine neue Richtung gegeben haben und der zeitweiligen Kritik widerstanden, dass es sich dabei nur um Science-Fiction handelt. Sie zählen zu den Wissenschaftlern, deren Geschichte wissenswert ist, weil ihr Weg zur Erkenntnis so schwierig, lang und mit Zurückweisungen verbunden war."

Die Frage, die uns nach dem Nachweis der Papillomviren in Hautwarzen mehr als alles andere bewegte, war, ob sich damit verwandte Papillomviren auch in Genitalwarzen befinden. Ich bat Lutz Gissmann, parallel zu seinen Analysen der Hautwarzen Genitalwarzen anzusehen – vorerst ohne Erfolg. Lutz Gissmann erinnert sich:

„Es zeigte sich schnell, dass wir mit der bisherigen Nachweismethode bei Genitalwarzen keinen Erfolg hatten. Ich schätzte, dass die Virus-DNA mindestens um den Faktor zehn geringer sein musste als bei den entsprechenden Hautwarzen, denn ich bekam einfach nicht genügend heraus. Oft ging ich zu Georg Bornkamm, meinem molekularbiologischen Guru, um mir Rat zu holen. Er war ein exzellenter Zuhörer und hatte immer eine Idee, wie wir experimentelle Schwierigkeiten überwinden konnten. Wir entschieden, einen Schritt zurückzugehen und es mit der ursprünglichen Methode, der direkten Isolierung der Virus-DNA aus den Biopsien, zu versuchen. Ich verwendete einen sogenannten Cäsiumchlorid-Ethidiumbromid-Gradienten, um die Virus-DNA von der zellulären DNA in den Genitalwarzen zu trennen. Beide lassen sich nicht ohne Weiteres voneinander unterscheiden. Wenn man jedoch Ethidiumbromid, einen Farbstoff, der sich in DNA-Moleküle einlagert, zugibt, wird genau das möglich. Die Struktur der DNA gleicht einer Wendeltreppe, die sich ein wenig weiter aufdreht, wenn sich dieser Farbstoff einlagert. Dadurch verringert sich die Dichte des genetischen Materials. Das Entscheidende dabei war, dass das genetische Material von Zellen dehnbarer ist als das von Viren, was bedeutet, dass sich eine größere Anzahl der Farbstoffmoleküle in die DNA der Zelle einlagert. Auf diese Weise konnten wir dann Zell- und Virus-DNA voneinander unterscheiden."

Das genetische Material, das ich auf diese Weise erhielt, reichte für eine grobe Charakterisierung. Dabei zeigte sich, dass wir es mit einem neuen Papillomvirus-Typ zu tun hatten, der später die Bezeichnung Typ 6 erhielt. Die Frage aller Fragen war nun, ob wir damit auch das «Gebärmutterhalskrebs-Virus» gefunden hatten. Wir waren enttäuscht, als wir merkten, dass wir damit immer noch nicht erfolgreich waren, folgerten aber, dass in den genitalen Tumoren ein weiteres, bis dahin noch unbekanntes Papillomvirus vorlag. Wir mussten also nur geduldig sein und weitere Tumoren untersuchen. Der Gedanke, dass Harald zur Hausens Theorie falsch sein könnte, kam mir damals nicht."

Auch ich war enttäuscht, dass wir das Erbgut dieses Virus nicht in Gebärmutterhalskrebs-Biopsien nachweisen konnten. Dennoch hatte ich das Gefühl, dass wir auf der richtigen Spur waren. Der „Umweg" über Kehlkopfwarzen sollte uns zum nächsten Schritt verhelfen.

Eine Reihe von Hals-Nasen-Ohren-Ärzten von verschiedenen Universitäten interessierte sich für Papillomviren, die in Kehlkopfwarzen (Larynxpapillome) elektronenmikroskopisch nachgewiesen worden waren. Kehlkopfwarzen ähneln in ihrem Gewebebild genitalen Warzen, weshalb vermutet wurde, dass gutartige Kehlkopfwarzen mit Viren aus genitalen Warzen in Verbindung stehen. Bei Erwachsenen treten sie in der Regel als einzelne gutartige Hautwucherungen (Papillome) in Erscheinung, die zumeist keine nachweisbare Virus-DNA beinhalten. Bei Kindern finden sich dagegen meist zahlreiche Papillome, die zudem Viruspartikel enthalten. Auch nach operativer Entfernung treten sie bei Kindern oft erneut auf. In einigen Fällen sind mehr als 50 Eingriffe erforderlich, wobei mit zunehmender Zeit das Risiko steigt, dass daraus bösartige Krebswucherungen werden.

Ich bat einige Ärztekollegen um Operationspräparate, woraufhin Lutz Gissmann auch diese Tumore testete, um herauszufinden, ob sich darin genetisches Material des Papillomvirus 6 befindet.

Glücklicherweise war zu dieser Zeit bereits die Methode der DNA-Klonierung etabliert. Damit lassen sich DNA-Stücke in identischer Weise vermehren. Einer Gruppe Wissenschaftler um Peter Howley gelang das 1980 zum ersten Mal für Papillomviren. Lutz Gissmann erinnert sich an diese Phase:

„Da niemand in unserem Institut diese Methode beherrschte, schickte mich Harald zur Hausen zu Gerd Hobom, damals Professor im Institut für Genetik in Freiburg. Er war einer der ersten deutschen Wissenschaftler, die Erbmaterial klonierten. Seine Mitarbeiterin Monika Lusky brachte mir die Tricks und Fallstricke der Methode bei. Ich lernte, wie man DNA-Stücke in ein ringförmiges DNA-Molekül, ein Plasmid oder Vektor, einsetzt, diesen Vektor dann in Bakterien einschleust, die dann wiederum viele Kopien des Gens herstellen. Damit war es uns möglich, die wenige Virus-DNA, die wir aus den Warzen herausbekamen, ganz einfach zu vermehren, um sie genauer zu untersuchen. Das Risikopotenzial bei der Arbeit mit Papillomviren wurde damals hoch eingestuft, weshalb uns die Genehmigungsbehörde nur die Klonierung einzelner DNA-Fragmente und nicht des gesamten Virus-Genoms erlaubte. Zunächst mussten wir ein Sicherheitslabor einrichten. In einem Nebenraum des Tierstalls betonierte der Hausmeister dazu den Bodenabfluss zu, da weder Zu- noch Abflüsse in einem solchen Labor erlaubt sind.

Bei den Gebärmutterhalstumoren stießen wir mit der Klonierung an Grenzen, denn die direkte Isolierung der Virus-DNA war daraus nicht möglich. Zu diesem Zeitpunkt wussten wir noch nicht, dass sich die Virus-DNA oft in das Genom der Zelle einlagert, wodurch wir beide nicht voneinander unterscheiden, geschweige denn trennen konnten. Die Lösung lag in einer Genombibliothek, um die Virus-DNA überhaupt zu finden. Dazu wird die gesamte DNA der Zelle mit Restriktionsenzymen in Stücke geschnitten, die jeweils einzeln in einen Vektor eingebaut werden. Unter den Tausenden solcher Vektoren mit je einem Stück der Zell-DNA gibt es dann auch einige wenige mit der Virus-DNA. Diese Vektoren schleust man in Bakterien ein, welche die hunderttausendfache Menge davon produzierten. Die Herausforderung bestand darin, unter den Tausenden von Genom-Bruchstücken dasjenige zu finden, das die gesuchte Virus-DNA enthielt – das war wie die Suche nach der Nadel im Heuhaufen. Und es gab noch ein Problem: Die Vektoren, mit denen wir klonierten, eigneten sich nicht für eine solche Genombibliothek. Doch ich hatte das Glück, 1981 an einem Laborkurs im European Molecular Biology Laboratory in Heidelberg teilzunehmen. Dort lernte ich, wie man Gene mit Hilfe von Bakteriophagen kloniert. Dieses Verfahren war genau, was wir brauchten. Die Kursleiter Ken Murray und Marc Zabeau erlaubten mir sogar, die notwendigen Vektoren gleich mitzunehmen. Teilnehmer bei diesem Kurs waren Wissenschaftler mit ganz unterschiedlichen Projekten, die jedoch eines verband: Sie wollten ein bestimmtes Gen klonieren, um es genauer zu untersuchen.

Einer der Teilnehmer war der britische Biochemiker Paul Nurse, der später den Nobelpreis für fundamentale Einsichten in die Art und Weise, wie Zellen ihre Vermehrung kontrollieren, erhielt. Ich weiß nicht, in welchem Umfang dieser Kurs die Arbeit von Paul Nurse beeinflusst hat, für mich war dieser Kurs entscheidend für den Fortgang unserer Experimente.

Eine Kollegin, Ethel-Michele de Villiers, klonierte die DNA des Papillomvirus Typ 6, während ich die neu erlernte Methode zunächst zur Klonierung des Papillomvirus Typ 11 aus den Kehlkopfwarzen verwendete. Da dieses Virus mit dem Typ 6 nah verwandt ist, konnte ich die erwähnte Nadel im Heuhaufen einfach durch Hybridisierung finden. In dieser Zeit beschäftigte mich die Frage, wie mir das beim «Gebärmutterhals-Virus» gelingen sollte, da sich dessen DNA mit unserer bisherigen Hybridisierungsmethode nicht nachweisen ließ.

Die Lösung brachte mir die Teilnahme an einer Konferenz über Papillomviren in Minneapolis. Dort lernte ich Peter Howley kennen, damals Mitarbeiter der Nationalen Gesundheitsinstitute in den USA. Er berichtete über die Methode der Hybridisierung, die auch wir anwendeten. Allerdings hatten er und seine Kollegen die experimentellen Bedingungen verändert, sodass man damit nun auch die DNA verwandter Virustypen identifizieren konnte. Ich fand bald selbst heraus, dass man viel Erfahrung brauchte, um diese «nicht stringenten» Bedingungen, zum Beispiel die Temperatur, richtig einzustellen. Ein paar Grad zu viel konnten die ganze Reaktion unterbinden, ein paar Grad zu wenig, und man hatte so viele unspezifische Reaktionen, dass man nichts mehr aus dem Ergebnis ablesen konnte.

Da ich bis dahin keinen der uns bekannten Papillomvirus-Typen in Gebärmutterhalstumoren gefunden hatte, schlug ich Harald zu Hausen vor, diese Methode auszuprobieren. Wir fanden heraus, dass sich die Probe des Papillomvirus-Typ 11 – im Gegensatz zu der von Typ 6 – besonders gut für Hybridisierungen unter den erwähnten «nicht stringenten» Bedingungen eignete. Ich nahm mir also ein ganze Reihe von Gebärmutterhalstumoren vor und testete, ob sich darin womöglich genetisches Material eines Verwandten von Papillomvirus Nummer 11 befindet.

Eines Tages sah es so aus, als hätten wir endlich den Beweis, dass Gebärmutterhalstumoren die DNA von Papillomviren enthalten. «Na also, endlich haben wir es geschafft», dachten wir damals. Einer der Grundsätze bei wissenschaftlicher Arbeit ist: Traue keinem Ergebnis, das du nicht reproduzieren kannst – und genau das gelang mir nicht. Später stellte sich heraus, dass zwei Gele – eines enthielt große DNA-Mengen des Papillomvirus Typ 11, das andere die DNA aus verschiedenen Gebärmutterhalstumoren – beim Entfärben zusammen in derselben Schale lagen und durch Zufall so perfekt übereinander geschwommen waren, dass einige DNA-Proben von dem einen auf das andere Gel übertragen worden sein mussten. Hätte man ein Ergebnis in dieser Weise manipulieren wollen, hätte man das wahrscheinlich niemals so perfekt hinbekommen. Wir ließen uns allerdings durch diese im Nachklang amüsante Episode nicht unterkriegen und behielten Recht.

Wir schienen der Lösung immer näher zu kommen. Es konnte nur eine Frage der Zeit sein, bis wir endlich die DNA eines Papillomvirus in einem Gebärmutterhalstumor finden würden, davon war ich fest überzeugt. Den Augenblick, in dem ich glaubte, uns wäre dabei jemand zuvorgekommen, habe ich bis heute nicht vergessen. Das war im Sommer 1982. Maurice

Green von der Universität aus St. Louis, USA, berichtete in seinem neuesten Fachartikel davon, er und Kollegen hätten die DNA eines unbekannten Papillomvirus, das sie ursprünglich aus Warzen von Patienten mit Epidermodysplasia verruciformis isoliert hatten, in einigen Gebärmutterhalstumoren nachgewiesen. «Das war's», dachte ich. Ich wusste zu diesem Zeitpunkt nicht, ob noch weitere Gruppen auf das gleiche Thema, wie wir es entwickelt hatten, «aufgesprungen» waren. Maurice Green hatte zuvor erfolglos versucht, Adenoviren in Tumorbiopsien von Patienten nachzuweisen. Wenn seine Ergebnisse stimmten, dann war ihm damit der Durchbruch gelungen. Zu meiner Erleichterung – so muss ich gestehen – stellte sich jedoch heraus, dass Greens Virus gar kein neues Papillomvirus war, sondern weitgehend dem Typ Nummer 10 entsprach, den Gérard Orths Team entdeckt hatte. Doch das war noch nicht alles, unsere Versuche, mit dieser DNA-Probe verschiedene Genitalwarzen und Gebärmutterhalstumore auf dieses Virus zu testen, blieben durchweg negativ. Bis heute ist es ein Rätsel, wie die positiven Befunde von Maurice Green zustande gekommen sind. Eine Kontamination könnte sie durchaus erklären. Greens Gruppe veröffentlichte jedoch keine weiteren Arbeiten dazu, und so bleiben diese Ergebnisse eine Art Einzelfall, der sich nicht reproduzieren lässt. Allerdings, so deutlich hatten wir die Konkurrenz durch eine andere Gruppe bisher nicht gespürt."

Wir mussten also herausfinden, was sich in den Gebärmutterhalstumoren befindet, das zwar mit dem Papillomvirus Typ 11 verwandt zu sein schien, gleichzeitig aber deutliche Unterschiede aufweisen musste. In dieser Zeit stellte ich den Schweizer Biologie-Studenten Matthias Dürst aus Bern ein. Seine Besonnenheit war eine der ersten Eigenschaften, die mir an ihm auffiel, und bald sollte er sich auch als geschickter Experimentator erweisen. Einige Wochen später, nach der Einarbeitungsphase, besprach ich mit ihm das erste entscheidende Experiment, das unseren Blick auf Papillomviren und Gebärmutterhalskrebs verändern sollte. Matthias Dürst erinnert sich:

„Harald zur Hausen erklärte mir, er würde mir nun ein viel interessanteres und für eine Doktorarbeit besser geeignetes Thema übertragen wollen. Anfangs hatte ich bei der Sequenzierung des Papillomvirus Nummer 6b (HPV 6b) mitgearbeitet.

Die Herausforderung des neuen Projekts bestand nun darin, die DNA aus den Gebärmutterhalstumoren, die anscheinend von einem Verwandten der bekannten Papillomviren stammte, als einzelnes Molekül in einen Vektor zu klonieren, um die DNA vervielfältigen zu können. Erst dadurch wurde es möglich, die DNA-Sequenz zu charakterisieren. Die Methode der Wahl war, eine Phagen-Genbank zu erstellen. Idealerweise sollte diese Genbank nicht nur fragmentierte genomische DNA der Tumorzellen enthalten, sondern auch die unbekannte Papillomvirus-DNA. Wertvolle Schützenhilfe erhielt ich von Lutz Gissmann und Elisabeth Schwarz, von der später noch die Rede sein wird.

Als wir schließlich fündig wurden und sich keinerlei Kreuzreaktionen mit einem der anderen bekannten Papillomviren zeigten, war schnell klar, dass wir es hier mit einem ganz neuen Virus zu tun hatten. Ich testete 18 weitere Gebärmutterhalstumoren von deutschen Patientinnen speziell auf die DNA dieses Virus und fand sie in 11 davon. Damit lag das Erbgut dieses Virus bei mehr 60 Prozent der Tumoren vor. Mit dem noch tropfnassen Röntgenfilm gingen Lutz Gissmann und ich direkt zu Harald zur Hausen. Wie üblich war er für seine Mitarbeiter sofort zu sprechen. Der Kommentar nach kurzer Erläuterung der Lage war: «Das ist ein Grund zum Feiern.» Wir stießen mit einem Gläschen Cognac darauf an. Ich glaubte, Harald zur Hausens Freude deutlich zu erkennen, auch wenn er sie wie immer in seiner zurückhaltenden Art zeigte. Die Tragweite dieser Entdeckung war mir an diesem Tag noch gar nicht richtig bewusst.

Interessanterweise bestätigte sich der hohe Wert von 60 Prozent nicht bei Tumoren aus Indien und Kenia. In diesen Regionen fand sich die DNA dieses Virus in nur etwa 25 Prozent der untersuchten Gebärmutterhalstumoren. Wir vermuteten, dass es geographische Unterschiede geben müsse, je nachdem, wo bestimmte Papillomvirus-Typen verbreitet sind.

Im Juli 1983, wir hatten unsere Ergebnisse gerade einen Monat zuvor veröffentlicht, fuhren wir nach Orenas in Schweden, um die Neuigkeit auf einer Fachtagung vorzustellen. Ich war aufgeregt, denn ich sollte den Vortrag halten. Etwa 150 Forscher waren angereist, und ich hatte noch nie vor einem so großen, internationalen Fachkreis gesprochen. Die polnische Dermatologin Stefania Jabłonska kündigte mit Emphase meinen Vortrag an. «Jetzt hören wir endlich etwas richtig Wichtiges», lauteten ihre Worte, was meine bereits vorhandene Nervosität erheblich steigerte. Ich schaffte es, den Vortrag zu halten, ohne den Faden zu verlieren, dann aber kam der Teil, auf den ich mich nicht vorbereitet hatte – das wurde mir wenige Minuten später klar. Nun stürmten die Fragen der Anwesenden auf mich ein: Woher stammt das Biopsiematerial? Enthielt das Material überhaupt eine ausreichende Anzahl an Tumorzellen? Ist das Material histopathologisch abgesichert worden? Welche Vorkehrungen wurden getroffen, um Kontaminationen jeglicher Art auszuschließen? Und so weiter. Ich kam ins Schleudern, insbesondere bei den klinischen Fragen fiel mir spontan keine passende Antwort ein. Harald zur Hausen und Lutz Gissmann, die im Publikum saßen, kamen mir zu Hilfe und beantworteten einige der Fragen. Die Stimmung unter den Zuhörern war indes gemischt. Einige empfanden die Ergebnisse als nicht abgesichert und wenig glaubhaft, andere wiederum signalisierten, dass in diesem Ansatz durchaus Potenzial stecken könne. Trotz des gutgemeinten Schulterklopfens eines amerikanischen Wissenschaftlers war ich total frustriert und nahm mir vor, mich in Zukunft umsichtiger und zeitiger auf solche Vorträge vorzubereiten.

Ich denke, was mich durch die Arbeit mit Harald zur Hausen am meisten geprägt hat, war sein Vertrauen in uns Mitarbeiter. Er gab selbst Doktoranden, die ja noch am Anfang einer wissenschaftlichen Laufbahn stehen, die Möglichkeit, selbständig zu arbeiten."

Matthias Dürst war der ganz große Wurf gelungen – das war 1983. Später erzählte er in einem Interview von dem Moment, in dem er mir den ersten eindeutig positiven Befund gezeigt hat. Ich hätte ganz normal und ohne jede Aufregung reagiert und ihm gesagt, wir müssen das nun schleunigst in einem zweiten Versuch bestätigen. Oberflächlich mag das so gewirkt haben, doch entsprach diese Wahrnehmung keineswegs der Wirklichkeit. Für den Rest des Tages war es schwierig für mich, an etwas anderes als unser Ergebnis zu denken, und auch in der Nacht konnte ich kaum schlafen. Voller Ungeduld wartete ich auf die Ergebnisse des zweiten Experiments. Gute zehn Jahre zuvor hatte ich die ersten Experimente dazu gemacht, um herauszufinden, ob Papillomviren etwas mit Gebärmutterhalskrebs zu tun haben. Jetzt schienen wir der Lösung so nah, diese Theorie endlich zu beweisen. Die Ergebnisse bestätigten sich, und so schrieben wir sie zusammen und schickten sie an Werner Henle, der Mitglied der Amerikanischen Akademie der Wissenschaften war und unsere Arbeit in dieser Eigenschaft an das Fachjournal Proceedings of the National Academy of Sciences weiterleiten konnte. Dieses Journal galt und gilt als eines der führenden im wissenschaftlichen Bereich. Fachartikel konnten damals allerdings nur über die Vermittlung von Mitgliedern der Amerikanischen Nationalen Akademie der Wissenschaften eingereicht werden. Werner und seine Frau Gertrude zählten beide bereits zu den Mitgliedern, ich selber wurde erst viel später, im Jahr 2009, in diesen Kreis aufgenommen. Werner reagierte prompt positiv und leitete die Arbeit unverzüglich weiter.

Noch immer blieb fast die Hälfte der Tumorbiopsien, die wir untersuchten, negativ. Wir gingen davon aus, dass diese Tumore möglicherweise andere Papillomvirus-Typen enthielten. Ich beauftragte Michael Boshart, in diesen Tumoren weiterzusuchen. Michael war als junger Mediziner zu uns gestoßen und hatte zusätzlich bereits eine gute biochemische Ausbildung hinter sich. Er war sehr motiviert und gleichzeitig ehrgeizig. In erstaunlich kurzer Zeit entdeckte er ein weiteres unbekanntes Papillomvirus in einem Gebärmutterhalstumor, den ich aus Kenia mitgebracht hatte. In etwa 20 Prozent der Tumoren, die er untersuchte, fand er dieses Virus, das wir später Typ 18 nannten. Damit wurde zunehmend wahrscheinlich, dass die Virus-Typen 16 und 18 für gut 70 Prozent dieser Tumoren verantwortlich sind. Das mussten wir allerdings noch im Detail beweisen, denn es war möglich, dass die Papillomviren die Tumoren sekundär infiziert hatten, zum Beispiel weil sie sich dort gut vermehren konnten. Dennoch war ich mir sicher, dass wir damit eine neue Tür aufgestoßen hatten. Michael Boshart erinnert sich:

„In den ersten Wochen als Doktorand im Labor von Harald zur Hausen fiel mir auf, dass er bei seinen täglichen Laborrundgängen nicht nur mit den Assistenten sprach, sondern auch regelmäßig mit mir und den anderen jungen Doktoranden. Er betrachtete jeden, der engagiert arbeitete, als Wissenschaftler, und das motivierte ungemein. Ich begann, in speziellen Genitalwarzen, den Buschke-Löwenstein-Tumoren, nach Papillomviren zu suchen. Wir fanden zunächst nur Varianten bekannter Papillomviren, aber nichts grundsätzlich Neues. Beim Zermörsern der gefrorenen Tumoren fragten wir uns manchmal nach dem Infektionsrisiko. Trotz der Arbeit unter einem Abzug und mit Mundschutz konnten wir den Kontakt mit einem unbekannten Erreger nicht mit Sicherheit ausschließen.

Gemeinsam mit den Kollegen suchte ich dann auch in Gebärmutterhalstumoren. Die Hauptschwierigkeit bestand allerdings darin, den richtigen Tumor zu finden, denn die meisten enthielten wahrscheinlich nur wenig Virus-DNA, die sich kaum nachweisen ließ. Lutz Gissmann brachte mir alle technischen Kniffe bei, wie eine unbekannte Nukleinsäure durch Paarung (Hybridisierung) mit einer entfernt verwandten Nukleinsäuresequenz nachgewiesen werden kann. Die Methode war nicht einfach, denn auf schon ziemlich geschwärzten Röntgenfilmen sah man, wenn man Glück hatte, angedeutete noch schwärzere Flecken, sogenannte Banden. Dann musste man abschätzen, ob dieses Ergebnis nun tatsächlich spezifisch war und den weiteren Aufwand einer Isolierung dieser DNA rechtfertigte. Wochenlang suchte ich ohne Erfolg. Das Blatt wendete sich, als ich neues Tumorgewebe von einer Patientin aus Kenia bekam, bei der Gebärmutterhalskrebs diagnostiziert worden war. Die Analyse dieses Tumors zeigte auffällig starke Banden, weil er, wie wir später herausfanden, eine ungewöhnlich hohe Menge Virus-DNA enthielt. Im Labor verbreitete sich die freudige Nachricht schnell. Nun galt es, die heiße Spur zu verfolgen und die unbekannte DNA schnellstens zu isolieren. Dazu musste eine Genbibliothek des Tumors hergestellt werden, damals eine noch neue Methode an vorderster Front der Molekularbiologie.

Lutz Gissmann traute mir das zunächst nicht zu, weil ich Medizin studiert und keinen naturwissenschaftlichen Abschluss hatte. Er befürchtete, wir würden zu viel Zeit verlieren, wenn ich an dem Projekt weiterarbeite. Ich sah das ganz anders, auch weil ich neben meinem Medizinstudium Praktika für Biochemiker besucht und zusätzlich Arbeitserfahrung im Labor gesammelt hatte. Ich wollte das Projekt auf keinen Fall mehr aus der Hand geben. Am nächsten Tag ging ich deshalb zu Harald zur Hausen, zeigte ihm die Ergebnisse mitsamt meinem Arbeitsplan und erklärte ihm, ich wolle an dem Projekt unbedingt weiterarbeiten. Er war hocherfreut über die Ergebnisse und gab mir seine Zustimmung. Ein paar Monate später wussten wir: Der

Tumor enthielt DNA von dem bis dahin unbekannten Papillomvirus Typ 18.

Harald zur Hausen führte die Arbeitsgruppe mit fester, manchmal auch harter Hand, aber stets gerecht und besonnen. Auf der einen Seite forderte er Leistung und Disziplin. Niemand kam auch nur fünf Minuten zu spät zu den Labortreffen, denn jeder wusste, wie viel Wert Harald zur Hausen auf Pünktlichkeit legte. Es war undenkbar, unvorbereitet zu einer Besprechung zu erscheinen und das Anliegen nicht knapp und präzise vortragen zu können. Andererseits war er stets höflich, hörte sich auch andere Meinungen aufmerksam an und nahm sich die nötige Zeit, auch wenn die Gespräche meist kurz und konzentriert waren. Jedenfalls ging man immer mit einer Entscheidung raus, wie auch immer. Ging ich zu ihm ins Büro, fertigte er mich kein einziges Mal vom Chef-Schreibtisch aus ab. Immer stand er auf und bat mich, in der Besprechungsecke mit ihm Platz zu nehmen. Das hat mich sehr beeindruckt, und ich habe mir das seither auch zur Regel gemacht.

Bei internationalen Tagungen konnte man dann einen ganz anderen, weniger strengen Harald zur Hausen kennenlernen. Als wir zu einem Tagungstreffen nach Paris ins Labor von Gérard Orth fuhren, war auf den Labortischen ein Buffet aufgebaut, an dem wir uns zwischen den Vorträgen stärken konnten – eigentlich eine Provokation für Harald zur Hausen, der sonst sehr streng war, wenn es um Laborsicherheit ging, und immer einen frischen, weißen Kittel trug, wenn er zu uns ins Labor kam. Hier schmunzelte er und langte dann beim Buffet zu.

Fast wäre mir das Projekt dann doch noch aus den Händen geglitten, als ich kurzfristig zum Zivildienst einberufen wurde. Obwohl ich meine Promotion noch nicht abgeschlossen hatte, gewährte man mir nur wenige Monate Aufschub. Ärzte wurden damals erst nach dem Studium zum Wehrdienst eingezogen. Für den Zivildienst galt allerdings unverändert die Altersgrenze von 27, und da ich mich erst während des Studiums entschieden hatte, den Dienst mit der Waffe zu verweigern, gab es für mich kein Pardon. Plötzlich hatte ich nur noch wenige Monate Zeit, um das Projekt zu einer ersten wissenschaftlichen Veröffentlichung zu bringen. Eine eigene Publikation ist

Lohn und Anerkennung für den Einsatz und notwendige Voraussetzung für die weitere wissenschaftliche Karriere. Viele zusätzliche Experimente mussten allerdings noch gemacht und andere wiederholt werden. Ich wusste, entweder ziehe ich das jetzt durch, oder die Früchte meiner Arbeit und meines Forscherglücks würden andere ernten. Ich konnte mir also keine Fehlschläge mehr leisten und war jeden Abend bis spät und an Wochenenden im Labor. Nachts hatte ich den ganzen Platz und alle Geräte zur Verfügung und konnte mehrere Experimente parallel ansetzen. Ich erinnere mich noch gut, wie ich an meinem letzten Arbeitstag etwa zehn Filmkassetten zur Exposition von Autoradiographien in die Tiefkühltruhe packte und meine Kollegen bat, die Filme nach genauem Zeitplan zu entwickeln. Als ich Mitte 1983 zum Zivildienst einrücken musste, hatte ich die Ergebnisse einiger wichtiger Experimente noch gar nicht in der Hand.

Harald zur Hausen hat mich gelehrt, wie eine gut begründete Arbeitshypothese durch Hartnäckigkeit und jahrelange Kleinarbeit mit Rückschlägen schließlich zu wichtiger Erkenntnis führen kann. Er hat aus epidemiologischen und klinischen Daten die Existenz krebserregender Viren in Genitaltumoren vorhergesagt und das dann mit molekularbiologischen Methoden bestätigt. Ich hatte das Glück, daran mitwirken zu können.

Für mich war dies eine besonders glückliche Phase. Irgendwie ging zu der Zeit ein langgehegter Traum in Erfüllung. Wir schickten die DNA-Isolate der Papillomviren in alle Welt, um anderen Wissenschaftlern die Möglichkeit zu geben, Tumorgewebe damit zu untersuchen. Doch auch wenn anfangs einige Gruppen unsere Ergebnisse nicht bestätigen konnten, stellte sich später heraus, dass dies an ihren eigenen experimentellen Fehlern lag. Unsere Geduld wurde bis dahin erneut auf die Probe gestellt.“

In Krisen verändert sich unser Wirtschaftssystem. Wohin führt uns diese?

Prof. Dr. Dres. h.c. Bertram Schefold

1. Die Fragestellung

Die Börse bewegt sich in diesen Tagen (Februar 2013) Höchstständen entgegen, und für China, den Motor der Weltwirtschaft, scheint eine Beschränkung nur darin zu bestehen, dass, statt mit zehn Prozent Wachstum, vielleicht mit acht Prozent gerechnet werden muss. Als das Thema dieses Vortrags vor einem Jahr vereinbart wurde, hofften wir, es werde die Krise bei dessen Abhaltung vorbei sein und man werde sehen können, zu welchen Reformen sie noch führe, aber trotz guten Vorzeichen in einigen Bereichen ist das Wort „Krise" in Europa noch in aller Munde. Für manche Länder scheint sich die Lage noch fortwährend zu verschlimmern; es ist jedenfalls die Staatsschuldenkrise auch in Deutschland trotz der günstigeren Lage am Arbeitsmarkt nicht überwunden. Welche Reformansätze zu bleibenden Verbesserungen führen werden, können wir erst vermuten. Hat die Krise den Wohlstand fördernden Innovationen Raum verschafft – ist die Energiewende ihr bestes Ergebnis? –, werden neue Institutionen wie die Bankenunion Fuß fassen, hat sich unser Wirtschaftsverständnis vertieft, kann man gar von einem veränderten Denken sprechen, wenn viele eine wirtschaftsethische Wendung fordern? Unsere Antworten können nur vorläufige sein, aber dass die Fragen gestellt werden müssen, lehrt die Geschichte, wie wir zeigen wollen. Nach einer kurzen Rekapitulation der aktuellen Lage wenden wir uns historischen Präzedenzfällen zu: Was waren die Eigenarten früherer Krisen und was hatten sie trotz ihrer Individualität gemeinsam? Im Hauptabschnitt rekapitulieren wir die Gründe der europäischen Krise, die sich als Krise der europäischen Währung darstellt. Zuletzt wollen wir einige Lehren für die Zukunft zu formulieren suchen.

2. Die aktuelle Lage

Das Bruttoinlandsprodukt hat sich seit der Jahrtausendwende in den vier großen Regionen der Vereinigten Staaten, der Europäischen Union, Japans und Chinas parallel entwickelt. Etwas geringer waren die Wachstumsraten Japans, etwas höher diejenigen der Vereinigten Staaten und der Europäischen Union, deutlich höher diejenigen Chinas. Auf Abbildung 1 erkennt man einen mäßigen konjunkturellen Einbruch 2001 bis 2002 und die scharfe Krise 2007 bis 2009, während deren negative Wachstumsraten zu einer Schrumpfung um drei bis fünf Prozent führten; nur in China war die Folge lediglich die Abschwächung eines hohen Wachstums. Seither hat es eine Erholung um 2010 und dann wieder Rückschläge gegeben (Abb. 1). Abbildung 2 zeigt die reale Entwicklung des Bruttoinlandsprodukts in der Europäischen Union in Quartalsdaten, die auf Jahresraten hochgerechnet wurden und dadurch einen stärkeren Eindruck von den Schwankungen vermitteln; betrachtet man das Wachstum anhand des Indexes für das Bruttoinlandsprodukt (rechte Skala), scheint die Entwicklung weniger dramatisch.

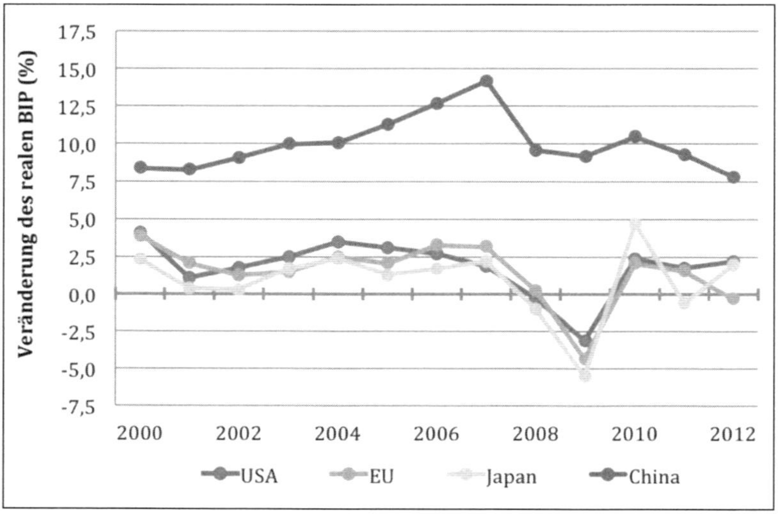

Abbildung 1: Wachstum der Regionen
Quelle: Eigene Darstellung nach IMF, World Economic Outlook, April 2013

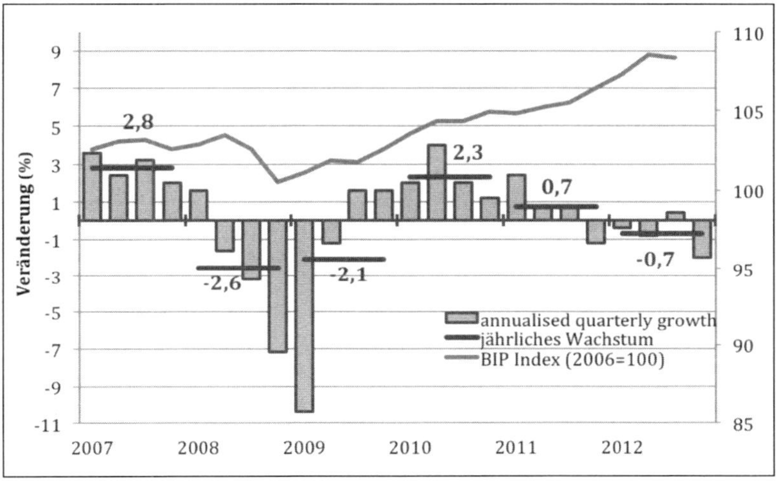

Abbildung 2: Reales BIP in der EU
Quelle: Eigene Darstellung nach Eurostat, April 2013

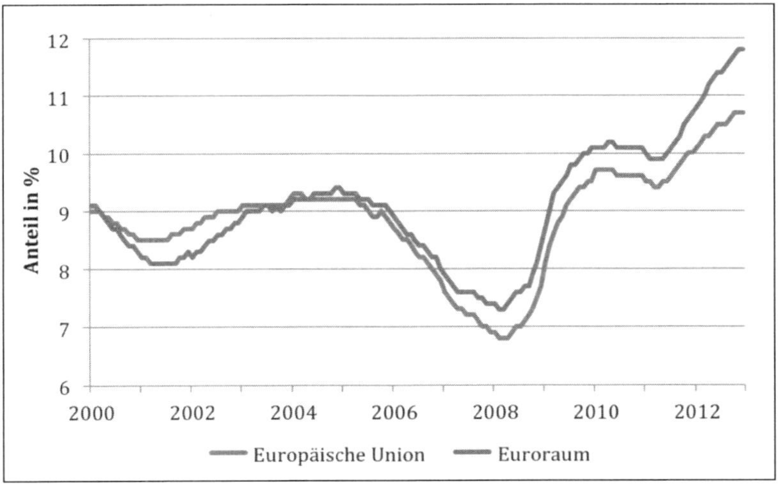

Abbildung 3: Arbeitslosenraten in der EU und im Euroraum
Quelle: Eigene Darstellung nach Eurostat, April 2013

Wie zu erwarten, folgt die Entwicklung der Arbeitslosenraten der des Bruttoinlandsprodukts, wobei sich freilich zeigt, dass die Europäische Union insgesamt vor 2005 eine höhere, danach aber eine niedrigere Arbeitslosigkeit aufwies als Euroland – ein erstes Anzeichen dafür, dass die Krise Euroland schwerer traf (Abb. 3).

Auch die Verschuldung der Staaten folgte in erster Linie der Entwicklung des Bruttoinlandsprodukts. Den Vereinigten Staaten gelang es in der zweiten Hälfte der 90er Jahre, den Schuldenstand schrittweise zu reduzieren und ihn auf unter 60 Prozent des Bruttoinlandsprodukts zu drücken, aber mit der Dotcom-Krise stiegen die Schulden wieder, und im Zuge der neuen Krise wurde ein Schuldenstand von über 100 Prozent erreicht (Abb. 4). Ein ähnliches Muster ergab sich für Euroland und die Europäische Union (die auch in dieser Beziehung etwas besser dasteht als Euroland).

Im Falle Deutschlands finden wir ein Ansteigen des Schuldenstands, das für die gut zwei Jahrzehnte seit 1990 beinahe eine Verdoppelung bedeutete (Abb. 5). Man kann in diesen Zahlen wieder die Einflüsse der Konjunkturentwicklung erkennen, aber man findet kaum Ergebnisse der von den Regierungen so deutlich artikulierten Ansprüche, den Schuldenanstieg zu begrenzen; man erkennt vielmehr insgesamt einen Wachstumstrend, der unabhängig von der Krise verläuft und das berühmte alte Wagenersche Diktum von der zwangsläufigen Vergrößerung der Staatsschuld und des Staatsanteils an der Wirtschaft zu bestätigen scheint. Ich wage zu behaupten, dass die Dynamik in der hier betrachteten Entwicklungsphase am meisten von der demographischen Entwicklung getrieben wird, die Parlamente und Regierungen bestrebt sein lässt, der brüchigen Familie von der Wiege bis zur Bahre nachzuhelfen. Die Diskussion dieser Tendenz gehört nicht hierher, doch müssen wir fragen, ob es für die Entwicklung der Staatsschuld objektive Grenzen gibt. In der reinen Theorie scheint es immer möglich (jedenfalls in einer geschlossenen Wirtschaft), alte Schulden durch neue zu bezahlen, aber Reinhart und Rogoff (2009) haben in Vergleichen zahlreicher Länder, über Jahrhunderte hinweg, Hunderte von Staatsschuldenkrisen untersucht und festgestellt, dass hohe Schuldenquoten kaum zu bewältigen sind; für entwickelte Länder gilt die Größenordnung von 80 Prozent bis neunzig Prozent als eine unsichtbare Grenze, jenseits derselben das

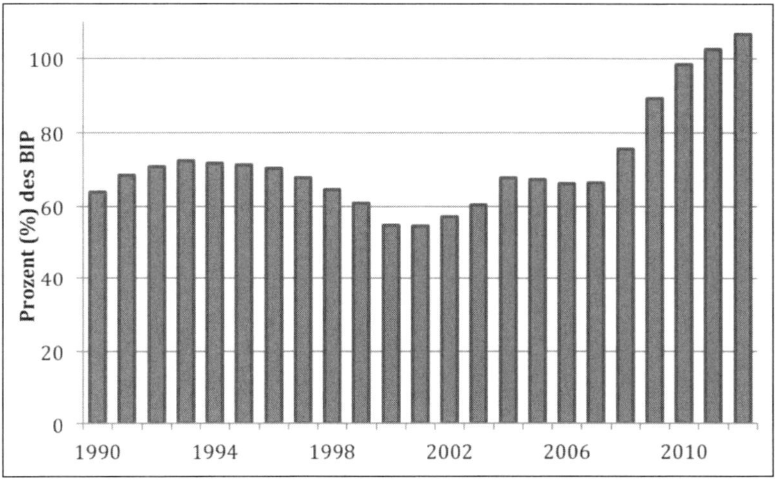

Abbildung 4: Verschuldungsentwicklung in den USA (Brutto-Schuldenstand in Prozent des BIP), Quelle: Eigene Darstellung nach IMF, World Economic Outlook Database, April 2013

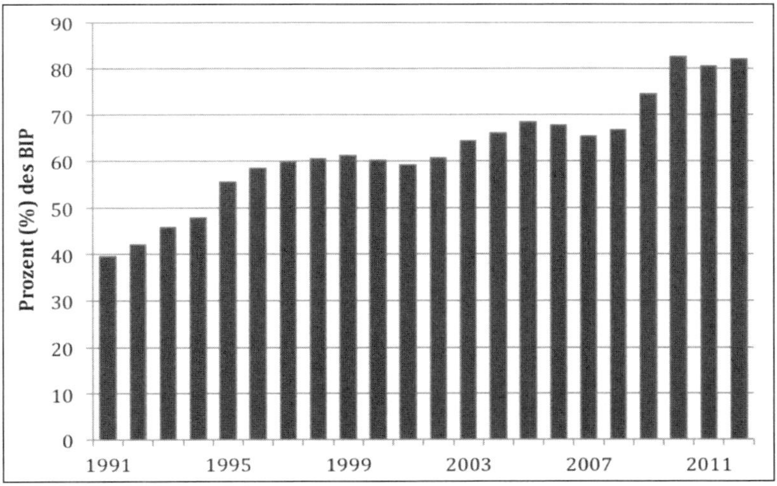

Abbildung 5: Verschuldungsentwicklung in Deutschland (Brutto-Schuldenstand in Prozent des BIP), Quelle: Eigene Darstellung nach IMF, World Economic Outlook Database, April 2013

Wachstum deutlich abnimmt. Aber die Schwelle, bei der die Finanzmärkte ihr Vertrauen in die Rückzahlungsfähigkeit eines Staates verlieren, lässt sich kaum präzisieren. Bankrotte und die Vernichtung der Schulden durch Inflation sind nicht die einzigen Möglichkeiten, durch die sich ein hoher Schuldenstand vermindern lässt; das Beispiel Großbritanniens nach dem Zweiten Weltkrieg beweist, dass eine hohe Schuldenlast bei entsprechenden Einschränkungen tatsächlich abgetragen werden kann.

Innerhalb Europas sind die Lagen viel differenzierter, als man normalerweise annimmt (Abb. 6). Man erkennt, dass die von der Krise besonders betroffenen Länder Griechenland, Italien, Irland, Spanien und Portugal, von den Teilkrisen von Produktion und Beschäftigung, öffentlicher und privater Verschuldung, Außenhandel, Überhöhung und Zusammenbruch der Häuserpreise, Bankenkrise in je unterschiedlichem Ausmaß betroffen waren und sind. Den einen Maßstab gibt der europäische Durchschnitt ab, einen anderen, von Deutschland aus gesehen, die Lage im wirtschaftlich stärksten Land der Gemeinschaft. Verglichen werden jeweils die Jahre 2008 und 2011; wir heben besonders auffällige Unterschiede hervor:

1. Es ist nicht allbekannt, dass das irische Prokopfeinkommen 2008 das höchste unter den hier zu vergleichenden war; es fiel aber auch stärker als die anderen bis 2011, während das deutsche als einziges sogar etwas stieg. Das portugiesische Prokopfeinkommen ist nur gut halb so groß wie das deutsche.

2. Die Arbeitslosenraten haben sich in Griechenland und Irland in der betrachteten Frist mehr als verdoppelt, und fast so groß war der Effekt in Spanien und Portugal, während in Deutschland die Arbeitslosigkeit abnahm.

3. Die Steigerung der Staatsschuldenquote führte in Griechenland zum höchsten Niveau, aber die Veränderung derselben war in Irland am auffälligsten, mit weniger als einer Verdreifachung dieser Kennziffer; in Spanien hat sie sich nicht ganz verdoppelt.

		Euro-Zone	Deutschland	Griechenland	Italien	Irland	Spanien	Portugal
BIP/Kopf	2008	28.400	30.124	20.914	26.420	40.452	23.859	16.198
	2011	28.300	31.702	19.214	26.065	34.704	23.054	16.069
Arbeitslosenrate		7,66%	7,60%	7,68%	6,78%	6,3%	11,30%	7,59%
		10,17%	5,98%	17,33%	8,43%	14,39%	21,65%	12,74%
Schuldenquote (Staat, netto, in % vom BIP)		54,1%	50,2%	112,6%	88,8%	24,6%	30,8%	67,4%
		68,0%	55,3%	165,4%	99,6%	94,9%	57,5%	97,3%
Schuldenquote (Privat, in % vom BIP)		177,9%	123,6%	119,3%	121,1%	279,0%	220,5%	240,3%
		193,0%	127,8%	125,0%	128,6%	309,5%	218,1%	249,3%
Außenbeitrag (in % vom BIP)		1,0%	6,3%	-14,5%	-0,8%	9,1%	-5,8%	-10,1%
		1,4%	5,1%	-8,1%	-1,5%	22,0%	-0,8%	-4,4%
Immobilienblase			keine	schwer	keine	schwer	schwer	keine
Bankenkrise			mäßig	schwer	keine	schwer	mäßig	keine

Abbildung 6: Die Lage im Euroraum, Deutschland und den GIIPS-Staaten 2008 und 2011 im Vergleich
Quelle: Eurostat & IMF World Economic Outlook, April 2013

4. Kolossal ist die private Verschuldung Irlands; sie war sozusagen der Preis des hohen anfänglichen Einkommens. Sie hat sich in der Krise überall erhöht, aber nicht entfernt in dem Ausmaß verändert wie die anderen Kennziffern.

5. Eine stark defizitäre Handelsbilanz beweist die Schwäche der griechischen Wirtschaft. Generell haben sich die Handelsbilanzen in den Krisenländern – außer im Falle Italiens – verbessert. Der Handelsbilanzüberschuss Deutschlands spiegelt nicht nur Überschüsse gegenüber EU-Ländern, sondern auch gegenüber dem Rest der Welt; gleichwohl hört man aus den Krisenländern oft die Forderung, Deutschland möge mehr aus ihnen importieren, um so zu einem Abbau der Ungleichgewichte beizutragen.

6. Griechenland und Irland haben besonders intensive Immobilien- und Bankenkrisen durchgemacht, während diese in Italien und Portugal keine große Rolle spielten.

Gegenwärtig, wieder zwei Jahre später, nimmt man an, es sei Irland im Begriff sich zu erholen; der Druck des hohen Schuldenstands wurde mit Hilfe der Zentralbank und der Europäischen Zentralbank etwas gemildert, während die Lage in Italien wegen der Verschleppung der Reformen, aus politischen Gründen und wegen seiner wirtschaftlichen Bedeutung beunruhigt; wir werden darauf zurückkommen.

3. Präzedenzfälle in der Geschichte

Für Deutschland scheint die Wirtschaftskrise das vorläufige Ende einer Phase erst hohen, dann sich ständig abschwächenden *Wachstums* seit der Währungsreform zu bedeuten (Abb. 7). Ich erinnere mich, wie manche Ende der 70er Jahre den Wachstumstrend ermittelten, indem sie durch die bis dahin bekannten Wachstumsraten seit 1950 eine Gerade legten, die stracks in den negativen Bereich zeigte. Hatte man künftig Schrumpfung zu erwarten? So arg ist es nicht gekommen, aber der Trend abnehmenden Wachstums scheint sich fortzusetzen und bedarf einer Erklärung. Das hohe Wachstum zu Beginn ergab sich aus dem einmaligen Zusammenspiel der Aufgaben des Wiederaufbaus, des Zustroms der Bevölkerung aus dem Osten und der Welle der Automobilisierung und der Versorgung der Haushalte mit dauerhaften Konsumgütern wie Staubsauger, Kühlschrank usf. Mit den Autos kamen neue Straßen und neue Wohnverhältnisse, der Wegzug ins Grüne und der Umbau der Innenstädte. Keine der Innovationen der jüngeren Zeit, auch nicht im IT-Bereich oder im Energiesektor, hat diese verwandelnde Kraft gehabt. Ob wir nun mit der alternden Bevölkerung der Stagnation immer näher kommen, wird sich weisen; wahrscheinlicher werden wir in kommenden Jahrzehnten mit niedrigeren Wachstumsraten leben, wie sie auch im späten 19. und frühen 20. Jahrhundert im Durchschnitt vorherrschten.

Sehr regelmäßig gehen die Veränderungen des Bruttoinlandprodukts mit den Veränderungen des *Arbeitsvolumens* einher; man rechnet nach einer für alle industrialisierten Länder gut bestätigten Erfahrungsregel damit, dass das Wachstum des Bruttoinlandsprodukts um zwei bis drei Prozentpunkte gesteigert werden muss, wenn das Wachstum des Arbeitsvolumens um ein Prozent steigen soll (Okunsches Gesetz, Abb. 8). Allerdings bildet die Rezession in Deutschland insofern eine Ausnahme, als die Arbeitslosigkeit bemerkenswert wenig zunahm, als das Bruttoinlandsprodukt fiel.

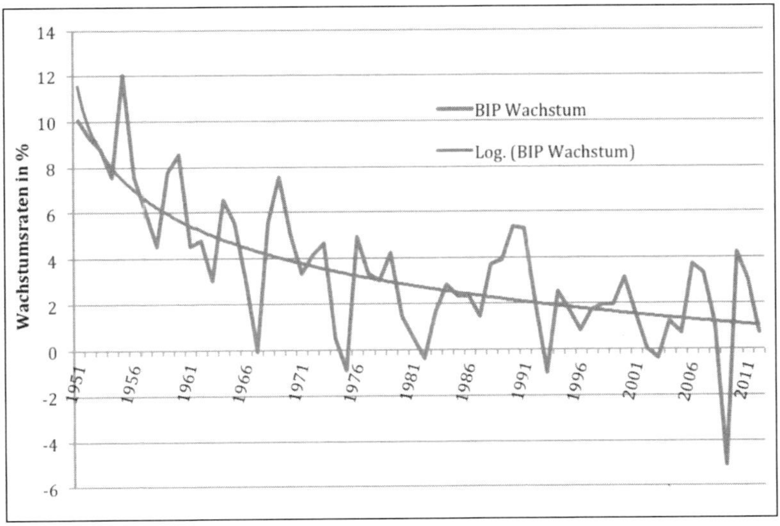

Abbildung 7: Deutschland - nachlassender Wachstumstrend des BIP 1951 – 2012
Quelle: Eigene Darstellung nach Destatis, April 2013

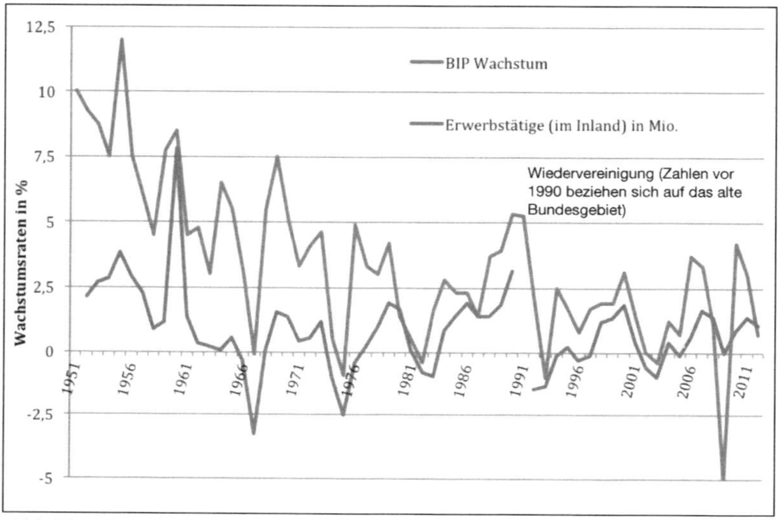

Abbildung 8: Wachstum und Beschäftigung
Quelle: Eigene Darstellung nach Glasstetter (1991), Destatis und SVR, April 2013

Wir gelangen zu einem Aspekt der Krisen, von dem wir in der gegenwärtigen bisher verschont geblieben sind: der *Inflation*. Wir sehen auf der Abbildung 9 wie sich die europäischen Währungen entwerteten, obwohl die Münzen in Edelmetall ausgeprägt wurden, indem der Silbergehalt ständig vermindert wurde. Dante, der aus der Handelsstadt Florenz stammte, wo man den in Goldgehalt stabilen Fiorino prägte, versetzte stabilitätsbewusst König Philipp den Schönen von Frankreich, der 1314 nach der Jagd auf ein Wildschwein umgekommen war, wegen seiner Münzpolitik in die Gruppe der schlechten Herrscher Europas, die beim Jüngsten Gericht Christus noch ferner stehen werden als die Heiden:

„Li si vedrà il duol che sovra Senna
induce, falseggiando la moneta,
quel che morrà di colpo di cotenna.“[1]

---

[1] Dante, Paradiso XIX, 119–120.

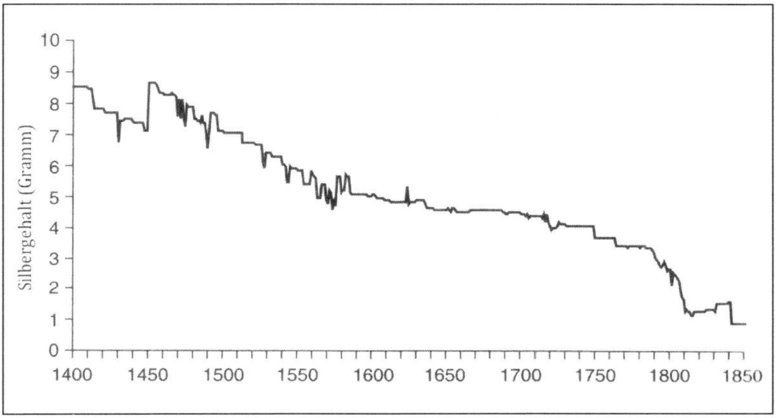

Abbildung 9: Von der Münzentwertung zum Papiergeld, Europa, 1400-1850. Der durchschnittliche Silbergehalt von zehn Währungen. Quelle: C. Reinhart und K. Rogoff, "This Time Is Different", Princeton University Press 2009

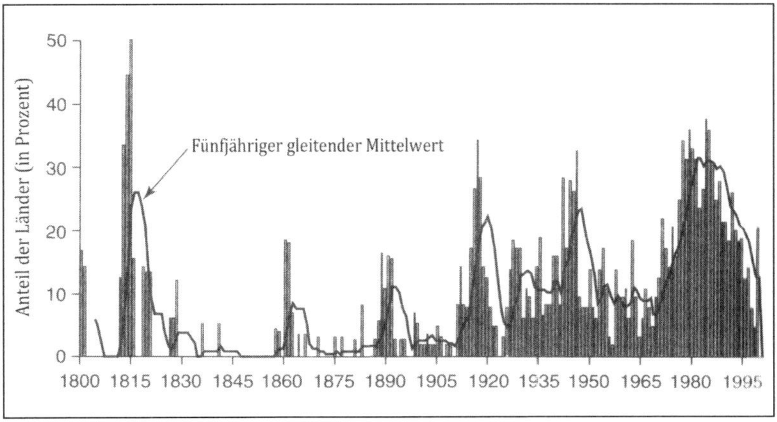

Abbildung 10: Moderne Inflation. Der Anteil der Länder mit einer jährlichen Abwertung von mehr als 15 Prozent. 1800-2007. Quelle: C. Reinhart und K. Rogoff, "This Time Is Different", Princeton University Press 2009

Der sächsische König Philalethes übersetzte in rhythmischen Versen:

„Hier wird den Trug man sehn, den an dem Strande
Der Seine jener treibt, die Münze fälschend,
Der durch der Borste Stoss den Tod wird finden.“[2]

Philipp der Schöne hatte im Hundertjährigen Krieg zu bestehen und setzte die Münzentwertung zur Finanzierung seiner Truppen ein. Dass ein solcher König von einem Eber umgebracht wurde, schien Dante offenbar passend.

Im 19. und 20. Jahrhundert waren Inflationen mit Wechseln der Geldversorgung verbunden. Während der napoleonischen Kriege hob beispielsweise Großbritannien die Golddeckung des Pfundes auf und konnte dabei eine mäßige Inflation nicht vermeiden. Hyperinflationen wie in Deutschland nach dem Ersten Weltkrieg (1923) entstanden, wenn das Geld schon entwertet war, bevor die Steuern zur Regierung gelangten, so dass diese genötigt wurde, ihre Ausgaben durch das Drucken von noch mehr Geld zu finanzieren. Nach dem Zweiten Weltkrieg spielte die Lohn-Preisspirale in Westeuropa eine große Rolle, und in den Entwicklungsländern ein Zyklus von Inflation und Abwertung, um Marktpositionen im Außenhandel zurückzugewinnen. Abbildung 10 zeigt den Anteil der Länder (gewichtet mit ihrem Produktionsvolumen), die in jedem gegebenen Jahr eine Inflation von mehr als 15 Prozent durchlitten. Man erkennt, wie seit den 80er Jahren des 20. Jahrhunderts die Inflationsraten zurückgingen. Die Gefahr einer Inflation der Güterpreise scheint zurzeit gering, obwohl die wichtigen Zentralbanken der Welt alle eine großzügige Geldversorgung betreiben, weil mit der Globalisierung die Konkurrenz durch billig produzierende Schwellenländer gestiegen ist. Der Geldüberhang führt aber immer wieder zu einer Vermögenspreisinflation, d. h. zu so überhöhten Preisen von Immobilien und Wertpapieren, dass bei Rückschlägen infolge der verzweigten Verschuldungsstruktur Private, Betriebe und insbesondere Banken in Zahlungsschwierigkeiten geraten und eine Kettenreaktion ausgelöst wird.

---

[2] Dantes Göttliche Komödie, übersetzt von Philalethes [Pseudonym für König Johann von Sachsen], Berlin: Borngräber, o. J. (ca. 1916 [1833]).

Bedeutende Schuldner – gefährlicher, als man denkt – sind die Staaten selbst. Zwar scheinen ihre Schuldverschreibungen sicher; in meinem Wirtschaftsstudium spielten *Staatsbankrotte* keine Rolle. Aber man hätte wissen können, dass es in der europäischen Geschichte spektakuläre Fälle von Staatsbankrotten gab. In früheren Jahrhunderten hatte Spanien nicht weniger als sechs aufzuweisen (1557, 1575, 1596, 1607, 1627, 1647) und Frankreich sogar acht (1558, 1624, 1648, 1661, 1701, 1715, 1770, 1788).[3] Häufig geraten Staaten in Zahlungsverzug inländischen oder ausländischen Schuldnern gegenüber. Abbildung 11 zeigt, wie Staaten ihren Zahlungsverpflichtungen gegen außen nicht nachgekommen sind. Es ist wieder für eine große Gruppe von Ländern der mit der Produktion gewichtete Anteil dargestellt, die in der einen oder anderen Form in Zahlungsverzug gerieten. Nicht überraschend sind diese Anteile in Kriegszeiten besonders hoch. In manchen Fällen ist der Zahlungsverzug endemisch, so in Griechenland vom Befreiungskrieg bis zum Ende des 19. Jahrhunderts. Zu den mannigfaltigsten Notmaßnahmen griffen Staaten schon in der Antike, wie besonders die pseudoaristotelische Schrift *Oeconomica II* berichtet. Da gab es Zwangsanleihen, Geldumwandlungen, erpresste Spenden durch reiche Bürger. Humanisten, die diesen Text in der frühen Neuzeit mitlasen, wurden an die Praktiken ihrer eigenen Fürsten erinnert.[4]

Staatsschulden gibt es im modernen Staat nicht nur auf der Ebene des Zentralstaats, sondern auch auf der Ebene der Gliedstaaten wie der deutschen Länder und der Kommunen. Die Finanzverfassung des modernen Staats, ja ihr politischer Charakter, hängt wesentlich von den gesetzlichen Regelungen ab, welche die Freiheit der Verschuldung beschränken und die Aufbringung neuen Geldes regeln. Ein echter *Föderalismus* wie in den Vereinigten Staaten oder der Schweiz setzt eine gewisse Steuerhoheit der Gliedstaaten voraus, wodurch sie in einen gegenseitigen Wettbewerb treten. Nicht die

---

[3] Reinhart und Rogoff (2009), Tabelle 6.1.

[4] Bertram Schefold: Einleitung, in: Klock, Kaspar: Tractatus juridico-politico-polemico-historicus De Aerario, ... Mit einer Einleitung hg. v. von Bertram Schefold [pp. V*-CXIII* vorn im ersten Teilband]. Hildesheim: Olms 2009. Reprint der Originalausgabe von 1651 in zwei Teilbänden. Historia Scientiarum (Wirtschaftswissenschaften). Ein Editionsprogramm der Fritz Thyssen Stiftung zur Geschichte der Wissenschaften in Deutschland.

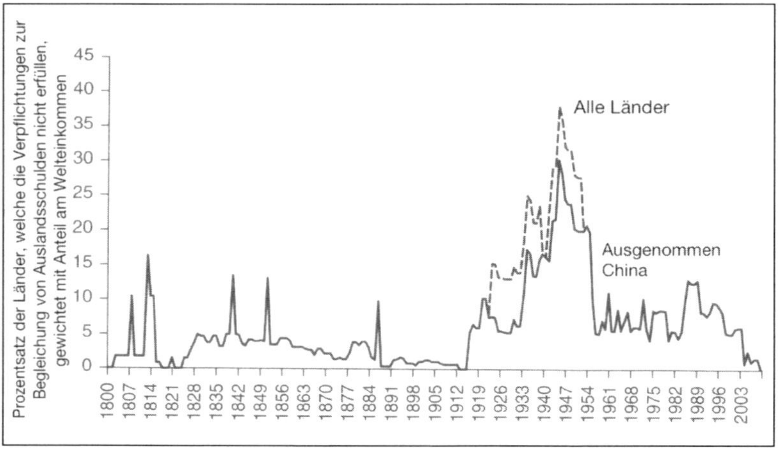

Abbildung 11: Prozentsatz der Länder, welche die Verpflichtungen zur Begleichung von Auslandsschulden nicht erfüllen. Quelle: C. Reinhart und K. Rogoff, "This Time Is Different", Princeton University Press 2009

Gleichheit der Lebensverhältnisse in allen Landesteilen wie in der Bundesrepublik ist das Ziel, sondern dass die Gliedstaaten nach dem Willen ihrer Bürger selbst die Ziele bestimmen können, für die sie arbeiten – ob sie ländlich bleiben wollen oder die Verstädterung fördern, ob sie der Selbständigkeit Raum geben oder alle einem einheitlichen Bildungssystem unterwerfen, ob und in welchen Bereichen sie sich dem Neuen öffnen und in welchen sie eher die Traditionen pflegen. Föderalismus ist dann nicht nur ein Mittel zur Dezentralisierung der Verwaltung, sondern zur freien Ausgestaltung der Kultur.

In der Selbstverantwortung kann man auch scheitern. In den Vereinigten Staaten haben im 19. Jahrhundert wiederholt Gliedstaaten einen Bankrott erlitten, und in der Schweiz hat es den Bankrott einer Kommune (Leukerbad) gegeben; sie wurde zur Restrukturierung ihrer Finanzen von 1998 bis 2004 unter eine Zwangsverwaltung gestellt. In einem zentralistischen Staat werden die Finanzen untergeordneter Stellen durch die Zentrale beaufsichtigt. Die Sanktion für Misswirtschaft besteht in der Maßregelung untergeordneter Beamter. Die deutsche Finanzverfassung stellt ein eigentümliches Mittelding dar. Die Gliedstaaten sind verhältnismäßig groß (man denke an die Zusammenlegung von Baden und Württemberg), und sie sind durch ein Transfersystem verbunden, das zum Missbrauch der Umverteilungsmechanismen einlädt. Konrad und Zschäpitz (2012) haben die Probleme des bundesdeutschen *Finanzausgleichs* beschrieben. Die Solidarhilfe bei Haushaltsnotlagen verführe dazu, eine zunehmende Verschuldung hinzunehmen, um dann die Folgen auf die Gemeinschaft der Bundesländer abzuwälzen.[5] Wie wir sehen werden, stellt sich auf der höheren europapolitischen Ebene das Problem, ob sich Deutschland solcher Umverteilung in erweitertem Maß von Norden nach Süden wird entziehen können. Mit einem gewissen Recht fragt man in Italien, wenn der deutsche Westen den deutschen Osten, der deutsche Süden den deutschen Norden unterstützten, warum dann nicht eine entsprechende Unterstützung Italiens durch Deutschland gefordert werden dürfe. Auch darauf kommen wir zurück.

Finanzkrisen verbreiten sich über die Schuldenstruktur des *Bankensystems.* Banken sind durch Kreditbeziehungen untereinander verschränkt. Sie halten Staatsschuldpapiere, deren Entwertung sie selbst in Schwierigkeiten bringt, und umgekehrt erzeugt eine angespannte Lage bei den Banken höhere Kosten der Staatsverschuldung. Große Banken gelten als systemrelevant, wenn ihr Niedergang eine nicht kontrollierbare Kettenreaktion nach sich zu ziehen droht, so dass der Staat sich gezwungen sieht, sie zu retten, obwohl ihre unvorsichtige Politik einen Konkurs rechtfertigen würde. Es ist die Kehrseite der freien Kapitalmärkte, die für große Aufschwünge eine Voraussetzung bilden, dass sich solche Kettenreaktionen weiter und schneller verbreiten. Abbildung 12 zeigt einen Index für die Mobilität des Kapitals und den prozentualen Anteil der Länder, in die hinein sich Bankenkrisen jeweils verbreiteten. Man erkennt den sofort plausiblen Zusammenhang: Je freier der Kapitalverkehr, desto globaler die jeweilige Bankenkrise.

Dass die gegenwärtige Krise durch ein Überschießen der Preise auf dem amerikanischen Häusermarkt ausgelöst wurde, dürfte allgemein bekannt sein. Die amerikanischen Gesetze erlaubten eine hohe Beleihung von

[5] Konrad und Zschäpitz, 2012, S. 92 ff.

Immobilien entsprechend ihrem Marktwert, also die Vergabe zusätzlicher Kredite, wenn die Häuserpreise stiegen, so dass schon ein leichtes Sinken der Häuserpreise die hoch verschuldeten Hausbesitzer in Schwierigkeiten bringen musste. Abbildung 13 zeigt, dass sich die Häuserpreise in 30 Jahren nahezu vervierfachten und dann erst schwach, dann, mit den Rückkoppelungen der Krise, stark abfielen. Es lässt sich zeigen, dass dieses Muster in fünf Bankenkrisen (Finnland 1991, Japan 1992, Norwegen 1987, Spanien 1977, Schweden 1991)[6] zu beobachten war: mäßiger Einbruch der Immobilienpreise, Einsetzen einer Bankenkrise, wechselseitige Verstärkung des Verfalls der Immobilienpreise und der Bankenkrise. Dieses Muster wurde aber keineswegs bei jedem Konjunkturverlauf beobachtet, sondern es scheint charakteristisch für das aktuelle Finanzsystem.

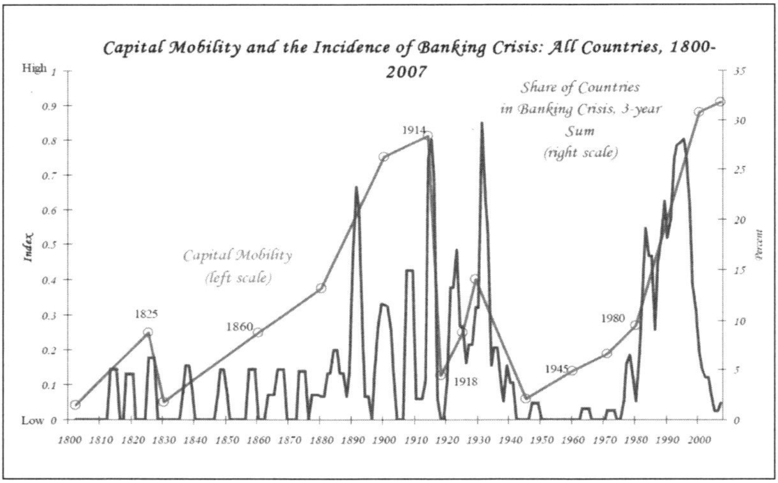

Abbildung 12: Bankenkrisen und Kapitalmobilität. Quelle: C. Reinhart und K. Rogoff, NBER Working Paper No. 13882. Issued in March 2008

6 Reinhart und Rogoff (2009), S. 160.

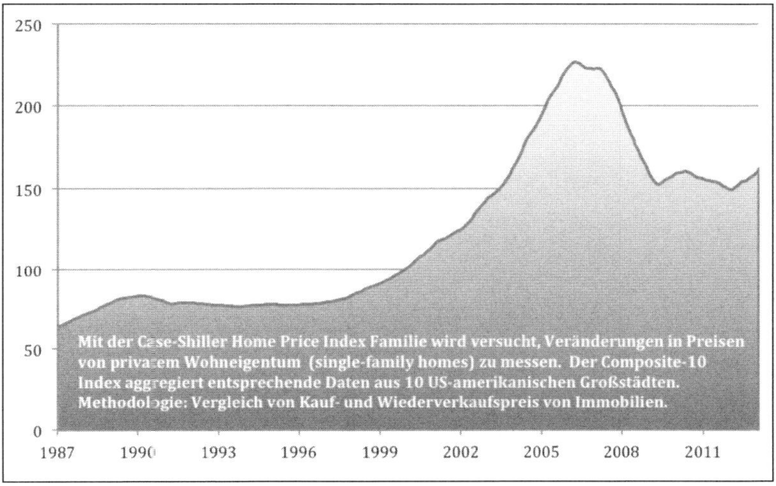

Abbildung 13: Der amerikanische Häusermarkt. Case-Shiller Index (Composite-10 CSXR-SA) Januar 1987 – Februar 2013 Quelle: Standard & Poor's, April 2013

Das folgende Diagramm (Abbildung 14) könnte den Hintergrund für einen ganzen Zyklus wirtschafts- und ideengeschichtlicher Vorlesungen über das *Krisenphänomen im modernen Kapitalismus* bilden.[7] Man erkennt auf dem Zeitstrahl die Einschnitte durch die großen Kriege und Umbruchphasen von besonderer wirtschaftshistorischer Bedeutung wie den Pauperismus (die Zeit großen Elends unter den Arbeitern in der frühen Industrialisierung), die depressive Phase der Weltwirtschaft und insbesondere Deutschlands, die auf den Gründerkrach (1873) nach der Reichseinigung 1871 folgte (sie ist besonders interessant, weil damals bei sehr schwachem Wachstum so wie heute eine deflationäre Tendenz sichtbar wurde, ja die Preise tatsächlich sanken), und es ist schließlich die große Depression in der Folge der Weltwirtschaftskrise von 1929 hervorgehoben. Die Blitze bezeichnen wichtige – bei weitem nicht alle – Krisen, deren Verlauf sich in den betrachteten zwei Jahrhunderten veränderte. Bis in die jüngste Zeit waren die Ökonomen mehr-

[7] Zu einer allgemeinen Darstellung vgl. Werner Plumpe (2010)

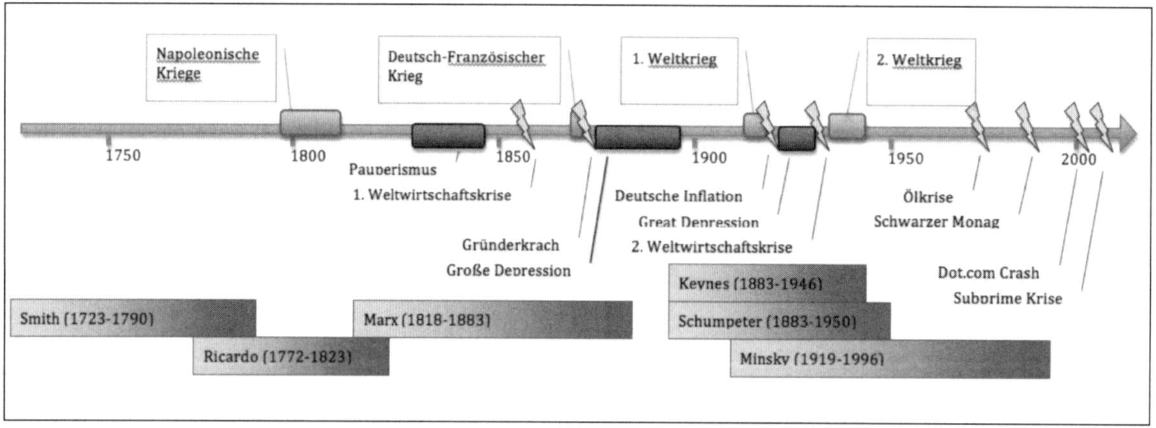

Abbildung 14: Krisen, historische Lagen und Paradigmen

heitlich überzeugt, Krisen würden durch realwirtschaftliche Phänomene ausgelöst. Als in der Mitte des 19. Jahrhunderts die Industrie so weit entwickelt war, dass die Schwankungen ihrer Produktion nicht mehr von den vorher dominanten, vom Wetter verursachten agrarischen Krisen überdeckt wurden, deutete sich das Muster zehnjähriger industrieller Krisen mit einiger Regelmäßigkeit an: der Aufschwung der industriellen Produktion erreichte etwa alle zehn Jahre einen temporären Höhepunkt, weil jedes Mal in Überschätzung des Aufschwungs die prinzipiell ungewisse künftige Nachfrage überschätzt wurde. Um ihr zu genügen, um für Erweiterungen des Marktes gerüstet zu sein, steigerten die Unternehmen ihre Investitionen und nahmen dabei eine zunehmende Verschuldung in Kauf. Wenn sie nun in Absatzschwierigkeiten gerieten, verbreiteten sich erste Einbrüche der Nachfrage, weil andere Unternehmen, vorsichtiger geworden, ihre Bestellungen reduzierten und mit beginnenden Entlassungen auch die Konjunkturgüternachfrage zurückging. Das sichtbarste Krisenphänomen war jedoch mit dem verbunden, was man damals die „Kreditpanik" nannte: von Zahlungsunfähigkeit bedrohte Unternehmen bedrängten andere, denen gegenüber sie Gläubiger waren, ihre Schulden zu begleichen, und dasselbe Phänomen zeigte sich verstärkt bei den Banken untereinander. Die Krise breitete sich auch international aus, etwa von England nach Frankreich oder Hamburg übergreifend. In dem Maß, in dem nun auch die Kaufkraft der Währungen bedroht schien, verlangte man Zahlung in Gold, aber die Goldbestände waren im Verhältnis zu den sonstigen umlaufenden Geldmitteln und den Geldsubstituten viel zu gering; die Zinsen stiegen und steigerten die Kosten der Finanzierung der Produktion. Diese sank, es fielen die Preise, doch sank die Nachfrage nicht auf Null, denn es gab Nachfrage von Bezügern fester Einkommen, Vermögensbesitzer konnten bei gesunkenen Preise ihre Nachfrage sogar steigern, man verbrauchte Ersparnisse, um zu überleben, und wenn nach einigen Jahren ein Ersatzbedarf für verschlissene und veraltete industrielle Ausrüstungen entstanden war, belebte sich der Gang der Wirtschaft wieder und mündete in einen neuen Aufschwung.

Schon in der Weltwirtschaftskrise von 1929 war weniger deutlich, welche realwirtschaftlichen Ursachen eigentlich den Anlass gebildet hatten; unmittelbar sichtbar war die Verkettung von Börsenkrach in New York, Bankenkrise, internationaler Verbreitung derselben und dem Rückgang der

Nachfrage, weil besonders die amerikanische Zentralbank das geschwächte Bankensystem nicht stützte. Die Wachstumszyklen nach dem Zweiten Weltkrieg glichen zunächst Verkürzungen des Wachstumszyklus, den man aus dem 19. Jahrhundert kannte, aber es gab mit den beiden Ölpreisschocks auch exogene Ereignisse, die zu Konjunktureinbrüchen führten, und die in ihrer Bedeutung zunehmende Staatsintervention war durchaus nicht immer antizyklisch, sondern manchmal prozyklisch. Wenn der Ölpreis stieg, war die Frage, wer die damit verbundene realwirtschaftliche Einbuße tragen sollte. Wenn die Gewerkschaften Lohneinbußen nicht nur nicht hinnehmen, sondern, entsprechend den Erfahrungen der vorangegangenen Wachstumsperiode, Lohnsteigerungen daraus machen wollten, musste Inflation die Folge sein, während sich das Wachstum infolge der Ölpreissteigerung doch abgeschwächt hatte. In der nun folgenden, historisch neuen sog. Stagflation, einer Verbindung von realwirtschaftlichem Produktionsrückgang mit Inflation, konnte der Staat es nur noch falsch machen: entweder zur Bekämpfung der Inflation die Nachfrage dämpfen und die Wirtschaftskrise vergrößern oder zur Bekämpfung der Wirtschaftskrise die Nachfrage steigern und die Inflation anheizen.

Ein neues, sich seit der Überwindung dieser unglücklichen Lage in den 90er Jahren abzeichnendes Phänomen ist die zunehmende Bedeutung des Finanzsektors. Dies hängt unter anderem mit der demographischen Entwicklung zusammen. Es wurde bei sich verschiebenden Größenverhältnissen der Alterskohorten zunehmend schwieriger, die Rentenansprüche der älteren Generation aus den Einzahlungen der jüngeren zu finanzieren. Da der politische Mut und die Kraft fehlten, entweder die Einzahlungen genügend zu steigern oder die Renten zu senken, stellte man zunehmend auf ein kapitalbasiertes System der Altersversorgung um, wodurch wachsende Vermögen dem Finanzsektor zuflossen, der durch geeignete Anlagen der Ersparnisse künftige Einkommen zur Alterssicherung generieren sollte. Auch mit der Globalisierung wuchs die Bedeutung des Finanzsystems relativ zu den industriellen und den übrigen dienstleistenden Sektoren. Der vergrößerte Finanzsektor trug nun seinerseits zur Instabilität bei, weil er, indem er die Finanzierung von Projekten erleichterte, auch in die Versuchung führte, sie weniger seriös zu finanzieren, wenn die Rückzahlung nicht aus den laufenden Erträgen des Projekts, sondern durch künftige Ertragshoffnungen und die Aufnahme immer neuer Schulden gedeckt werden sollte. Es konnten nun spontane Finanzkrisen auftreten, wenn sich Blasen an den Märkten für Immobilien und Finanztitel entwickelt hatten, die sich umso schneller verbreiteten, als die Finanzierungsstruktur weniger solide geworden war.

Zuunterst auf Abbildung 14 sind die Namen und Lebenszeiten bedeutender Autoren angegeben, welche die wechselnden Formen des Wirtschaftswachstums und der Kapitalakkumulation beschrieben haben. Um die Hauptstichworte zu nennen, beginnen wir bei Adam Smith, der in seiner Theorie erfasste, wie mit verfeinerter Arbeitsteilung eine verbilligte Produktion, damit ein größerer Absatz und, mit dem größeren Absatz, auch wieder eine Steigerung der Arbeitsteilung möglich, d. h. lohnend wurde, wie also das Wachstum auf den sich gegenseitig steigernden (kumulierenden) Effekten von Verfeinerung der Arbeitsteilung und Markterweiterung, von verbilligter Produktion und gestiegenem Absatz, beruhte. Ricardo beschrieb, wie sich das Einkommen der großen Klassen mit dem Kapitalwachstum verschob. Mit dem Bevölkerungswachstum mussten auch schlechtere Böden bebaut werden, wodurch die Renten der Besitzer besserer Böden stiegen und die Gewinne der Unternehmer sanken – eine Tendenz, die nur durch die Gewinnung neuer besserer Böden in der Neuen Welt und durch technischen Fortschritt kompensiert werden konnte. Marx, was immer man über seine Wert- und Ausbeutungstheorie sagen mag, war ein ausgezeichneter Beobachter des Wachstums- und Konjunkturprozesses im 19. Jahrhundert und analysierte den von periodischer und Kreditpanik markierten Konjunkturzyklus. Schumpeter hat einer ähnlichen Vorstellung von Aufschwung und Krise wie der Marxschen eine liberale Deutung gegeben. Die Initiative der Unternehmer treibt den Aufschwung durch das Aufgreifen von Erfindungen und die Realisierung industrieller Neuerungen (Innovationen) voran; sie finanzieren sich dazu bei den Banken. Die technischen Innovationen sind in Wellen wie bei der Einführung der Dampfmaschine der frühen Industrialisierung, dem Eisenbahnbau, der Entstehung der chemischen Industrie und der Elektrifizierung, heute der Informations- und Kommunikationstechniken miteinander verbunden, aber jeder Aufschwung erschöpft sich irgendwann, wenn die besten Chancen technischer Erneuerungen wahrgenommen worden sind, und mündet in Zahlungsschwierigkeiten und erst steigende Zinsen, dann in deren Sinken und in Phasen des Niedergangs oder schwächeren Wachstums, bis sich wieder neue Ideen und Innovationen bündeln. Der Markt würde diesen notwendig zyklischen Prozess des Wachstums am besten steuern. Das Neue an Keynes war nicht so sehr der Gedanke, man könne gelegentlich wirtschaftlichen Einbrüchen und Arbeitslosigkeit durch konjunkturelle Gegenmaßnahmen, also Staatsausgaben und verbilligte Kredite, entgegenwirken – das gab es schon in Antike und Mittelalter –, sondern dass er die Unvermeidlichkeit der Krisen leugnete und hoffte, den Wirtschaftsgang überhaupt zu verstetigen; er behauptete, es könne der Marktprozess gesteuert werden. Dazu musste er – das war die entscheidende, heftig umstrittene Leistung – nachweisen, weshalb Unterbeschäftigung möglich war – sogar auf Dauer – und sich nicht, wie damals die Mehrheit der Ökonomen glaubte, durch einen unvermeidlichen, zeitlich begrenzten Reinigungsprozess in der Krise von selbst korrigierte. Es haben aber erst Postkeynesianer wie Hyman Minsky darauf hingewiesen, dass eine Instabilität im Finanzsystem selbst angelegt ist. Dazu eine Anekdote:

Ich erinnere mich, wie Minsky in den 80er Jahren an einer Sommerschule in Triest uns, einer internationalen Gruppe von Professoren und promovierten jüngeren Forschern, die Verbriefung erklärte, also die Idee, dass Banken oder andere Intermediäre Schulden wie etwa Hypothekarschulden zu Paketen bündeln und verkaufen können, so dass die Käufer die Erträge, also im Beispiel die Hypothekarzinsen, einziehen können und die Bank mit dem Geld, das sie durch den Verkauf der Verbriefung eingenommen hat, neue Kredite vergeben kann, womit sich ihr Umsatz beschleunigt. „Hyman", riefen wir nun, „ist das nicht eines der Instrumente, durch die Finanzmärkte instabiler werden können, wie Du das in Deinen Büchern analysiert und beschrieben hast?" „Gewiss, aber es ist ein herrliches Instrument, um die Finanzmärkte zu beleben!", versetzte er leuchtenden Auges – nur einer, der die Finanzmärkte kannte, konnte ihre neuen Möglichkeiten und Gefahren begreifen. Den Überschwang, mit dem die Finanzmärkte seither wiederholt die Welt in Krisen ritten, konnten die Träger einer so ambivalenten Haltung nicht verhindern.

In der folgenden Abbildung 15 habe ich versucht, die Krisen mit ihren Begleiterscheinungen: dem institutionellen Wandel und den aus ihnen hervorgegangenen neuen ökonomischen Theorien, möglichst knapp und systematisch zu charakterisieren. Obwohl man übereinstimmend Schwankungen der Industrieproduktion für die Zehnjahreskrisen in Großbritannien im 19. Jahrhundert verantwortlich machte, waren die praktischen und theoretischen Folgen nicht, wie man von heute aus gesehen vielleicht erwarten könnte, auf eine Steuerung der Produktion und insbesondere der Investitionen ausgerichtet, wie Keynes dies 1936 fordern sollte, sondern kreisten um Reformen des Geldwesens, da man nicht die Vermeidung, sondern die Verbreitung der Krise durch die Kreditpanik im Auge hatte. Die Bank of England sollte Bankkrisen mildern, indem sie exponierte Kreditinstitute mit neuem Geld versorgte, also, wie man es heute nennt, als „Lender of last resort" fungierte. Man versuchte auch, exzessiver Kreditvergabe der Bank von England vorzubeugen, indem man ihr vorschrieb, dass das von ihr geschaffene Geld ein bestimmtes Vielfaches des Goldbestands nicht überschreiten sollte; dazu trennte man die Geldschöpfung von der Kreditgewährung der Bank (Peel's Bank Act), aber sobald sich die Lage am Geldmarkt anspannte, mussten diese Bestimmungen aufgehoben werden. Die Erfahrungen der Praxis wurden in Theorien umgesetzt, und alle wichtigen Grundgedanken der modernen Geldtheorie waren schon in der Diskussion, die sich damals viel lebendiger entwickelte als heute in den Lehrbüchern, die allzu oft in didaktischen Vereinfachungen erstarren.

Krise	Auslöser und Verbreitung	Institutionelle Folgen	Theorienbildung
Die Zehnjahres-Krisen in GB, 19. Jhd.	Überproduktion Kreditpaniken	Bank von England zur Zentralbank entwickelt	Konjunkturtheorie Currency und Banking Schools
Gründerkrach und große Depression	Kriegsgewinn und Aktienspekulation	Deutsche Sozialpolitik Schwächung Freihandel	Stärkung historische Schule
Great Depression	Börsenkrach und Bankenkrise	Wohlfahrtsstaat: Stabilisatoren	Keynesianismus Volkswirtschaftliche Gesamtrechnung
Heute	US-Häusermarkt Bankenkrise	Neue Finanzordnung, bes. in Europa	Ordoliberalismus / Keynesianismus: neue Synthese

Abbildung 15: Synopse zu Ursachen und Folgen

Auch in der Krise der 1870er Jahre folgte nicht – oder nicht sogleich –, dass man sich der primären Ursache angenommen und die Börse besser reguliert hätte, sondern es intensivierten sich zunächst die Bemühungen der Historischen Schule, das Los der Arbeiter zu heben, indem Versicherungen zu ihrem Schutz (Unfälle, Krankheit, Arbeitslosigkeit) eingeführt und gefördert wurden. Die Historische Schule suchte über eine rein materielle Besserstellung hinauszugelangen, betonte die Bedeutung des Bildungswesens und hoffte auf eine Hebung der Sittlichkeit durch Erziehung.

Die gängigen Vorstellungen von Krisenbekämpfung und Linderung ihrer Symptome stimmen mit den historischen Tatsachen am ehesten im Fall der Weltwirtschaftskrise nach 1929 überein. Zur Verbesserung der Infrastruktur wurden in den Vereinigten Staaten Investitionsprogramme aufgelegt. Autobahnbau und Rüstung spielten eine große Rolle bei der Bekämpfung der Arbeitslosigkeit durch die Nationalsozialisten in Deutschland. Roosevelt führte zur Vermeidung von Inflation bei Nachfragesteigerung Lohn- und Einkommenskontrollen ein – eine zwangsläufig temporäre Maßnahme. Die bis in den Krieg anhaltenden wirtschaftlichen Erfolge der autoritären Regierungen in Europa hingen mit den Kontrollmöglichkeiten zusammen, die Diktaturen bei der Disziplinierung der Arbeiter zur Verfügung stehen. Langsamer entwickelte sich die gesetzliche Fixierung der Arbeitslosenversicherung; sie und verwandte Instrumente des Wohlfahrtstaats in der Demokratie helfen, die Konjunktur zu stabilisieren, indem sie einen starken Abfall der Nachfrage vonseiten der arbeitslos Gewordenen verhindern. In der Theorie wurde gefordert, aber in der Praxis kaum durchgesetzt, dass die Staatsausgaben strikt antizyklisch variiert werden sollten, mit Defiziten in der Krise und Überschüssen im Aufschwung. Wenn die Ausführung misslingt, liegt ein Staatsversagen vor, das nicht nur mit unverständigem Handeln der Politiker erklärt werden muss, sondern auch aus der Schwierigkeit folgt, die konjunkturelle Lage überhaupt rechtzeitig zu erkennen, also die Ausgaben schon zu steigern, bevor die Krise wirklich ausgebrochen ist, und mit dem Sparen unverzüglich zu beginnen, wenn sich ein Aufschwung ankündigt. Unter Keynes' Einfluss veränderte sich die volkswirtschaftliche Theorie grundlegend auch für diejenigen, die letzten Endes die Staatsintervention ablehnten. Einige Elemente seiner Krisenerklärung wie die Liquiditätsfalle werden heute überall anerkannt; vor allem aber trug sein Werk wesentlich zur Schaffung und Verbreitung der volkswirtschaftlichen Gesamtrechnung bei. Auch wenn wir uns zu Recht gegen die Auffassung des Bruttoinlandsprodukts als alleinigen Wohlfahrtsmaßes verwahren, können wir uns heute eine Charakterisierung der wirtschaftlichen Lage ohne seine Verwendung kaum mehr vorstellen.

Vor dem Hintergrund dieser historischen Erfahrungen fällt es nun auf, dass die keynesianischen Stabilisatoren, von der Öffentlichkeit weitgehend unbemerkt, in der jüngsten Krise wesentlich dazu beigetragen haben, den Gang der Nachfrage (besonders in Deutschland) zu stützen und einen katastrophalen Einbruch zu vermeiden; geholfen hat dabei gewiss auch die waghalsige Geldpolitik (oft eine verbrämte Fiskalpolitik), während Investitionsprogramme kaum eingesetzt wurden, obwohl man immer wieder fragte, wie gegen die Arbeitslosigkeit in den Südländern vorgegangen werden könne. Die bemerkenswerteste Ausnahme stellt in meinen Augen die Energiewende in Deutschland dar. Ich halte sie, gemessen an meinen Vorstellungen einer sorgsamen Bewahrung der Umwelt, für fragwürdig, weil der prekäre Übergang zum Großeinsatz regenerativer Energien einen erheblichen Konsum fossiler Energie nach sich zieht, insoweit das Klimaproblem verschärfend, und weil ein rücksichtsloser Zugriff auf die Landschaft erfolgt, um Windräder und Hochspannungsmasten aufzustellen. Man will sogar ganze Berggipfel kappen, um Pumpspeicherkraftwerke einzurichten. Aber als Investitionsprogramm zur Beschäftigung in vielen direkt oder indirekt engagierten Industrien ist die Energiewende angesichts ihrer Popularität in der Bevölkerung gewiss geeignet.

Dass eine Finanz- und Bankenkrise eine neue Finanzordnung erfordert, liegt auf der Hand, aber schwer ist zu entscheiden, welche Maßnahmen primär ergriffen werden sollen und im internationalen Maßstab ohne schwere Verzerrungen des Wettbewerbs durchgesetzt werden können. Im Übrigen bedeuten die Erfahrungen der gegenwärtigen Krise eine Herausforderung für die ökonomische Theorie, und zwar meines Erachtens ganz besonders in Deutschland. Man kann kaum bestreiten, dass keynesianische Maßnahmen – einerseits die Stabilisatoren, andererseits die Politik des leichten Geldes – die Weltwirtschaft vor einem noch tieferen Absturz bewahrt haben. Dadurch wurden aber alle wirtschaftspolitisch bewussten und verantwortlichen Menschen beunruhigt, weil es immer schwieriger wird zu erkennen, bis wohin die staatlichen Interventionen gehen dürfen. Schon vor 30 Jahren habe ich gemahnt, der Ordoliberalismus müsse die theoretischen Errungenschaften, die sich aus dem Keynesianismus ableiten, in sich aufnehmen, um sinnvolle Regeln für die Wirtschaftspolitik zu bestimmen. Diese große Aufgabe ist einer Lösung nicht wirklich näher gebracht worden.

4. Die Krise Eurolands und der Europäischen Union: Historisches

Es kann nicht verwundern, dass man bei den vielen Improvisationen, die bei der Bewältigung der Krise nötig werden, leicht die Ziele der Einigung aus dem Auge verliert und die Vision eines Vereinigten Europa verschwimmt. Dante hat in seiner Schrift *De monarchia*[8] eine kaiserliche Herrschaft über Europa gefordert und berief sich damit auf eine Tradition, die über 1.300 Jahre bis zu Kaiser Augustus zurückging, dessen Herrschaft er als schlechthin vorbildlich bezeichnete. Er stand damit aufseiten der Ghibellinen, die für den Frieden der oberitalienischen Städte die Herrschaft des Kaisers der des Papstes vorzogen, für die dagegen die Guelfen sich einsetzten. In gewissem Sinn ist es diese ghibellinische Vision eines europäischen Universalreichs gewesen, die über alle Jahrhunderte seither in Abwandlungen das Bild eines friedlich einigen Europa von Deutschland her bestimmt hat. Varianten gab es freilich schon zu Dantes Zeiten. Pierre Dubois, ein französischer Anwalt, schrieb im ersten Jahrzehnt des 14. Jahrhunderts ein Buch über einen neuen Kreuzzug („De recuperatione terre sancte“[9]), der infolge einer näheren Verbindung zwischen dem französischen König und dem Papst zustande kommen sollte. Für Dubois war Frankreich das von Gott geliebte Land Europas, und den Frieden dachte er durch eine Erstreckung des französischen Einflusses zu sichern, indem französische Prinzen europäische Throne und der jüngere Bruder des Königs den Platz des Kaisers einnehmen sollten. In den deutschen Landen aber wünschte man sich einen Kaiser deutschen Stammes. Auf Otto den Großen führte sich das Heilige

---

[8] De monarchia, in Dantis Alagherii Opera omnia II, Leipzig: Insel 1921, S. 305–380.

[9] Pierre Dubois: De recuperatione terre sancte. Dalla „Respublica christiana“ ai primi nazionalismi e alla politica antimediterranea. A cura di Angelo Diotti. Firenze: Olschki 1977 [1307].

Römische Reich Deutscher Nation zurück. Ihm war dessen Einigung gelungen, einschließlich der norditalienischen Provinzen, und er hatte sein Reich durch Bündnisse und Lehensverhältnisse bis in die Nachbarländer erstreckt, nicht im Sinne einer zentralisierten Herrschaft, sondern in lockerem Verbund, wie er dem Feudalwesen des Mittelalters entsprach.

Das Verhältnis Frankreichs zum Kaisertum blieb schwierig. Karl V. gewann die Kaiserwahl gegen Franz I., Ludwig XIV. erklärte seine Eroberung des Elsass zu einer Wiederinbesitznahme. Als schließlich unter Napoleon eine französische Herrschaft über große Teile Europas tatsächlich errichtet wurde, spaltete sie die Geister in Deutschland. Nietzsche schrieb darüber im Rückblick: „Die Deutschen haben endlich, als auf der Brücke zwischen zwei Décadence-Jahrhunderten eine force majeure von Genie und Wille sichtbar wurde, stark genug, aus Europa eine Einheit, eine politische und wirtschaftliche Einheit zum Zweck der Erdregierung zu schaffen, mit ihrem 'Freiheitskriegen' Europa um den Sinn, um das Wunder von Sinn in der Existenz Napoleons gebracht, – sie haben damit alles, was kam, was heute da ist, auf dem Gewissen, diese kulturwidrigste Krankheit und Unvernunft, die es gibt, den Nationalismus, diese névrose nationale, an der Europa krank ist, diese Verewigung der Kleinstaaterei Europas, der kleinen Politik: sie haben Europa selbst um seinen Sinn, um seine Vernunft – sie haben es in eine Sackgasse gebracht."[10] In der Tat scheint Napoleon auf der Höhe seiner Macht begriffen zu haben, dass er das ganze Europa nicht einer so zentralisierten Herrschaft unterwerfen könne, wie er sie in Frankreich aufgebaut hatte. Nach dem Untergang des Alten Reichs studierte er dessen Institutionen und begann, sie nachzuahmen. Vielleicht war es seine Absicht, ein Lehensherr der europäischen Könige und Fürsten zu werden. Aber während er dazu mit dem preußischen Königshaus verhandelte, schliffen die jungen preußischen Offiziere ihre Säbel an den steinernen Stufen der französischen Gesandtschaft in Berlin. Es kam zum vierten Koalitionskrieg gegen Napoleon, der mit der Niederlage Preußens endete. Die Franzosen wurden zu Besatzern, und als Napoleon sich im Konflikt mit England und Russland überhoben hatte, brach schließlich die Empörung der europäischen Völker über ihn

---

[10] Friedrich Nietzsche: Götzendämmerung. Der Antichrist. Ecce homo. Gedichte. Stuttgart: Kröner 1954, S. 394 (Ecce homo, „Der Fall Wagner", Nr. 2).

herein. Dennoch erschien nicht nur Nietzsche retrospektiv die napoleonische Herrschaft auf ihrer Höhe als ein „Wunder von Sinn", sondern auch Goethe als Zeitgenosse bewunderte Napoleons Genie und scheint sich mit seiner Herrschaft abgefunden zu haben, wenn sie nur seiner mitteleuropäischen Welt den Frieden schuf und der Entfaltung der Kultur Raum gab.

Der Nationalismus des 19. Jahrhunderts hat dann tatsächlich die alten europäischen universalen Werte vollends in nationale Schemata gespalten. Nachdem die Reformation die Einheit der Kirche aufgelöst hatte, war wenigstens der Humanismus im Europa der aufsteigenden Territorialstaaten ein einigendes Band geblieben. Der Adel und das gehobene Bürgertum hingen an ihren europäischen Bezügen. National dagegen war die von Akademien regulierte Sprache (Dialekte überließ man Dienstboten), national wurden Kirche und Recht, Militär und Polizei, selbst Bildung und Wissenschaft, wenn auch in verschiedenem Grad, und schließlich steigerte sich der Nationalismus zum Kampf um die kolonialen Imperien. Niemand kann die großen Leistungen der nationalen Bewegungen bei der Herstellung internen Friedens und der Zusammenfassung der Kräfte zu Wachstum und Wohlstand bestreiten, aber wenn die europäische Idee überhaupt etwas bedeutet, so die Überschreitung des nationalen Standpunkts, wie er sich im nachnapoleonischen Jahrhundert gegen unten, gegen lokale Selbstbestimmung, und gegen oben, gegen die europäischen Universalien, mit Leidenschaft und mit Gewalt nach innen und außen durchsetzte.

Die moderne Europabewegung geht auf Vereinigungen wie die Paneuropa-Bewegung (Graf Coudenhove-Kalergi) zurück. 1929 schlug Briand als französischer Außenminister eine europäische Union mit föderalistischer Struktur vor. Die Widerstandsbewegung während des Zweiten Weltkriegs (auch die deutsche) verlangten eine europäische Zusammenarbeit. Churchills Zürcher Rede 1946 förderte die Konkretisierung der Pläne.[11] Es folgten 1950 der Schumann-Plan, dann Montanunion und Europäische Zollunion, bis 1957 die Römer Verträge zur Gründung der Europäischen Wirtschaftgemeinschaft und von EURATOM unterzeichnet wurden: Man hatte sich

[11] Rat der Europäischen Union (Generalsekretariat): Europa. Eine Idee nimmt Gestalt an. Nomos 2009.

entschieden, die politische Integration Europas auf dem Weg über eine wirtschaftliche zustande zu bringen; Kerneuropa bestand aus den Benelux-Ländern, Deutschland, Frankreich und Italien. Die Gründer verfolgten eine pragmatische Politik, wollten aber ideell nicht nur nationalistische Feindseligkeit überwinden, sondern handelten auch aus einem gemeinsamen europäischen Bildungs- und Geschichtsbewusstseins heraus.

Die vielleicht interessanteste Phase des Integrationsprozesses ergab sich durch die 1959 erfolgte Gründung eines zweiten Kreises in anderem Sinne integrationswilliger europäischer Staaten (Dänemark, Großbritannien, Norwegen, Portugal, Schweden, Österreich, Schweiz).[12] Die beiden Konzepte waren wesentlich verschieden. Die EFTA wollte wenigstens innerhalb ihres Kreises die Ziele des alten Liberalismus verwirklichen; diesen Staaten war der Nationalismus nicht so zum Problem geworden wie insbesondere dem besiegten Deutschland. Die EWG strebte über die Nationen hinaus. Die Agrarpolitik sollte die Grundlagen für einen einheitlichen Wirtschaftsraum fassen und dazu geographische und historische Vor- und Nachteile in der landwirtschaftlichen Produktion ausgleichen. Mit Konzentrationsprozessen über die Ländergrenzen hinweg wollte man Skalenvorteile der Produktion nutzen. Für die Märkte waren gemeinschaftliche Institutionen zu errichten. Im Rückblick erscheint die Dualität dieser beiden Europakonzeptionen durchaus begründet. Nicht nur in England, sondern auch in Skandinavien und der Schweiz war der angelsächsische Liberalismus mit seinem Prinzip des freien Handels befreundeter Nationen traditionell stärker als der Wille, sich in ein transnationales Gebilde politisch, wirtschaftlich und kulturell zu integrieren. Auch wusste man, dass Großbritannien zwischen dem Engagement auf dem Kontinent und dem Commonwealth schwankte. De Gaulle stellte sich deshalb einem frühen Beitritt Englands zur EWG entgegen, aber 1973 kam es durch die Beitritte Dänemarks, Großbritanniens, Irlands zur Norderweiterung der Europäischen Gemeinschaft und damit zu einer Verwässerung der alten Integrationsziele Kerneuropas. Die EFTA besteht bis heute weiter, freilich als kleiner, nahezu bedeutungsloser Apparat. Angesichts der gegenwärtigen

[12] Jan Bergmann: Handlexikon der Europäischen Union. 4. Aufl. Nomos 2012.

Debatten zwischen Großbritannien und den meisten Mitgliedern der Europäischen Union, die nach wie vor eine politische Einigung grundsätzlich anstreben oder anzustreben behaupten, wie sie Großbritannien nach wie vor vermeiden möchte, erinnert man sich des alten Dissenses, und fragt sich, ob es nicht für beide Teile besser gewesen wäre, wenn sie an dem friedlich rivalisierenden Nebeneinander zweier verschiedener Europakonzepte festgehalten hätten.

1979 entstanden das Europäische Währungssystem und die Europäische Währungseinheit (ECU) sowie das Europäische Parlament in Straßburg. Es erfolgten weitere Beitritte: Griechenland 1981; Spanien und Portugal 1986; Österreich, Finnland, Schweden 1995 und nachfolgend die Osterweiterung. Euro und Euroland gehen auf die Gründung der Europäischen Union durch Maastricht, verbunden mit der Währungsunion, 1993 zurück. 2009 ersetzte die Europäische Union die Europäische Gemeinschaft.

Das für die gegenwärtige Lage entscheidende Moment war zweifellos die Einführung einer Währungsunion. Alle früheren und die nachfolgenden Integrationsschritte hatten gemeinsam, dass man auf dem jeweils erreichten Stand der Integration stillstehen konnte, ohne dringend genötigt zu sein, entweder Integrationsschritte zurückzunehmen oder, um stabil zu bleiben, die Integration weiter voranzutreiben. Die Währungsunion hat sich dagegen als instabil erwiesen. Um die von ihr ausgehenden Störungen zu bemeistern, sind schon zahlreiche zusätzliche Integrationsschritte notwendig geworden, ohne dass Stabilität bereits erreicht wäre, und ich behaupte mit vielen Andern, dass sie auch nicht erreicht werden wird, wenn Euroland nicht eine eigene Staatlichkeit erreicht. Andernfalls wird Europa zurückfallen durch Wiedereinführung nationaler Währungen.

Währungsunionen gibt es seit dem Altertum, damals in der Form, dass verschiedene Städte sich zu Münzunionen zusammenschlossen, um eine gemeinsame Münze zu unterhalten. Einen anderen interessanten Präzedenzfall stellt die Münzunion dar, die zwischen den sächsischen ernestinischen und albertinischen Landen in der Reformationszeit bestand. Bei der dynastischen Teilung Sachsens, die in der Reformation auch zu einer konfessionellen wurde, hielten die ernestinischen und albertinischen Herzoge am gemeinsamen Besitz der Bergwerke und der Münze fest, woraus sich die Münzunion ergab. Sie wurde schweren Spannungen ausgesetzt, als der ernestinische Herzog auf der Seite Luthers in Geldnot geriet und durch eine Münzverschlechterung zu höheren Einkünften gelangen wollte, während der albertinische Herzog für die Beibehaltung guten Geldes eintrat. Der Streit gab zu einer berühmten wirtschaftspolitischen Kontroverse Anlass, der ersten, die in der Form gedruckter Pamphlete ausgetragen wurde. Wieder eine andere Münzunion war die lateinische, die 1865 zwischen Frankreich, der Schweiz, Belgien und Italien gegründet wurde, um im eigenartigen System des Bimetallismus gemeinsame Gold- und Silbermünzen umlaufen zu lassen. Die Länder behielten eigene Noten und eigenes Kupfergeld, waren aber wegen der gemeinsamen Edelmetallmünzen zur währungspolitischen Kooperation gezwungen und verpflichtet. Diese Union ging am Ersten Weltkrieg zugrunde.

Nach Edgar Salin hätte die Europäische Gemeinschaft ebenso besser nur eine Münzunion anstreben sollen, in der es eine Sache der Ehre ist, die

	Belg./Luxemb. Franc	*Dänische Krone*	*Französ. Franc*	*Holländ. Gulden*	*Irisches Pfund*	*Ital. Lira*	*Total EWS*[a]
Gewicht[b] (in %)	16,6	4,0	32,0	17,4	1,8	27,5	100
Neufestsetzung, gültig ab:							
24. September 1979	+2,0	+5,0	+2,0	+2,0	+2,0	+2,0	+2,1
30. November 1979	–	–	–	–	–	–	+0,2
23. März 1981	–	–	–	–	–	+6,4	+1,7
5. Oktober 1981	+5,5	+5,5	+8,8	–	+5,5	+8,8	+6,5
22. Februar 1982	+9,3	+3,1	–	–	–	–	+1,6
14. Juni 1982	+4,3	+4,3	+10,6	–	+4,3	+7,2	+6,3
21. März 1983	+3,9	+2,9	+8,2	+1,9	+9,3	+8,2	+6,7
22. Juli 1983	–	–	–	–	–	+8,5	+2,3
7. April 1986	+2,0	+2,0	+6,2	–	+3,0	+3,0	+3,8
4. August 1986	–	–	–	–	+8,7	–	+0,2
12. Januar 1987	+1,0	+3,0	+3,0	–	+3,0	+3,0	+2,6
8. Januar 1990	–	–	–	–	–	+3,7	+1,0
Kumulativ seit EWS Start 13. März 1979	+31,2	+35,2	+45,2	+4,0	+41,4	+63,5	+41,8

Quelle: Gros und Thygesen 1991, S. 68.
a. Durchschnittliche Aufwertung der Deutschen Mark gegenüber den anderen EWS-Währungen (geometrisch gewichtet); ohne Spanien
b. Gewichtungen der EWS-Währungen vom Außenhandelsanteil zwischen 1984 und 1986 abgeleitet, nach Berücksichtigung von Auswirkungen des Drittmarktes und ausgedrückt in im Verhältnis zum gewichteten Wert der Deutschen Mark
– = entfällt

Abbildung 16: Aufwertung der Deutschen Mark gegenüber anderen EWS-Währungen (gemessen an bilateralen Leitkursen, in Prozent), Quelle: B. Eichengreen, „Vom Goldstandard zum Euro. Die Geschichte des internationalen Währungssystems“, Berlin, 2000

Parität zwischen den eigenen Noten und den gemeinsamen Münzen aufrechtzuerhalten, aus der man sich jedoch relativ leicht wieder zurückziehen kann, wenn sich die zur Aufrechterhaltung der Parität notwendige Disziplin nicht durchsetzen lässt. Euroland hat den weit ehrgeizigeren Plan gefasst, mit einer Währungsunion, also einem gemeinsamen System der Zentralbanken zu leben, das die gesamte Geldemission und das Kreditwesen zu lenken hat. Der Weg führte vom Werner-Plan 1970 (Idee einer europäischen Währung), der am Zusammenbruch des Systems von Bretton-Woods und den Ölpreisschocks scheiterte, zur Einführung des Europäischen Wechselkursverbands 1972 als einem bilateralen Interventionssystem gegenüber dem US-Dollar mit den Mitgliedern Deutschland, Niederlande, Belgien, Luxemburg und Dänemark und dann zur Währungsschlange, weil sich die Wechselkurse nicht stabilisieren ließen. 1979 wurde ein europäisches Währungssystem (EWS) gegründet, das den Wechselkursverband ersetzte. Eine imaginäre Währung, der Ecu, wurde durch ein Paritätengitter festgelegt. Die Wechselkurse durften erst um 2,25 Prozent, ab 1993 um bis zu 15 Prozent um die Referenzwerte schwanken, und wenn auch dies nicht ausreichte, sah man ein Realignment der Währungen vor. Insgesamt ergaben sich erhebliche Aufwertungen der Deutschen Mark gegenüber anderen EWS-Währungen, gemessen an den bilateralen Leitkursen. Beispielsweise wertete die D-Mark gegenüber der italienischen Lira zwischen 1979 und 1990 kumulativ um 63,6 Prozent auf (vgl. Abb. 16).

Sich in der Währungspolitik nach dem stärksten Land, der Bundesrepublik Deutschland, richten zu müssen, war anderen Ländern, insbesondere Frankreich, ärgerlich, und im Zuge der Wiedervereinigung kam es zu den Absprachen, die zu dem erwähnten Vertrag von Maastricht von 1992 führten. Daraus folgte die Gründung des Europäischen Währungsinstituts 1994, das 1999 in der neu gegründeten Europäischen Zentralbank aufging, unter gleichzeitiger Festlegung der Euro-Wechselkurse. Es war ein paradoxes Vorgehen. Die Erfahrungen mit den vorangegangenen Systemen hatten die Geldpolitik zur Einsicht geführt, dass fixe Wechselkurse nicht haltbar waren. *Aber warum sollte dann eine Währungsunion funktionieren?*

5. Die Krise Eurolands und der Europäischen Union: Das Dilemma

Unter Ökonomen gab es die Einsicht in ein sog. „unbequemes Dreieck" (Abbildung 17). Von den drei Zielen Preisstabilität, Wechselkursstabilität und freier Kapitalverkehr lassen sich immer nur zwei sinnvoll nebeneinander verfolgen; das dritte wird dann normalerweise verfehlt. Hat man beispielsweise Wechselkursstabilität und freien Kapitalverkehr zwischen mehreren Staaten, werden sich die Preise im allgemeinen unterschiedlich in ihnen entwickeln. Will man zugleich Preisstabilität und Wechselkursstabilität aufrechterhalten, wird man den Kapitalverkehr einschränken müssen (das könnte in der Europäischen Union, wenn der Euro erhalten bleibt, notwendig werden). Nach Bretton-Woods konnte Deutschland Preisstabilität und freien Kapitalverkehr aufrechterhalten, aber nur um den Preis von Aufwertungen.

Die Einführung des Euro, in Verbindung mit den liberalen Prinzipien der Marktintegration, bedeutete im Grunde, alle drei Ziele des Dreiecks simultan verfolgen zu wollen; an die Stelle der Wechselkursstabilität war der unwiderrufliche Währungszusammenschluss getreten, die Inflation wollte man unbedingt in Grenzen halten, und der freie Kapitalverkehr war nach all den Beschränkungen, die es in der Zeit nach dem Zweiten Weltkrieg gegeben hatte, endlich selbstverständlich geworden.

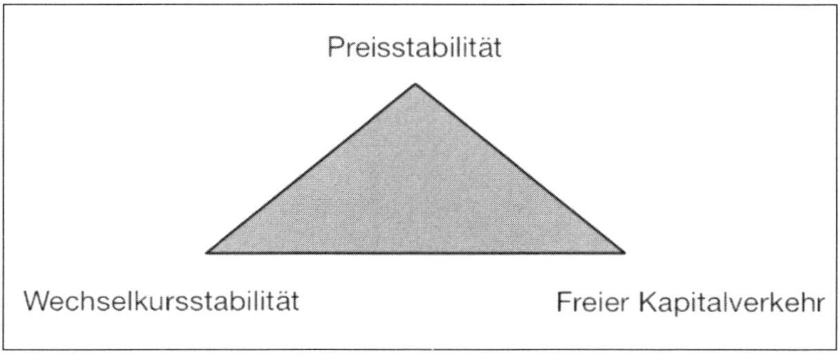

Abbildung 17: Das „unbequeme Dreieck"

Um unter diesen Bedingungen gemeinsam wirtschaften zu können, hätte es eigentlich eines gemeinsamen Staates bedurft. Wäre die Henne (der gemeinsame Staat) schon da gewesen, hätte sie das Ei (die gemeinsame Währung) in aller Ruhe ausbrüten können. Aber nun lag nur das Ei herum, und wer übernahm das Brüten? Selbstverständlich war auch in der Währungsunion ein Auseinanderlaufen von Preis-, Lohn-, und Produktivitätsentwicklungen der einzelnen Staaten nicht nur möglich, sondern sogar wahrscheinlich. Die Geldpolitiker, die dies eigentlich wussten, sprachen nun von einer Krönungstheorie: Es sollte die Integration durch eine Staatsgründung gekrönt werden. Und damit es inzwischen nicht schief ging, sah der 1993 ratifizierte Vertrag von Maastricht vor, dass nur Länder mit niedriger Inflationsrate und soliden öffentlichen Finanzen nach Bewährung einer Übergangszeit mit festen Wechselkursen am Eurosystem teilnehmen sollten. Die Fiskalpolitik wollte man abkoppeln, indem man den Einzelstaaten Grenzen der Verschuldung (jährlich 3 Prozent, Schuldenstand 60 Prozent, je gemessen am Bruttoinlandsprodukt) vorschrieb. Tatsächlich ging es eine Weile (ungefähr ein Jahrzehnt lang) recht gut. Issing schrieb 2008: „Alles in allem haben die Konvergenzkriterien ihre Aufgabe erfüllt." Er fügte allerdings hinzu: „Der Vertrag (Maastricht – BS) weicht ... der Frage aus, inwieweit aus dem Aufholprozess der ärmeren Länder ... Probleme für die einheitliche Geldpolitik entstehen könnten."[13]

Zwei Bilder mögen den guten Anfang illustrieren. Sobald der Ehrgeiz der Regierungen geweckt war, an einem gemeinsamen Währungssystem teilzunehmen, gelang es ihnen auch, die Inflationsraten auf niedrigem Niveau zur Konvergenz zu bringen (Abb. 18). Unter den Teilnehmern am Finanzmarkt setzte sich die Vorstellung durch (und im Ganzen haben sie damit Recht behalten), dass die Länder der Europäischen Union für ihre Schulden gegenseitig einstehen würden, obwohl der Vertrag von Maastricht dies ausdrücklich mit der so genannten No-bailout-Klausel ausgeschlossen hatte. Deswegen konvergierten auch die langfristigen Renditen auf Staatsanleihen. Abbildung 19 zeigt die Konvergenz der langfristigen Renditen auf Staatsanleihen als einen geradezu dramatischen Prozess: die Rendite griechischer

[13] Otmar Issing: Der Euro. Geburt – Erfolg – Zukunft. München 2008, S. 13f.

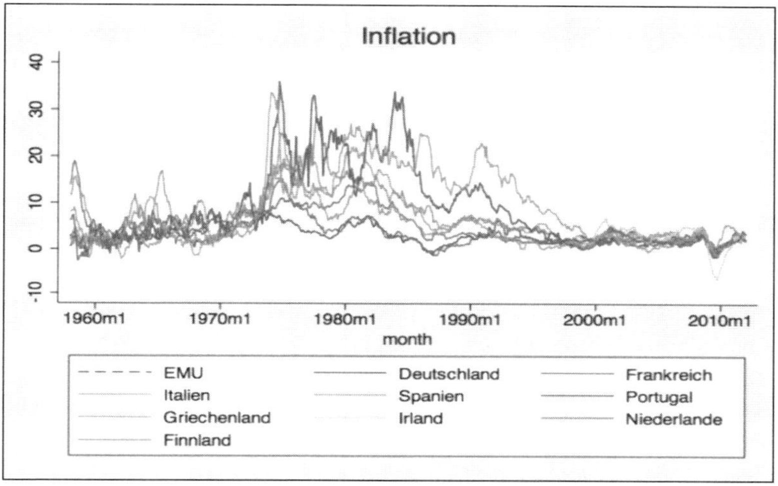

Abbildung 18: Konvergenz der Inflationsraten, 1960-2010
Quelle: Eigene Darstellung nach IWF Statistical Yearbook 2012

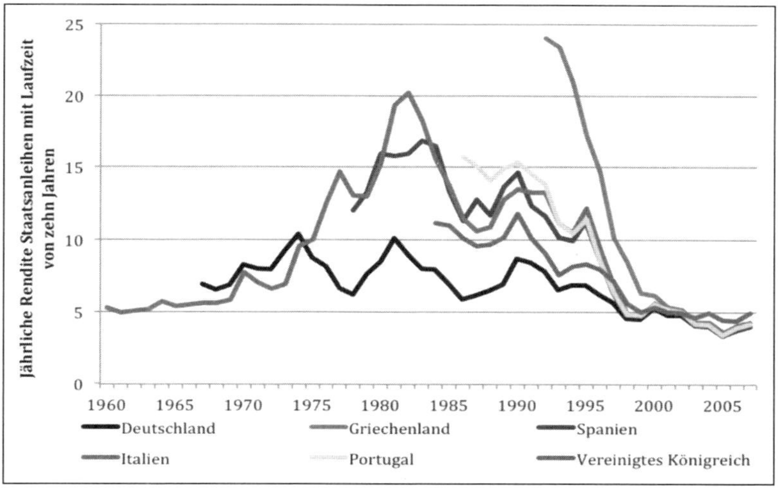

Abbildung 19: Konvergenz. Langfristige Renditen auf Staatsanleihen.
Quelle: Eigene Darstellung nach Eurostat, April 2013

Staatsanleihen fiel von beinahe 27 Prozent auf nur 5 Prozent, und auch Spanien, Italien und Portugal konnten sich nun zu ganz erheblich niedrigeren Kosten verschulden als zuvor. Hätte Italien den Zinsvorteil seither dazu genutzt, seine Schulden zurückzubezahlen, stünde der italienische Staat heute ohne Schulden da.[14] Aber es wurden andere Entwicklungspfade gewählt. Abbildung 20 zeigt, wie die Renditen wieder auseinanderliefen, als sich die schwächeren Staaten in der Wirtschaftskrise zur Abwendung der ärgsten Schäden insbesondere für ihr Bankensystem stark verschulden mussten.

Die Politiker hatten eben keinen weisen Gebrauch von der Möglichkeit, sich nun billiger zu verschulden, gemacht. Ein Land wie Griechenland, das vorher seine Defizite durch Abwertungen, neue Schulden und Geldschöpfung überbrückt hatte, hätte bei der Einführung des Euro sein Finanzsystem grundlegend reformieren und insbesondere ein effizientes System der Beibringung der Steuereinnahmen einführen müssen, da ihm in der Währungsunion künftig Abwertung und eigene Geldschöpfung

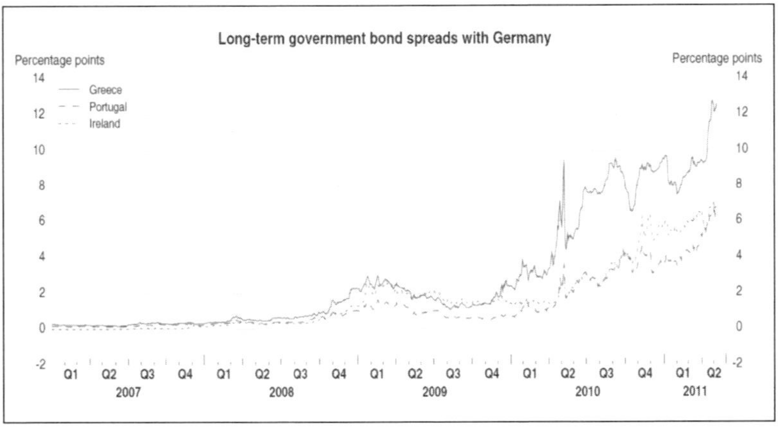

Abbildung 20: Divergenz der Renditen
Quelle: OECD Economic Outlook 2011, S. 55

---

[14] Hans Werner Sinn: Die europäische Fiskalunion. Gedanken zur Entwicklung der Eurozone. In: Perspektiven der Wirtschaftspolitik 13, Aug. 2012, Heft 3, S. 137–178.

verwehrt waren. Stattdessen hat Griechenland seine Auslandsschulden in den zehn Jahren zwischen 2000 und 2010 verzehnfacht, wie Abbildung 21 beweist. Wir wollen es uns ersparen, im Einzelnen zu rekapitulieren, wie die Staaten Europas um die Aufrechterhaltung der Zahlungsfähigkeit der Banken und der Staaten kämpften. Die Banken, welche die Staatsanleihen hielten, mussten, wenn die Staatsanleihen an Wert verloren, durch staatliche Hilfen gerettet werden, was wiederum die Staatsschuld vergrößerte. Zusammenbrüche wurden vermieden, Zeit wurde gekauft, indem die Europäische Zentralbank mit verschiedenen Maßnahmen über Geldpolitik im engeren Sinn hinausgriff und durch den Kauf von Staatsanleihen die Märkt beruhigte. Als Bollwerk gegen den Bankrott wurde erst der Euro-Rettungsschirm, dann der Europäische Stabilitätsmechanismus geschaffen, die notleidenden Staaten Kredite gewähren können aufgrund von Einzahlungen, vor allem aber von Bürgschaften der reicheren Staaten (Abb. 22).

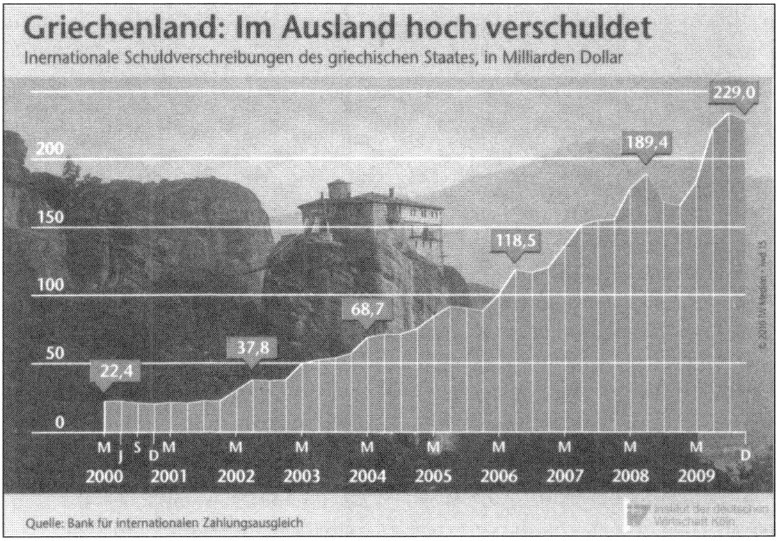

Abbildung 21: Internationale Schuldverschreibungen des griechischen Staates Quelle: Institut der deutschen Wirtschaft nach Daten der Bank für internationalen Zahlungsausgleich, 2010

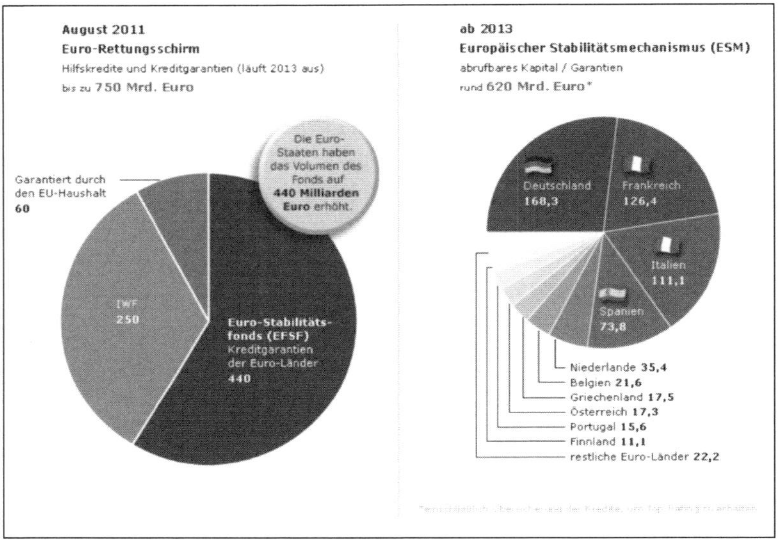

Abbildung 22: Rettungsmaßnahmen für notleidende Euroländer, in Milliarden Euro. Quelle: Der Spiegel, August 2011

So sehr nun die Bedeutung der Verknüpfung von Staatsschuldenkrisen und Bankenkrisen, wie sie gestern in Irland oder Griechenland und heute, beim Niederschreiben dieses Textes, in Zypern sich zeigt, das wirtschaftliche Leben des jeweiligen Landes und, über mögliche Kettenreaktionen, das europäische und das der Weltwirtschaft gefährdet, liegt das eigentliche Problem der Währungsunion woanders. Hinter den Nachwirkungen der Wirtschaftskrise und der Verschuldung der Staaten Eurolands lauert als das Problem mit der größten Sprengkraft das Auseinanderlaufen der Inflationsraten, der Geldlöhne und der Produktivitäten. Man fasst diese Größen durch den Begriff der Lohnstückkosten zusammen. Die Lohnstückkosten auf Stundenbasis (unit cost) setzen das nominale Arbeitnehmerentgelt, gemessen am Arbeitsvolumen der abhängig Beschäftigten, und die reale Bruttowertschöpfung, gemessen am Arbeitsvolumen der Erwerbstätigen, zueinander in Beziehung; so erhält man im Wesentlichen Löhne geteilt durch Produktivität nach der folgenden Formel:

$$\frac{\dfrac{\textbf{Nominales Arbeitsentgelt}}{\textbf{Arbeitsvolumen der abhängig Beschäftigten}}}{\dfrac{\textbf{Reale Bruttowertschöpfung}}{\textbf{Arbeitsvolumen der Erwerbstätigen}}}$$

Es ist in Deutschland mittlerweile recht bekannt, wird aber in anderen Ländern gern verdrängt, dass sich die Lohnstückkosten im Euroraum zwischen 2000 und 2010 sehr verschieden entwickelten. Abbildung 23 zeigt, dass in den Kernländern der EU in dieser Dekade ein Anstieg der Lohnstückkosten von etwa 20 Prozent stattfand, wobei Deutschland eine Sonderentwicklung durchlebte; hier blieben die Lohnstückkosten nahezu konstant. Demgegenüber stiegen die Lohnstückkosten in Italien, Griechenland, Spanien, Portugal, Irland um 35 Prozent. Die Schwierigkeiten, in denen die verschiedenen Euroländer stecken, entsprechen ungefähr den Divergenzen in dieser Entwicklung. Seit 2010 hat es eine gewisse Konvergenz bei den Lohnstückkosten gegeben. Sie sind in Griechenland infolge der radikalen und wohlstandssenkenden, wirtschaftsspolitischen Maßnahmen deutlich gefallen,

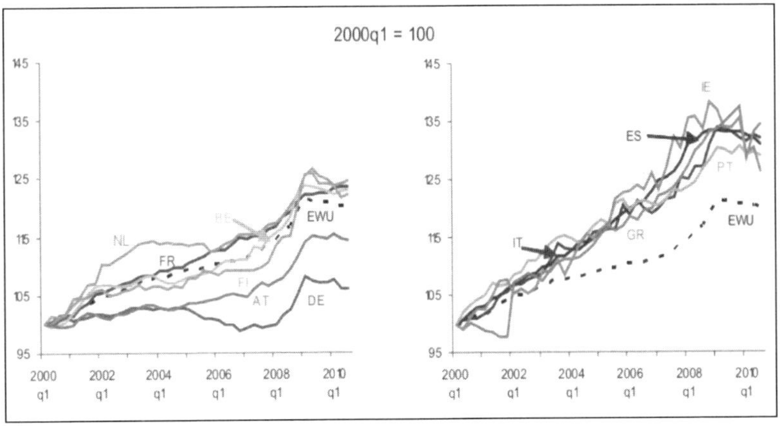

Abbildung 23: Lohnstückkostenentwicklung im Euroraum (16) sowie in ausgewählten Euroländern in Quartalswerten auf Personenbasis für die Gesamtwirtschaft. Quelle: Niechoj et. al. (2011), Deutsche Arbeitskosten und Lohnstückkosten im europäischen Vergleich – Auswirkungen der Krise. IMK Report (60), März 2011

auch für Irland und Portugal ist ein solcher Rückgang gegenwärtig absehbar. Umgekehrt beginnen die Lohnstückkosten in Deutschland stärker zu steigen; in Italien ist die künftige Tendenz einstweilen unbestimmt.

Stellen wir paradigmatisch die Lagen in Deutschland und in Italien einander gegenüber. Hier sind die Lohnkosten in den privaten Sektoren zwischen 2000 und 2010 nominal jährlich durchschnittlich im Falle Deutschlands um 1,1 Prozent, im Falle Italien aber um 1,9 Prozent gestiegen. Die größere Lohnkostensteigerung wird in Italien aber nicht etwa durch eine höhere Produktivitätsentwicklung gerechtfertigt, sondern umgekehrt: Es ist die Produktivität der Gesamtwirtschaft 2000 bis 2010 real mit der durchschnittlichen Wachstumsrate in Deutschland um 0,6 Prozent gestiegen, in Italien aber während des ganzen Jahrzehnts jährlich um 0,2 Prozent gefallen.

Nimmt man in Italien an Debatten über die Ursachen und Folgen teil, glaubt man, das Gespräch zwischen Fuchs und Igel nach der antiken Fabel von Äsop zu hören: Der Fuchs kennt hundert Listen, der Igel eine große. Groß wäre hier eine sog. interne Abwertung, also eine Deflation von Löhnen und Preisen. Werden beide zugleich gesenkt, bleibt der inländische Reallohn konstant, aber man kann mit den, in Euro gerechnet, gefallenen Löhnen im Ausland, wo die Preise in Euro konstant geblieben sind, weniger kaufen; dafür steigt die Wettbewerbsfähigkeit, also der Export. Seit der Reformen der Weltwirtschaftskrise und der zugehörigen Schriften von Keynes weiß allerdings jeder Ökonom von den Schrecken, die eine Deflation mit sich bringt. Wenn die Preise fallen, werden die Investoren entmutigt. Wenn sie am Anfang des Jahres Produktionsmittel zu bestimmten Preisen gekauft haben, werden sie am Ende dieses Jahres feststellen müssen, dass die Preise, zu denen sie die Produkte nun verkaufen können, unterdessen gefallen sind, so dass sie jedenfalls einen erwarteten Gewinn nicht erzielen werden und vielleicht Verluste machen. Die Folge sind Rückgang der Produktion, weiterer Rückgang der Preise und weitere Entmutigung. Gäbe es die Währungsunion nicht, könnte Italien oder jedes in ähnlicher Situation befindliche Land zur Kompensation des vorangegangenen Inflationsprozesses die Währung extrem abwerten, wie es vor Einführung der Währungsunion oft genug geschah, statt intern abzuwerten, d. h. zu deflationieren.

Diese externen Abwertungen wurden jeweils kurzfristig eingeführt; überraschte Exporteure konnten den Vorteil der Verbilligung ihrer Waren schnell realisieren; Importeure hatten plötzlich die inländische Konkurrenz zu fürchten: so stieg die Nachfrage. Um bei der internen Abwertung dieselben Vorteile zu erreichen, müsste sie rasch, entschlossen, und mit Zuversicht verbreitender Klarheit der Ziele durchgesetzt und durchgeführt werden. So weit der Igel.

Aber der Fuchs, der solche Entschiedenheit nicht aufzubringen vermag und weiß, dass Deflationen in der Regel mit einem Rückgang der Nachfrage einhergingen, hat nun andere Listen. Mit Recht will man in Italien das wirtschaftliche Wachstum durch politische Reformen im Zentralstaat und in den Regionen erleichtern und den Kampf gegen Korruption intensivieren. Das hätte freilich noch leichter vor der Krise geschehen können und wirkt jedenfalls nicht schnell gegen dieselbe. Man spricht von Förderung des Wachstums durch Kreditvergabe, durch Verbesserung der Infrastruktur, durch Stärkung der Banken, aber der Staat, der dies finanzieren müsste, steckt selbst in der Klemme. So sind Zwangsanleihen zur Investitionsförderung vorgeschlagen worden: auch eine Notmaßnahme, die vielleicht nützt, wenn Investitionsprojekte gut geplant werden, aber sicher die Schulden erhöht. Dann wird versucht, die wirtschaftlichen Schwierigkeiten anders zu erklären. Deutschland habe seine Nachfrage nach Gütern aller Art vom europäischen Süden nach Osteuropa und nach China verlegt. Aber was hilft es festzustellen, dass die Deutschen tatsächlich vermehrt chinesische Hemden und weniger italienische kaufen? Von deutschem Merkantilismus ist daraufhin die Rede und von rücksichtsloser deutscher Exportsteigerung. Empfohlen wird, es sollten die deutschen Löhne steigen, aber wird Deutschland die so mühsam gewonnene Wettbewerbsposition gegenüber dem Rest der Welt angesichts der Globalisierung auf Spiel setzen, um Italien die Schmerzen interner Abwertung zu ersparen? Soll insgesamt lieber der Euro abgewertet werden? Dadurch verbessert sich die relative Wettbewerbsposition Italiens nicht, und es könnte ein Inflationsprozess im Euroland ausgelöst werden. Sind keynesianische Maßnahmen zur Wirtschaftsbelebung angezeigt? Wenn Kredite zur Verfügung stehen, vielleicht, aber werden die direkten und indirekten Effekte solcher Nachfragesteigerung (die sog. Multiplikatoreffekte) nicht wieder vor allem den Ländern zugute kommen, die zu günstigen Lohnstückkosten produzieren können? Es wird ein technisches Argument der Außenhandelstheorie herangezogen. Im internationalen Handel können Länder, die teurer produzieren als andere (also Länder, die bei den sog. absoluten Kosten einen Nachteil haben) gleichwohl in den Austausch treten, indem sie verkaufen, was sie relativ billiger herstellen können (komparative Kostenvorteile nutzend). Aber infolge der einheitlichen Währung gelten in Euroland die absoluten Kostenvorteile.

In der Fabel des Äsop endet das Gespräch zwischen Fuchs und Igel mit der Ankunft der Jäger und ihrer Hunde. Der Igel rollt sich zusammen, die Hunde lassen ihn unberührt und beißen den Fuchs. Wir wollen nicht hoffen, dass die Eurokrise in handfeste Auseinandersetzungen führt, aber wir beobachten mit Sorge, dass die scheinbare Unlösbarkeit der Eurokrise in Italien zu chauvinistischen Reaktionen, zu populistischer Politik und zur Emigration tüchtiger Arbeitskräfte führt. Nun mag man einwenden, dass viele Staaten mit starken regionalen Divergenzen leben müssen. Gerade Italien selbst bietet ein Beispiel. In der Lombardei und im Piemont ist der Wohlstand, gemessen im Bruttoinlandsprodukt pro Kopf beinahe doppelt so hoch wie in Kalabrien und Sizilien. Wie weit solche Unterschiede auf die Zeit vor der Einigung Italiens zurückgehen, wie weit sie sich durch die Einigung verstärkt oder gemindert haben, ist umstritten. Fest steht, dass Italien zusammengehalten werden konnte. Eine gemeinsame Kultur und Sprache haben dabei geholfen, wobei die Nation freilich nicht nur mit sanften Mitteln an der Vereinheitlichung arbeiten musste. Das Gewaltmonopol des Staates musste besonders in den ersten Jahrzehnten der Einigung gegen partikularistische Strömungen im Süden eingesetzt werden. Eine einheitliche Gesetzgebung schuf ein verhältnismäßig zentralistisches Staatswesen, das nun durch Besteuerung, Finanzausgleich und die Staatsausgaben zur Homogenisierung beitragen konnte, in weit höherem Maße, als dies der europäischen Union möglich ist, weil sie über soviel geringere Einnahmen, pro Kopf gerechnet, verfügt. Grundsätzlich kann der Staat bei jeder Infrastrukturinvestition, bei der Einrichtung militärischer Anlagen, bei der Errichtung der Bildungsanstalten stets suchen, Wohlstandsdifferenzen zu kompensieren, über den Finanzausgleich zwischen den Regionen hinaus. Dabei wurden, wie Italiener gern zugestehen, in ihrem Fall auch Fehler gemacht; es entstanden Investitionsruinen im Süden, aber nicht alles lief schief, und wo die Umverteilung gelang, wurde sie gerne angenommen. Der Partikularismus des Südens wurde in den letzten Jahren von einem Partikularismus des Nordens (der Lega) abgelöst. Auch er hat sich nicht durchgesetzt; die nationalstaatliche Idee hat noch einmal gesiegt.

6. Wie weiter?

Wir kommen zur entscheidenden Frage: Steht Europa vor der Wahl zwischen der Preisgabe der Währungsunion und der Einführung einer Transferunion?

Die Preisgabe des Euro wäre teuer. Sie verbände sich mit einem gewaltigen Prestigeverlust, sie hätte aber auch monetäre Kosten. Deutschland müsste mit einer starken Aufwertung fertig werden, und der Katzenjammer könnte auch funktionierende europäische Institutionen gefährden. Andererseits sind Auflösungen sogar von Staaten ohne Krieg und zum wirtschaftlichen Vorteil der Gliedstaaten vorgekommen, wie die Spaltung der Tschechoslowakei, das Auseinandergehen von Tschechien und der Slowakei beweist. Die Auflösung Eurolands wäre weniger als die Auflösung eines Staats. Die Transferunion andererseits ist für Deutschland keine erfreuliche Option, weil sie eine Staatlichkeit anderer Natur als die bundesrepublikanische bedeuten würde und weil der Gedanke, immer wieder durch die Mehrheitsbildung in Europa zu neuen Zahlungen gezwungen zu werden, Bürger und Politiker gleichermaßen erschreckt.

Dabei ist die deutsche Position keineswegs konsequent und von Widersprüchen frei. Die Maastricht-Kriterien hat man selbst nicht eingehalten, trotz der Friedensdividende, die Deutschland durch die Beendigung des Kalten Krieges genoss. Die Bürgschaftsverpflichtungen durch den europäischen Stabilitätsmechanismus wurden hingenommen, obwohl man sich dadurch an der Grenze des vom Grundgesetz Gestatteten bewegte. Den Deutschen war und ist die Politik der EZB überwiegend unheimlich (Target-Salden, ELA, OMT), obwohl auch die deutschen Exporte durch diese Politik gefördert wurden. An ordoliberalen Grundsätzen wird bekenntnishaft festgehalten, aber man kennt auch die Abhängigkeit von keynesianischen Stabilisatoren. De facto ist Euroland einer Transferunion schon recht nahe. An

Eurolands Spitze steht allerdings nicht eine demokratisch gewählte Regierung – Europäische Kommission und Europäisches Parlament sind für die EU, nicht für Euroland zuständig –, sondern die an einen Club gemahnende Vereinigung der Staats- und Regierungschefs Eurolands. Der Club verhandelt in unregelmäßigen Abständen nächtelang mit je nach den Wahlen wechselnder Zusammensetzung bei entsprechender Schwankung der persönlichen Harmonien mit immer neuen Improvisationen (Fiskalpakt); so ersetzt er die in Euroland fehlende echte Regierung – teilweise.

Warum wird dieser höchst unbefriedigende und allseits als unbefriedigend empfundene Zustand nicht überwunden? Eine nicht unwesentliche Schwierigkeit sehe ich nach wie vor in der schwankenden Haltung der Briten. Sie können die Europäische Union nicht leichten Herzens verlassen, da große wirtschaftliche Interessen sie an diese binden. Stellen wir uns gleichwohl vor, sie wären nicht dabei. Infolgedessen würden EU und Euroland weitgehend übereinstimmen. Die seit 60 Jahren geschaffenen Institutionen der europäischen Einigung würden dann nach der Logik der Dinge nicht völlig automatisch, gewiss nicht ohne Reibungen, aber doch leichter und schneller als jetzt zur Übertragung von Souveränitätsrechten an eine zur Regierung weiterzuentwickelnde Kommission in Brüssel unter Kontrolle durch das Europäische Parlament führen. Aber wer kann gegenwärtig wagen, wesentliche Schritte zur Preisgabe der nationalen Souveränität vorzuschlagen, solange es sicher ist, dass sich die Engländer dem entgegenstellen werden? Und hier darf man tatsächlich „Engländer" sagen, denn die Schotten denken etwas anders. Wir befänden uns in einer anderen Lage, wäre Großbritannien bei der EFTA verblieben und wäre nur durch spezielle bilaterale Verträge, ähnlich wie die Schweiz, mit der EU verbunden.

Einen weiteren Grund, weshalb die europäische Einigung nicht vorankommt, sehe ich in der für mich evidenten Forderung, dass die Nationalstaaten ihre Souveränität nicht nur an eine europäische Zentrale, sondern auch nach unten an die Regionen abgeben müssten, schließlich bis an den Punkt, wo zumindest die großen europäischen Nationalstaaten ganz verschwänden. Das „Europe des patries", das Charles de Gaulle einst verfocht, wäre niemals zum Staat geworden. Für eine echte Dezentralisierung, unter Aufwertung der Regionen und Gewährung ihrer besonderen fiskalischen

Rechte und Pflichten, spricht viel: alte regionale Traditionen, die wieder aufleben könnten, auch in Absprachen zwischen Regionen über bestehende nationalstaatliche Grenzen hinweg, die Belebung des Bürgersinns durch größere Nähe der Verwaltung und größere Selbstverantwortung, das negative Bild eines Europa als zentralistischen Molochs, das es durch ein positives zu ersetzen gilt und schließlich das Bestreben, eine Transferunion ohne demokratische Kontrolle zu vermeiden.

Wir fragen uns, wer zum Vorkämpfer einer solchen vorwärts gerichteten Europapolitik werden könnte. Die Gründerväter Europas in den 50er Jahren konnten solche Ziele mit größerer Überzeugung in sich tragen und vertreten, weil sie dem alten europäischen Humanismus noch näher standen als eine gegenwärtige Generation, die von den europäischen Werten infolge einer anderen Erziehung weniger geprägt wurde und die durch die von der Globalisierung mitgerissenen Medien in andere Richtungen davongetragen wird. Gerade angesichts der Globalisierung wäre es wichtig, das Projekt einer europäischen Staatlichkeit schon um des Einflusses Europas in der Welt willen nicht aufzugeben, aber ohne ein europäisches Bewusstsein wird man die den Einigungsprozess entgegenstehenden Kräfte nicht überwinden.

So läuft es schließlich darauf hinaus zu erkennen, dass das Schicksal Europas sich jetzt entscheidet – oder jedenfalls recht bald –, denn selbst wenn es gelingen sollte, die Krise der Währungsunion diesmal noch ohne Staatenbildung zu überwinden, werden ähnliche Krisen aus ökonomischen Gründen doch sicher wiederkehren, wodurch die eigentlich jetzt zu lösende Frage erneut gestellt würde. Für die Entwicklung eines europäischen Bewusstseins aber kenne ich keine andere Grundlage als das Bewusstsein der europäischen geschichtlichen Entwicklung.

Allgemeine Literaturhinweise

Carmen M. Reinhart, Kenneth S. Rogoff: This Time is different. Eight Centuries of Financial Folly. Princeton: University Press, 2009.

Kai A. Konrad, Holger Zschäpitz: Schulden ohne Sühne? Was Europas Krise uns Bürger kostet. München: C. H. Beck, 2012 (überarbeitete Aufl.)

Werner Plumpe: Wirtschaftskrise. Geschichte und Gegenwart. München: C. H. Beck, 2010.

Die Autoren

Prof. Dr. Dr. h. c. mult. Jürgen Mittelstraß

Professor Dr. Jürgen Mittelstraß, geboren 1936 in Düsseldorf, Studium der Philosophie, Germanistik und evangelischen Theologie in Bonn, Erlangen, Hamburg und Oxford. Er ist Wissenschaftler mit den Schwerpunkten Allgemeine Wissenschaftstheorie, Philosophie- und Wissenschaftsgeschichte, Erkenntnistheorie, Sprachphilosophie und Kulturtheorie. Prof. Mittelstraß ist Direktor des Konstanzer Wissenschaftsforums und des Zentrums Philosophie und Wissenschaftstheorie sowie Vorsitzender des Österreichischen Wissenschaftsrates in Wien.

Prof. Dr. Dr. h. c. Margot Käßmann

Professor Dr. Margot Käßmann, geboren 1958 in Marburg, ist nach dem Studium in Tübingen, Edinburgh, Göttingen und Marburg 1985 zur Pfarrerin der Evangelischen Kirche von Kurhessen Waldeck ordiniert worden. Danach Gemeindepfarrerin. 1989 Promotion in Bochum. Ab 1992 Studienleiterin an der Evangelischen Akademie Hofgeismar. 1994-1999 Generalsekretärin des Deutschen Evangelischen Kirchentags in Fulda. 1999-2010 Bischöfin der Evangelisch-lutherischen Landeskirche Hannover. 2009-2010 Ratsvorsitzende der Evangelischen Kirche in Deutschland. Anschließend Professur für Sozialethik und Ökumene an der Ruhr-Universität Bochum. Seit April 2012 ist sie Beauftragte der EKD für das Reformationsjubiläum 2017.

Prof. Dr. Jutta Rump

Professor Dr. Jutta Rump ist Professorin für Allgemeine Betriebswirtschaftslehre im Schwerpunkt internationales Personalmanagement und Organisationsentwicklung an der Hochschule Ludwigshafen. An der katholischen Universität Eichstätt-Ingolstadt ist sie Dozentin im Studiengang „Master of Ethical Management", an der Ludwig-Maximilians-Universität München, LMU, lehrt sie Trendforschung im Executive Master-Studiengang Human Recources Management.

Dr. Heiner Geißler

Dr. Heiner Geißler, geboren 1930 in Oberndorf am Neckar, war nach dem Studium der Philosophie und Rechtswissenschaften in München und Tübingen Richter in Stuttgart. 1965 wurde er zum ersten Mal in den Deutschen Bundestag gewählt. Er war von 1977-1989 Generalsekretär der CDU; 1982-1985 Bundesminister für Jugend, Familie und Gesundheit. Dr. Geißler ist seit 2007 Mitglied der Organisation Attac. Er schlichtet seit 1997 regelmäßig bei Tarifkonflikten und wurde 2010 als Vermittler im Konflikt um das Bahnhofsprojekt „Stuttgart 21" eingesetzt.

Prof. Dr. Bassam Tibi

Professor Dr. Bassam Tibi ist A. D. White Professor an der Cornell University, USA, und lehrt parallel hierzu internationale Beziehungen an der Universität Göttingen. Geboren 1944 in Damaskus, Studium der Sozialwissenschaften, Philosophie, Geschichte und Promotion in Frankfurt am Main, Habilitation in Hamburg. Seit 1973 Professor für internationale Beziehungen an der Universität Göttingen, ab 2004 Leiter der neu gegründeten Abteilung für Internationale Beziehungen. 1986-2004 zahlreiche Gastprofessuren in den USA, Asien und Afrika. Professor Tibi prägte den Begriff „Europäische Leitkultur" und ist Begründer der Denkrichtung „Euro-Islam". Mitglied des Kuratoriums Civis Medienstiftung der ARD, der CDU-Wertekommission und im Beirat der Zeitschrift „Religion-Staat-Gesellschaft".

Prof. Dr.-Ing. Matthias Kleiner

Professor Dr.-Ing. Matthias Kleiner ist seit 2011 Co-Vorsitzender der durch die Bundesregierung eingesetzten Ethikkommission für eine sichere Energieversorgung. Zunächst Maschinenbaustudium an der Universität Dortmund, 1987 Promotion, 1991 Habilitation. 1994-1998 Lehrstuhlinhaber an der Brandenburgischen Technischen Universität Cottbus. 1997 Verleihung des Gottfried Wilhelm Leibniz-Preises der Deutschen Forschungsgemeinschaft. 1998 Berufung an die Universität Dortmund. Seit 2007 Präsident der Deutschen Forschungsgemeinschaft (DFG), Bonn.

Prof. Dr. Dr. h. c. Volker Mosbrugger

Professor Dr. Dr. h. c. Volker Mosbrugger ist seit 2005 Generaldirektor der Senckenberg Gesellschaft für Naturforschung in Frankfurt am Main und seit 2007 zugleich wissenschaftlicher Koordinator des Biodiversitäts- und Klimaforschungszentrums (BiK-F). 1953 geboren in Konstanz, Studium der Biologie und Chemie in Freiburg und Meeresbiologie in Montpellier (Frankreich). 1989 Habilitation Universität Bonn und Auszeichnung mit dem Gottfried-Wilhelm-Leibniz-Preis. 1990-2005 Professor für Paläontologie, Universität Tübingen. Seine Forschungsschwerpunkte sind die Wechselwirkung und Entwicklung von Vegetation und Klima sowie die Evolution der Landpflanzen.

Prof. Dr. Dr. h. c. mult. Harald zur Hausen

Professor Dr. Dr. h. c. mult. Harald zur Hausen, geboren 1936 in Gelsenkirchen, Studium der Medizin in Bonn, Hamburg und Düsseldorf, 1969 Habilitation an der Julius-Maximilians-Universität Würzburg. 1972-1977 Professor für Klinische Virologie an der Universität Erlangen-Nürnberg. 1977 Lehrstuhl für Virologie und Hygiene an der Albert-Ludwig-Universität Freiburg, 1983-2003 Vorsitzender und Mitglied des Stiftungsvorstandes des Deutschen Krebsforschungszentrums in Heidelberg. 2008 Nobelpreis für Medizin, 2009 Verleihung des Großen Bundesverdienstkreuzes.

Prof. Dr. Dres. h. c. Bertram Schefold

Professor Dr. Dres. h. c. Bertram Schefold, geboren 1943 in Basel. Studium der Mathematik, Physik und Philosophie (Diplom 1967) sowie Wirtschaftswissenschaften an den Universitäten München, Hamburg, Cambridge und Basel (Dr. phil. 1971). Seit 1974 ist er Professor für Wirtschaftstheorie an der Goethe-Universität, Frankfurt am Main mit den Spezialgebieten Kapitaltheorie, Umweltökonomie und Geschichte des ökonomischen Denkens. 2010 verlieh ihm die Ben Gurion University in Beer Sheva, Israel, als erstem Preisträger den „The Thomas Guggenheim Prize in the History of Economic Thought“ für sein dogmengeschichtliches Lebenswerk

Vortragsreihen des Königsteiner Forums 1980–2013

Vortragsreihe 1980

KERNENERGIE UND HUMANITÄT

Vortragsreihe 1981

ANSPRUCHSGESELLSCHAFT AM ENDE?

Vortragsreihe 1982

EHE UND FAMILIE

Vortragsreihe 1983

BEITRÄGE ZUM PROBLEM DES FRIEDENS UND SEINER SICHERUNG

Vortragsreihe 1984

ÖKOLOGIE UND ÖKONOMIE IM WIDERSTREIT –
BLEIBT DER HUMANISMUS AUF DER STRECKE?

Vortragsreihe 1985

GESUNDHEIT, DES MENSCHEN HÖCHSTES GUT?

Vortragsreihe 1986

BEITRÄGE ZU FRAGEN DER UMWELT UND MITWELT

Vortragsreihe 1987

ARBEIT – UMWELT – ARBEITSLOSIGKEIT

Vortragsreihe 1988

TECHNIK UND BILDUNG

Vortragsreihe 1989

WERTEWANDEL UND LEBENSSINN

Vortragsreihe 1990

EUROPA – EIN WEG ZUM FRIEDEN?

Vortragsreihe 1991

Fortschritt – ein Gebot der Humanität?

Vortragsreihe 1992

Die Deutschen auf der Suche nach ihrer neuen Identität?

Vortragsreihe 1993

Information – eine dritte Wirklichkeitsart neben Materie und Geist

Vortragsreihe 1994

Deutschland auf dem Weg zu einer multikulturellen Gesellschaft?

Vortragsreihe 1995

Krise der Institutionen?

Vortragsreihe 1996

Erziehung und Bildung. Verspielen wir unsere Zukunftschancen?

Vortragsreihe 1997

Moralische Indifferenz: Die stille Revolution in unserer Gesellschaft

Vortragsreihe 1998

Das Menschenbild der freien Gesellschaft – Globalisierung und europäische Integration

Vortragsreihe 1999

Arbeit der Zukunft – Definiert sich der Mensch durch seine Arbeit?

Vortragsreihe 2000

Zeitenwende 2000 – Wohin bewegt sich die Welt? Wohin wird sie getrieben?

Kapitel 247

Vortragsreihe 2001

BÜRGERGESELLSCHAFT – WAS HÄLT UNSERE GESELLSCHAFT ZUSAMMEN?

Vortragsreihe 2002
Generalthema: DIE ZUKUNFT DER EUROPÄISCHEN UNION

Prof. Dr. Manfred Spieker: Die Identität Europas: Areopag – Kapitol – Golgatha (Die Ursprünge des Abendlandes)
Prof. Dr. Walter Hoeres: Christliches Europa? Gründe der Seins- und Gottvergessenheit
Prof. Dr. Konrad Löw: Erfahrungen der Gegenwart und Erwartungen der Zukunft (Prägende Elemente der Identität)
Dr. habil. Josef Graf von Meran: Was bedeutet Europa für die Jugend?
Prof. Dr. Armin von Bogdandy: Die vertikale Kompetenzordnung der Europäischen Union – Rechtsdogmatischer Bestand und verfassungspolitische Reformperspektiven
Generalleutnant Rainer Schuwirth: Die Entwicklung der europäischen Sicherheits- und Verteidigungspolitik
Prof. Dr. Stephen F. Frowen: Großbritannien und die Europäische Währungsunion
Prof. Dr. Mathias Rohe: Multikulturalität und/oder Leitkultur in der Europäischen Union
Prof. Dr. Anton Rauscher: Das Zusammenleben verschiedener Glaubensgemeinschaften in der EU
Prof. Dr. Diether Döring: Entwicklung der Sozialsysteme auf der Ebene der Europäischen Union
Dr. Katharina Holzinger: Verfassungsentwürfe für die Europäische Union und ihre Realisierungschancen

Vortragsreihe 2003
Generalthema: GENTECHNIK ZWISCHEN NATUR UND ETHOS

Prof. Dr. Walter Hoeres: Das christliche Menschenbild heute
Dr. med. Stephan Sahm: Gene sind nur Moleküle – aber: Wohin führt die Genmedizin?
Prof. Dr. Andreas Graner: Die grüne Gentechnik – Potenziale und Risiken
Dr. med. Dr. theol. Alfred Sonnenfeld: Ärztliche Heilkunst im Dienste der Person
Prof. em. Dr. med. Otto P. Hornstein: Ärztliche Berufseide – noch wirkmächtig oder medizinhistorisches Relikt?
Prof. Dr. theol. Johannes Reiter: Wann beginnt personales Leben? Auseinandersetzung mit den Thesen moderner Bioethiker
Dr. med. Claudia Kaminski: Die Würde des Menschen und die Gentechnik
Prof. Dr. jur. Dr. h. c. Spiros Simitis: Sozialethische und verfassungsrechtliche Grenzen der Fortpflanzungsmedizin
Prof. Dr. theol. Dietmar Mieth: Ethische Verantwortung angesichts der Klontechnik am Menschen
Prof. Dr. Eberhard Schockenhoff: Ethische Probleme der Präimplantationsdiagnostik und Pränataldiagnostik
Prof. Dr. jur. h. c. Ernst Benda: Der Embryo – das unbekannte Wesen

Vortragsreihe 2004
Generalthema: EUROPA UND DER ISLAM

Hayrettin Aydin: Der Islam, religiöse Grundlegung und koranische Offenbarung zum Christentum
Dr. Tilmann Nagel: Die 1400-jährige Geschichte des Islam
Dr. Johannes Kandel: Muslime in Deutschland zwischen Islamismus und Integration
Hamideh Mohagheghi: Der Islam und die Stellung der Frau
Prof. Dr. Claus-Peter Haase: Ästhetische Aspekte im Islam
Dr. Tilmann Nagel: Grundgesetz und Sharia
Dr. Hans-Peter Raddatz: Islam als Wurzel für Radikalismus – Eine dritte Ideologie für Europa?
Prof. Dr. Volker Nienhaus: Die Wirtschaft in der islamischen Welt

Wolfgang Günter Lerch: Der Islam in einer globalisierten Welt
Dr. Rainer Hermann: Die Türkei, ein Teil der Europäischen Union?
Prof. Dr. Christian Troll: Die neue Präsenz der Muslime in Europa – Herausforderung und Chance für Christen

Vortragsreihe 2005
Generalthema: IST DEUTSCHLAND ZUKUNFTSFÄHIG?

Dr. Wilhelm Bender und Prof. Dr. Paul Bernd Spahn: Die wirtschaftliche Wettbewerbsfähigkeit Deutschlands aus Unternehmens- und aus volkswirtschaftlicher Sicht
Johann Hahlen: Die demographischen Perspektiven Deutschlands
Prof. Dr. Ilona Ostner: Zukunft der Familie – Zukunft der Kinder
Prof. Dr. Paul Nolte: Blick zurück nach vorn – Deutschland zwischen gestern und morgen
Dr. Günther Nonnenmacher: Nationale Identität und europäische Einigung
Prof. Dr. Dr. h. c. Erhard Denninger: Zum Verhältnis von Gewalt, Recht und Moral in „nach-westfälischer" Zeit
Dr. Warnfried Dettling und Prof. Dr. Diether Döring: Die Reform des Sozialstaates und der innere Zusammenhalt der Gesellschaft
Bischof Dr. Reinhard Marx: Globalisierung als ethische Herausforderung
Prof. Dr. Hans Mathias Kepplinger: Perspektiven der Mediengesellschaft – Sind Medien für eine unpolitische Haltung verantwortlich?

Vortragsreihe 2006
Generalthema: AN DER SCHWELLE ZU EINEM „ASIATISCHEN JAHRHUNDERT"?

Peter Sturm: Pulverfass Ostasien? – Nationalismus in China, Japan und Korea
Karl Pilny: Das asiatische Jahrhundert
Prof. Dr. Heiner Roetz: Eine kulturelle Herausforderung? China und die Standards einer künftigen Weltordnung

Prof. Dr. Dieter Rothermund: Wirtschaftswachstum und sozialer Wandel in Indien

Prof. Dr. Irmela Hijiya-Kirschnereit: Ferne Nachbarschaften. Japan, das „Projekt Ostasien“ und die europäische Perspektive

Urs Schoettli: Geschichte der chinesischen Welt. China – Asiens Supermacht des 21. Jahrhunderts

Zhengrong Liu: Unternehmerisches Handeln in China. Zu den deutsch-chinesischen Wirtschaftsbeziehungen

Prof. Dr. Oskar von Hinüber: Indien und die Auseinandersetzung mit westlicher Technik

Dr. Peter Zürn: Integration östlicher Philosophie und Lebensweisheit in den westlichen Führungsalltag

Prof. Dr. med. Gustav Jürgen Dobos: Kombination aus westlicher und chinesischer Medizin: Ein Modell für die Zukunft?

Prof. Dr. Harro von Senger: Die 36 Strategeme der Chinesen – List für die Lebenspraxis

Vortragsreihe 2007
Generalthema: ABENTEUER INFORMATION: NATUR UND WISSENSCHAFT IM DIALOG

Prof. Dr. Jürgen Tautz: Leben – die Organisation von Materie und Energie in Raum und Zeit

Prof. Dr. Christoph Neinhuis: Informationen aus der Pflanzenwelt: Die biologische Vielfalt

Prof. Dr. Klaus Hahlbrock: Die unsichere Zukunft der menschlichen Ernährung

Prof. Dr. Dr. Gerhard Kreysa: Alles Chemie: Moleküle als Funktions- und Informationsträger

Dr. Gerda Horneck: Informationen aus dem All: Der Mensch im Universum

Prof. Dr. Georg Jens Reich: Körperinformationen: Fortschritt und Grenzen der Medizin

Joachim Müller-Jung: Umweltinformationen: Tun wir genug für den Erhalt der Erde?

Kapitel 251

Prof. Dr. Dres. h. c. Spiros Simitis: Information und Verantwortung
Prof. Dr. Friedemann Schrenk: Die humane Information: Woher kommt der Mensch, wohin geht der Mensch?
Dr. Helmut Reitze: Wissenschaft in den Medien – Bildung oder Unterhaltung?
Bischof Dr. Wolfgang Huber: Was heißt wissenschaftlicher Fortschritt zu Beginn des 21. Jahrhunderts?

Vortragsreihe 2008
Generalthema: ALTER UND GESELLSCHAFT

Prof. Dr. Jürgen Mittelstraß: Zur Geistesgeschichte und zur Zukunft des Alters
Dr. Rembrandt Scholz: Demographischer Wandel und die lang anhaltenden Auswirkungen auf die deutsche Bevölkerungsstruktur
Prof. Axel Börsch-Supan Ph.D.: Die Auswirkungen des demographischen Wandels auf die wirtschaftliche Entwicklung Deutschlands
Prof. Dr. Ulrich Walwei: Arbeiten ohne Ende? Perspektiven der Erwerbstätigkeit in einer älter werdenden Gesellschaft
Dr. Tessen von Heydebreck: Der demographische Wandel und die Personalpolitik der Unternehmen
Prof. Dr. Dres. h. c. Spiros Simitis: Altersdiskriminierung oder die veränderte Wahrnehmung des Alters
Prof. Dr. Roland Prinzinger: Der programmierte Tod: In welchem Takt tickt unsere Alter(n)s-Uhr?
Prof. Dr. Ursula M. Staudinger: Zukunft des Alter(n)s
Prof. Dr. Hartmut Radebold: Zeitgeschichtliche Erfahrungen und ihre Folgen – notwendige weitere Perspektiven bei der Psychotherapie Älterer!
Dr. Hannes Ziller: Wie wir im Alter leben wollen – Altenhilfestrukturen der Zukunft
Prof. Dr. Elisabeth Steinhagen-Thiessen: Die zukünftige Stellung des alten Menschen in der Gesellschaft – Müssen wir grundsätzlich umdenken?

Vortragsreihe 2009
Generalthema: BILDUNG UND GESELLSCHAFT

Prof. Dr. Hannah Monyer: Neuronale Hemmung und Gedächtnis: wenige Zellen – große Wirkung
Dr. Michael Winterhoff: Das Konzept „Kind" – Was die Beziehungsstörungen bewirken
Dr. Bernhard Bueb: Disziplin ist das Tor zu Glück und Freiheit
Dr. Heike Schmoll: Protestantische Mündigkeit und Humanismus?
Prof. Dr. Michael Hartmann: Wie wäre mehr Chancengleichheit in der Bildung herzustellen?
Prof. Jutta Allmendinger Ph.D.: Soziologische Bildungsforschung
Prof. Dr. Rudolf Steinberg: Die Universität zwischen Staat und Gesellschaft – das Beispiel der Stiftungsuniversität Frankfurt
Prof. Dr. Rüdiger Görner: Perspektiven der Hochschulpolitik in Deutschland
Vera Reiß: Bildung – die Antwort auf die soziale Frage des 21. Jahrhunderts

Vortragsreihe 2010
Generalthema: KOMMUNIKATION UND GESELLSCHAFT

Prof. Dr. Dr. Thomas Fuchs: Vom ersten Lächeln zum ersten Satz – Die Entwicklung der menschlichen Dialogfähigkeit
Prof. Dr. Susanne Günthner: Verlottert die deutsche Sprache? Zur Entwicklung der deutschen Gegenwartssprache
Prof. Dr. Rüdiger Grimm: Entwicklung und Perspektiven der modernen Kommunikationsformen – Technische Grundprinzipien und gesellschaftliche Herausforderungen
Constanze Kurz, Prof. Dr. Dres. h. c. Spiros Simitis: Was das Internet über mich verrät – Umfang und Grenzen der Verwendung der persönlichen Daten im Internet
Dr. Carmen Stadelhofer: Internet und neue Formen der Vergemeinschaftung im Alter
Prof. Dr. Martina Löw: „Jede Stadt ist ein Seelenzustand" – Städtische Vergesellschaftung und Identitätsanforderung

Kapitel 253

Jörg Ziercke: Kriminalität im Informationszeitalter
Prof. Dr. Hans Mathias Kepplinger: Der Einfluss der Medien auf die Protagonisten der Berichterstattung – Anmerkungen zu einem verkannten Problem
Prof. Dr. Dr. Günter Frankenberg: Neue Medien und unsere politische Verfassung

Vortragsreihe 2011
Generalthema: VOM GLÜCK

Prof. Dr. Cornelia Blasberg: Literarische Annäherung an Glück und Unglück
Prof. Dr. Mathias Binswanger: Geld allein macht nicht glücklich
Prof. Dr. Dr. Hinderk M. Emrich: Neurobiologie des Glücksempfindens. Gibt es so etwas?
Prof. Dr. Dr. Thomas Fuchs: Glück und Zeit
Prof. Dr. Michael Hampe: Glück und Lebenssinn aus philosophischer Sicht
Prof. Dr. Matthias Jerusalem: Selbstwirksamkeit – Mit kleinen Schritten zum Glück
Prof. Dr. Norbert Schneider: Mediale Präsentation und Vermarktung des Glücks
Oberstudiendirektor Ernst Fritz-Schubert: Anleitung zum Glücklichsein. Kann man Glück lernen?
Prof. Dr. Jörg Splett: Glaubensglück?
Prof. Dr. Ruut Veenhoven: Neuere Ergebnisse der Glücksforschung

Vortragsreihe 2012
Generalthema: WIE WERDEN WIR MORGEN LEBEN?

Prof. Dr. Dr. h. c. mult. Jürgen Mittelstraß: Leben und Lebenskrisen – Der philosophische Hintersinn
Prof. Dr. Dr. h. c. Margot Käßmann: Was zählt – Christliche Werte in unserer Zeit
Prof. Dr. Jutta Rump: Zukunft der Arbeit – Arbeit der Zukunft

Dr. Heiner Geißler, Bundesminister a. D.: Was hält unsere Gesellschaft zusammen?

Prof. Dr. Bassam Tibi: Andere Kulturen andere Sitten? Kulturrelativismus, Multikulturalität und Menschenrechte

Prof. Dr. Matthias Kleiner: Energiewende – Chancen und Risiken der Umsteuerung

Prof. Dr. Dr. h. c. Volker Mosbrugger: Globaler Wandel der Biodiversität

Prof. Dr. Dr. h. c. mult. Harald zur Hausen: Gegen Krebs – Die Geschichte einer provokativen Idee

Prof. Dr. Dres. h. c. Bertram Schefold: In Krisen ändert sich unser Wirtschaftssystem. Wohin führt uns diese?

Vortragsreihe 2013
Generalthema: AUF DER SUCHE NACH ORIENTIERUNG

Inge Kloepfer: Geht dem Land der Dichter und Denker die Orientierung in der Erziehung verloren?

Professor Dr. Andreas Eckert: Orientierung durch Arbeit? Historische und globale Perspektiven

Klaus Farin: Facetten der modernen Jugendkultur (Sprache, Musik, Mode, Überzeugungen)

Werner D'Inka: Orientierung und Desorientierung durch Medien

Professor Dipl.-Ing. Christoph Mäckler: Gebaute Stadträume – Orte der Identität

Professor Dr. Marcus Maurer: Führung und Verführung. Zur Orientierung an Leitfiguren

Bischof Dr. Franz-Peter Tebartz-van Elst: Die Kirche in einer Welt der Beliebigkeit

Dr. Angelika Scheuer: Demokratie zwischen Wert und Bewertung – Fühlen sich die Bürger durch die politischen Institutionen noch repräsentiert?

Professor Dr. Friedhelm Hengsbach: Mehr Markt macht weder gesund noch gescheit – Kommerz in den Schranken der Gesellschaft

Dr. Hans-Gert Pöttering: Europäische Perspektive – Werte, Politik und Wirtschaft